EIN VORSCHLAG ZUR
EHERECHTSREFORM

EIN ENTWURF ZU EINEM GESETZ, BETREFFEND DIE ABÄNDERUNG DER BESTIMMUNGEN ÜBER DAS EHERECHT UND DESSEN BEGRÜNDUNG

VON

HARRY H. ALMA

WIEN
VERLAG VON JULIUS SPRINGER
1930

ISBN-13:978-3-7091-9554-3 e-ISBN-13:978-3-7091-9801-8
DOI: 10.1007/978-3-7091-9801-8

Vorwort

Im Dezember vergangenen Jahres hat der Nationalrat neuerlich verlangt, das österreichische Eherecht an das deutsche anzugleichen. Die beiliegende Arbeit soll einen Weg zeigen, auf welchem diese Angleichung erfolgen kann. Es handelt sich hierbei um einen Gesetzesentwurf, welcher in Form einer Novelle die geltenden Bestimmungen über das Eherecht (Allgemeines bürgerliches Gesetzbuch, erster Teil, zweites Hauptstück) abändert und sie inhaltlich in den wesentlichen Punkten an die Bestimmungen des deutschen bürgerlichen Gesetzbuches über die „bürgerliche Ehe" (Deutsches bürgerliches Gesetzbuch, viertes Buch, erster Abschnitt) angleicht.

Wien, im Juli 1930.

Harry H. Alma

Inhaltsverzeichnis

I. Einleitung

II. Entwurf zu einem Gesetz, betreffend die Abänderung der Bestimmungen über das Eherecht

Erster Teil:

Die Abänderungen des bürgerlichen Gesetzbuches

Zweiter Teil:

Einführungsbestimmungen

III. Begründung

Anhang

Berichtigungen

Seite 47, Zeile 1 statt: „der Verfassungsgerichtshof würde, getreu seinem jetzigen Standpunkt" lies: „der Verfassungsgerichtshof würde vielleicht, wie er es bisher getan hat,"

„ 81, Zeile 17 und 18 statt: „zwischen den Zivilgerichten einerseits, Verwaltungsbehörden und Verfassungsgerichtshof andererseits" lies: „zwischen Zivilgerichten und Verwaltungsbehörden, vielleicht auch Verfassungsgerichtshof andererseits"

„ 97, Zeile 15 statt: „Verfassungsgerichtshof" lies: „Verwaltungsbehörden"

„ 212, Zeile 31 statt: „des Verfassungsgerichtshofes" lies: „der Verwaltungsbehörden"

Alma, Eherechtsreform

I. Einleitung

Unser geltendes Eherecht ist in der letzten Zeit einer der umstrittensten Punkte unserer Rechtsordnung geworden. Und das ist vielleicht kein Wunder. Unser geltendes Eherecht stammt aus dem Jahre 1811, ist also rund 120 Jahre alt. Aber selbst dieses Alter ist nicht ganz richtig. Denn das Eherecht, wie es im allgemeinen bürgerlichen Gesetzbuch aus dem Jahre 1811 enthalten ist, beruht zum größten Teil auf dem Josefinischen Gesetzbuch aus dem Jahre 1786, so daß man nicht fehlgeht, wenn man das Alter unseres Eherechtes mit rund anderthalb Jahrhunderten ansetzt. Diese Tatsache allein wäre vielleicht Grund genug, das geltende Eherecht aufzuheben. Denn wenn man bedenkt, daß die Ehe einerseits die Grundlage der Gesellschaft, anderseits aber ein Produkt der jeweils herrschenden Gesellschaftsanschauung ist, so müssen schwere Zweifel aufsteigen, ob dieses 150 Jahre alte Eherecht den Ansprüchen der heutigen Zeit und der heutigen Gesellschaft noch genügen kann.

Mehr noch als sein Alter spricht aber ein anderer Umstand zu seinen Ungunsten; die Art, in der die Materie des Eherechtes behandelt wird. Das allgemeine bürgerliche Gesetzbuch ist hierin den Anschauungen seiner Zeit gefolgt. Als im Mittelalter gesatztes Recht so ziemlich fehlte und fast die ganze Rechtsordnung auf oft schwankendem und häufig nur schwer feststellbarem Gewohnheitsrecht beruhte, empfand man es als wohltuend, als die katholische Kirche wenigstens ein Rechtsgebiet, das Eherecht, in die Hand nahm und es auf ihre Weise regelte. Auch als zu Beginn der Neuzeit das römische Recht übernommen wurde, fand man mit den Bestimmungen des römischen Eherechtes, die einer ganz anderen Zeit und Anschauung entsprungen waren, nicht sein Auskommen und überließ die Materie des Eherechtes auch weiterhin der Kirche, nur daß es eben nicht mehr allein die katholische Kirche war, sondern seit der Reformation auch die anderen Religionsgesellschaften. Dieser Zustand hat sich bis in die Mitte des 19. Jahrhunderts erhalten. Das konfessionelle Eherecht hatte sich im Laufe der Zeit so eingebürgert, war so selbstverständlich geworden, daß auch dann, als die staatliche Gesetzgebung erstarkte, und die Regelung des Eherechtes wieder selbst in die Hand nahm, niemand daran dachte, mit dem konfessionellen Eherecht zu brechen, sondern ganz selbstverständlicherweise die Ehegesetzgebung eine konfessionelle war. Niemand dachte daran, das Eherecht in überkonfessioneller Weise zu regeln. Diesen Standpunkt hat als Kind seiner Zeit auch unser allgemeines bürgerliches Gesetzbuch eingenommen. Es regelt daher das Eherecht in dreifacher Weise: einerseits für die Katholiken, anderseits für die akatholischen Christen und drittens für die Israeliten. Zu diesem dreifachen Eherecht kommt dann als viertes das Eherecht für die Konfessionslosen und endlich als fünftes das Eherecht für die burgenländischen Landesbürger. Österreich hat also gegenwärtig fünf verschiedene Eherechte.

Diese Tatsache wäre nun schon wieder für sich Anlaß genug, das geltende Eherecht neu zu regeln. Denn wenn man bedenkt, daß Deutschland mit über sechzig Millionen Einwohnern ein einheitliches Eherecht hat, so erscheint es geradezu widersinnig, daß das kleine Österreich mit sechs Millionen Einwohnern fünf konfessionell und territorial verschiedene Eherechte hat.

Läßt schon diese Tatsache eine Eherechtsreform wünschenswert erscheinen, so gilt dies noch mehr, wenn man die Konsequenzen bedenkt, die sich daraus ergeben haben. Das österreichische Eherecht ist, wie gesagt, ein konfessionelles; es kommen also für die Ehen der Angehörigen der einzelnen Konfessionen diejenigen Vorschriften zur Anwendung, wie sie das religiöse Bekenntnis der einzelnen Ehegatten aufstellt. Dies gilt insbesonders für die Eingehung und Lösung der Ehe. Hinsichtlich der Eingehung der Ehe wäre dieses Übel nicht so groß; die Bestimmung, daß die Ehe vor dem Seelsorger der Ehegatten geschlossen werden muß, wird vielleicht schon öfters jemandem als drückend vorgekommen sein; immerhin läßt sich diese Bestimmung zur Not ertragen. Um so mehr gilt dies aber von der Auflösungsmöglichkeit der Ehe. Auch hierüber entscheidet das religiöse Bekenntnis und hier ist es insbesonders eine Vorschrift, die als unerträglich drückend empfunden wird, die Vorschrift des § 111 ABGB.: „Das Band einer gültigen Ehe kann zwischen katholischen Personen nur durch den Tod des einen Ehegatten getrennt werden. Ebenso unauflöslich ist das Band der Ehe, wenn auch nur ein Teil schon zur Zeit der geschlossenen Ehe der katholischen Religion zugetan war.“ Diese Bestimmung läuft demnach darauf hinaus, daß ein katholischer Ehegatte bei Lebzeiten des anderen Teiles keine neue Ehe schließen darf. Im Jahre 1811 wurde vielleicht diese Bestimmung nicht als so drückend empfunden, da, wie gesagt, das konfessionelle Eherecht damals das allein herrschende war und niemand daran dachte, daß es noch eine andere Möglichkeit gebe und man sich diesen Bestimmungen nicht unterwerfen müsse. In der Folge haben sich aber die Verhältnisse ganz wesentlich geändert. Man fand die Bestimmung, die es einem katholischen Ehegatten untersagte, bei Lebzeiten des anderen Teiles eine neue Ehe einzugehen, eine

Bestimmung, die nicht damit rechnete, daß auch eine Eheschließung ein Mißgriff sein könne und einen solchen Mißgriff zu einem unheilbaren, nicht wieder gutzumachenden stempelte, indem sie demjenigen, der einmal verheiratet war, so ziemlich jede Aussicht auf eine neue Ehe nahm, als furchtbar drückend und unerträglich hart. Insbesonders als das Staatsgrundgesetz von 1867, das noch heute als Verfassungsgesetz gilt, die rechtliche Gleichstellung aller Konfessionen verhieß, fand man es mit den Tendenzen dieses Gesetzes wenig übereinstimmend, daß noch immer das konfessionelle Eherecht mit seiner Unlösbarkeit der katholischen Ehe aufrecht erhalten wurde. Es ist jedenfalls bezeichnend, daß der Oberste Gerichtshof nach dem Inkrafttreten des Staatsgrundgesetzes von 1867 mehrmals in seinen Urteilssprüchen erklären mußte, das konfessionelle Eherecht sei durch das Staatsgrundgesetz nicht aufgehoben worden, sondern bestehe immer noch.

In der Folge setzten nun verschiedene Bewegungen ein, die darauf gerichtet waren, das geltende Eherecht teils auf gesetzlichem Wege aufzuheben, teils dasselbe zu umgehen. Das letztere war dadurch möglich, daß verschiedene Personen die Staatsbürgerschaft eines ausländischen Staates erwarben, der die Trennung katholischer Ehen zuließ — seit dem Inkrafttreten des ungarischen Ehegesetzes aus dem Jahre 1894 war es insbesonders Ungarn — und dann im Ausland die Trennung ihrer Ehe erwirkten, die dann von den österreichischen Gerichten anerkannt werden mußte. Dieser Weg war jedoch mit Kosten verbunden und daher nur wohlhabenden Leuten möglich. Die ärmeren Schichten der Bevölkerung mußten auf diese Lösungsmöglichkeit der Ehe verzichten und hatten weiter unter den Bestimmungen des österreichischen Eherechtes zu leiden. Um so eifriger setzten Aktionen ein, die eine gesetzliche Änderung der Bestimmungen über das Eherecht erreichen wollten; es entstanden Vereine zur Reform des Eherechtes u. dgl. Diese Bemühungen hatten zwar bis jetzt keinen äußeren Erfolg, immerhin erreichten sie aber, daß seit ungefähr Anfang des zwanzigsten Jahrhunderts das österreichische Eherecht ein heftig umstrittenes Gebiet war; zahlreiche Stimmen verlangten eine Eherechtsreform, aber man konnte sich doch nicht recht entschließen, die Frage im Parlament aufzurollen. Dies zeigt z. B. folgendes: Als seit 1904 Bestrebungen einsetzten, eine Reform des bürgerlichen Rechtes überhaupt zu bewerkstelligen, entstand die Frage, ob man dies auf die Weise machen solle, daß man ein neues bürgerliches Gesetzbuch schaffe oder in der Weise, daß man zum bürgerlichen Gesetzbuch eine Novelle schaffen solle. Man entschied sich schließlich für das letztere, und zwar wegen des Eherechtes. Denn wenn man dem bürgerlichen Gesetzbuch eine neue Fassung verliehen hätte, dann hätte man auch auf irgend eine Weise zum Eherecht Stellung nehmen müssen, sei es, daß man den alten Zustand übernommen hätte, sei es, daß man neue Bestimmungen geschaffen hätte. Man befürchtete aber, daß über diesen Punkt ein solcher Streit ausgebrochen wäre, daß darüber das ganze Reformwerk gescheitert wäre. Deshalb entschloß man sich, zu einer Novelle (die späteren drei Teilnovellen) zu schreiten und nur einzelne Bestimmungen des geltenden bürgerlichen Gesetzbuches zu ändern, bei welcher Methode man die Möglichkeit hatte, die Klippe des Eherechtes zu umgehen. Tatsächlich haben auch die aus diesen Reformarbeiten hervorgegangenen drei Teilnovellen das Eherecht als ein „Noli me tangere" betrachtet; um die Novellen nicht dadurch zu gefährden, daß man auch das Eherecht in die Reform einbezog, blieb das Eherecht überhaupt gänzlich unberührt. Damit sollte nicht gesagt sein, daß das Eherecht nicht reformbedürftig sei, man wollte jedoch nicht, daß auch die sonstigen Bestimmungen der Novellen an der Eherechtsfrage scheiterten und überließ daher die Reform des Eherechtes einem besonderen Gesetz.

Dies war der Stand der Dinge bis zum Inkrafttreten der drei Teilnovellen, also ungefähr bis zum Ende des Weltkrieges. Seit diesem Zeitpunkt ist aber eine einschneidende Veränderung vor sich gegangen. Bis dahin war eine Eherechtsreform wohl wünschenswert gewesen, immerhin konnte man damals, wie gerade das Beispiel der drei Teilnovellen zeigt, noch nicht von einer dringenden Notwendigkeit der Eherechtsreform sprechen. Heute ist die Sachlage eine andere. Es handelt sich heute nicht mehr darum, ob eine Eherechtsreform wünschenswert oder vorteilhaft wäre, sie ist heute unabweisliche Notwendigkeit geworden; ob erwünscht oder nicht erwünscht — sie muß erfolgen. Dies ist durch den Lauf der Verhältnisse bedingt, den diese seit Beendigung des Weltkrieges genommen haben.

Zunächst einmal war die Not auf dem Gebiete des Eherechtes bedeutend gestiegen, da in diesen Jahren zahlreiche Ehen in die Brüche gingen und geschieden wurden. Grund hiefür war einerseits, daß durch die lange Trennung, die viele Ehegatten während des Weltkrieges erlitten, sowie durch die mißlichen Verhältnisse der Nachkriegszeit, insbesonders durch die Geldinflation und den Umsturz, wodurch soundso viele Existenzen untergraben und vernichtet wurden, zahlreiche Ehen zerrüttet wurden; anderseits waren im Kriege sowie in der unmittelbaren Nachkriegszeit viele Ehen rasch und unüberlegt geschlossen worden, oft auch nur aus wirtschaftlichen Motiven, z. B. um eine Kriegsunterstützung oder die Zuweisung einer Wohnung zu erhalten; auch diese Ehen konnten auf die Dauer nicht bestehen, da auf die notwendige gegenseitige Eignung der Ehegatten zueinander viel zu wenig Bedacht genommen worden war; auch sie wurden vielfach geschieden. Der § 111 ABGB., der katholische Ehen für unlösbar erklärt, machte sich bei diesen vielen Scheidungen doppelt stark fühlbar, da die meisten dieser geschiedenen Ehegatten Katholiken waren und eine neue Ehe nicht mehr eingehen konnten. Die

Notlage war durch all diese Umstände eine so große geworden, daß auch die Gesetzgebung sich der Notwendigkeit einer Eherechtsreform nicht mehr verschließen konnte. Die Regierung Renner arbeitete daher den Entwurf zu einer Eherechtsnovelle aus und legte ihn der provisorischen Nationalversammlung vor. Dieser Entwurf gelangte am 23. und 24. Jänner 1919 im Plenum zur Verhandlung; zu einer Spezialdebatte ist es jedoch nicht mehr gekommen, sondern nach durchgeführter Generaldebatte wurde mit einer geringen Stimmenmehrheit (62 gegen 52 Stimmen) beschlossen, zur Tagesordnung überzugehen. Seither wurden zwar noch gelegentlich im Nationalrat Wünsche nach einer Eherechtsreform geäußert und wiederholt hat dies der Nationalrat auch selbst durch Beschluß verlangt, doch haben die Bestrebungen, eine Eherechtsreform auf gesetzlichem Wege, d. h. durch den Nationalrat zu erreichen, bis heute zu keinem positiven Ergebnis geführt.

Dadurch, daß die Gesetzgebung zum Eherechtsproblem keine Stellung nahm, war dieses aber nicht aus der Welt geschafft. Und nun zeigte sich der Fluch der bösen Tat. Ein jedes Gesetz muß den Anforderungen seiner Zeit gerecht werden. Ist das nicht der Fall, dann kann es vorkommen, daß die Verhältnisse stärker werden als das Gesetz und dessen Bande sprengen. So war es auch mit dem Eherecht der Fall. Wie gesagt, waren insbesonders in den letzten Kriegs- und ersten Nachkriegsjahren viele Ehen geschieden worden. Diese geschiedenen Ehegatten konnten und wollten sich nicht mit der Bestimmung abfinden, daß ihnen die Eingehung einer neuen Ehe versagt sei. Diesem übermächtig starken Ruf der Zeit konnten sich schließlich auch die staatlichen Behörden nicht verschließen, und da die Bestimmung, daß das Band einer katholischen Ehe unlösbar sei, nur im Wege eines Gesetzes hätte beseitigt werden können und dieser Weg verschlossen war, so suchte man diese Bestimmung auf andere Weise zu umgehen, und man fand tatsächlich einen solchen Weg: die Dispensehe. Ihr Wesen beruht in folgendem: Durch die Scheidung wird die Ehe noch nicht gelöst, sondern besteht dem Bande nach weiter; ein geschiedener Ehegatte kann daher keine neue Ehe eingehen, weil ihn seine frühere Ehe, die noch besteht, daran hindert; es liegt das sogenannte „Hindernis des Ehebandes (§ 62 ABGB.)" vor. Da nun dieses Ehehindernis nicht dadurch beseitigt werden konnte, daß das Band der früheren Ehe gelöst wird, was, wenn es sich um eine katholische Ehe handelt, nach § 111 ABGB. ausgeschlossen ist, so behob man das Ehehindernis dadurch, daß man davon dispensierte. Das bürgerliche Gesetzbuch gestattet nämlich, daß die Landesbehörden von gewissen Ehehindernissen, den sogenannten dispensablen Hindernissen, Nachsicht erteilen mit der Wirkung, daß dann der Eingehung einer gültigen Ehe trotz Vorliegen des Ehehindernisses nichts mehr im Wege steht. Während man aber bisher das Ehehindernis des Ehebandes allgemein für indispensabel gehalten hatte und niemand daran gedacht hatte, davon zu dispensieren, also einem gültig verheirateten Ehegatten zu gestatten, eine neue Ehe einzugehen, solange seine frühere Ehe noch besteht, begann man jetzt, auch von diesem Ehehindernis zu dispensieren. Diese neue, unter Dispens vom Ehehindernis des Ehebandes geschlossene Ehe ist die sogenannte „Dispensehe“. Zunächst schwankten die Landesregierungen allerdings noch, ob eine solche Dispensation gesetzlich zulässig sei; diese Bedenken wurden jedoch durch einen Erlaß des Staatsamtes für Inneres und Unterricht vom 27. August 1919, Z. 28.960 zerstreut. In diesem Erlaß ist die Dispensationsmöglichkeit vom Ehehindernis des Ehebandes grundsätzlich anerkannt, es werden nur den Landesregierungen bei der Erteilung solcher Dispensen gewisse Vorsichten anempfohlen. Seitdem wird die Frage, ob vom Hindernis des Ehebandes dispensiert werden kann, von den Verwaltungsbehörden grundsätzlich bejaht; allerdings verweigert die Mehrzahl der Landesregierungen eine solche Dispensation aus prinzipiellen Gründen, doch wird dann der Dispens vielfach im Rekurswege erteilt.

Nach diesem Erlaß vom 27. August 1919 schien es anfangs, als wäre damit das Eherechtsproblem in befriedigender Weise gelöst, da damit sowohl der Bestimmung von der Unlösbarkeit katholischer Ehen als auch der Möglichkeit, gleichwohl eine neue Ehe eingehen zu können, Rechnung getragen wurde. Leider war dies eine Täuschung; im Gegenteil: erst damit begann das eigentliche Wirrsal auf dem Gebiete des Eherechtes und entstanden jene unerfreulichen Zustände, die heute eine Eherechtsreform als unabweisliche Notwendigkeit erscheinen lassen. Wie gesagt, haben sich die Verwaltungsbehörden auf den Standpunkt gestellt, es könne vom Hindernis des Ehebandes gültig dispensiert werden, die neue „Dispensehe“ sei somit gültig. Die Gerichte dagegen nahmen gerade den entgegengesetzten Standpunkt ein. Sie erklärten, vom Hindernis des Ehebandes könne keine gültige Dispens erteilt werden; daraus ergab sich dann die notwendige Folgerung, daß die Dispensehe ungültig ist. Insbesonders vertrat der Oberste Gerichtshof diesen Standpunkt; dieser hatte auf Verlangen der Bundesregierung im Jahre 1921 ein Gutachten abgegeben, daß vom Hindernis des Ehebandes nicht gültig Dispens erteilt werden könne; die auf Grund eines solchen Dispens geschlossene Ehe sei demnach ungültig. Diesen Standpunkt hat der Oberste Gerichtshof auch weiterhin immer vertreten, und da er als letzte Instanz mit seiner Meinung immer durchdringen mußte, so schlossen sich nach ganz kurzem Schwanken auch die übrigen Gerichte dieser Ansicht an. Wenn daher, wie es in der Folge häufig vorkam, die Zivilgerichte die Gültigkeit einer Dispensehe zu überprüfen hatten, so erklärten sie dieselbe regelmäßig für ungültig. Diese Ansicht blieb den Zivilgerichten bis zum Jahre 1927 unbenommen; von da ab ändert sich die Sachlage. Schon früher war die Ansicht entstanden, daß die Frage, ob das Hindernis des Ehebandes dispensabel sei oder nicht, die Gerichte nichts angehe, sondern Angelegenheit der Verwaltungsbehörden sei; wenn diese daher Dispens erteilten, so dürfe das Zivilgericht die Gültigkeit dieses Verwaltungsaktes nicht überprüfen, sondern habe ihn als gültig hinzunehmen; dadurch, daß das Zivilgericht den Dispensakt der Verwaltungsbehörde auf seine Gültigkeit überprüfe, überschreite das Gericht die Schranken seiner Befugnis und setze sich in einen Kompetenzkonflikt mit den Verwaltungsbehörden. — Zur Entscheidung dieses Kompetenzkonfliktes wurde der Verfassungsgerichtshof angerufen. Dieser erklärte sich zunächst für unzuständig und lehnte die Entscheidung der Frage ab. Im Jahre 1927 änderte aber der Verfassungsgerichtshof seine Ansicht. Er erklärte die Gerichte für nicht befugt, die Gültigkeit eines Aktes der Verwaltungsbehörden zu überprüfen; die Gerichte hätten einen solchen Dispensakt als gültig hinzunehmen; durch die Überprüfung setze sich das Zivilgericht in einen Kompetenzkonflikt mit den Verwaltungsbehörden; sollte das Zivilgericht dies gleichwohl tun und eine Dispensehe mit der Begründung für ungültig erklären, vom Hindernis des Ehebandes könne nicht gültig dispensiert werden, dann habe es seine Befugnis überschritten und sein Urteil sei ein nichtiger Akt. Dieses Urteil wird daher vom Verfassungsgerichtshof aufgehoben, das Gericht hat die Überprüfung der Gültigkeit der Ehe noch einmal vorzunehmen; bei dieser Überprüfung hat es von der Voraussetzung auszugehen, daß die Dispensation vom Hindernis des Ehebandes gültig sei. Damit ist natürlich gleichzeitig auch über die Gültigkeit der Dispensehe selbst entschieden, denn wenn der Dispensakt gültig ist, dann ist es auch die Dispensehe. — Im Gegensatz zu dieser Entscheidung beharrten die Zivilgerichte auf ihrem Standpunkt, ja mehr noch, am 3. April 1928 erließ der Oberste Gerichtshof eine neuerliche Plenarentscheidung und erklärte ausdrücklich nochmals, daß die Dispensehe *ungültig* sei.

Die Sachlage war demnach die: Der Oberste Gerichtshof erklärte sich für befugt, die Gültigkeit eines Dispensaktes zu überprüfen, er erklärte diesen Akt und damit die Dispensehe für ungültig und verwarf damit die Ansicht des Verfassungsgerichtshofes als falsch. Umgekehrt erklärte der Verfassungsgerichtshof die Ansicht des Obersten Gerichtshofs als falsch, hob alle Urteile der Zivilgerichte, die die Dispensehen gemäß der Plenarentscheidung des Obersten Gerichtshofs als ungültig erklärten, als nichtige Akte auf und zwang die Gerichte, die Dispensehen als gültig zu erklären. Wenn daher eine Dispensehe angefochten wurde, so spielte sich folgendes ab: Gemäß der Plenarentscheidung des Obersten Gerichtshofs erklärten die Zivilgerichte die Dispensehe zunächst als ungültig; hierauf wurde der Verfassungsgerichtshof angerufen; dieser hob die Urteile der Zivilgerichte wegen Kompetenzüberschreitung als nichtige Akte auf und wies den Fall zur neuerlichen Verhandlung an die erste Instanz zurück. Diese war nunmehr an die Rechtsanschauung des Verfassungsgerichtshofs gebunden, ebenso die zweite und dritte Instanz und die in Frage stehende Dispensehe wurde demnach als gültig erklärt. Dieses erfreuliche, bzw. unerfreuliche Schauspiel ergab sich jedes Mal von neuem, sobald die Gültigkeit einer Dispensehe angefochten wurde. Denn die Ansicht des Obersten Gerichtshofs mußte wohl der Ansicht des Verfassungsgerichtshofs weichen, da die Ansicht des letzteren für die Zivilgerichte bindend war, aber — die Ansicht des Verfassungsgerichtshofs band die Zivilgerichte nicht generell, sondern nur im einzelnen Fall, d. h. wenn die Zivilgerichte die Dispensehe des A und B als ungültig erklärten und der Verfassungsgerichtshof angerufen wurde, so konnte dieser zwar die Zivilgerichte zwingen, die Ehe des A und B als gültig zu erklären; dies galt aber nicht von der Dispensehe des C und D; wurde diese angefochten, dann erklärten die Zivilgerichte gemäß der Plenarentscheidung des Obersten Gerichtshofs auch diese Ehe zunächst für ungültig, dann mußte erst neuerlich der Verfassungsgerichtshof angerufen werden und erst dann mußten die Zivilgerichte auch die Dispensehe des C und D für gültig erklären.

Daß dieser Zustand Österreich keineswegs zur Ehre gereichte, daß er unerfreulich war, ist begreiflich. Wie sollte man noch Vertrauen zu der Rechtsprechung der österreichischen Gerichte haben, wenn die beiden höchsten Instanzen, die die Hüter des Rechtes sein sollen, selbst miteinander zu streiten beginnen und gegenseitig ihre Ansichten und Urteilssprüche, die Wahrheit und Recht schaffen sollen, für falsch und nichtig erklären. Der Ruf nach Beseitigung dieses unerfreulichen Schauspiels war allgemein. Um das Vertrauen der Bevölkerung zur österreichischen Rechtsprechung, das notwendigerweise schwinden mußte, wenn die höchsten Gerichtshöfe miteinander uneins wurden, wieder zu festigen, verlangte man, daß die Konformität in der Judikatur der österreichischen Gerichte wieder hergestellt werde, daß sich die Kluft zwischen Verfassungsgerichtshof und Zivilgerichten wieder schließe. Die Beseitigung dieses Zustands erhoffte man sich vom Gesetzgeber. Es schien damals, als ob keiner der beiden Gerichtshöfe nachgeben werde. Umso mehr erwartete man, daß ein Dritter eingreifen und den Konflikt durch ein bindendes Machtwort lösen werde, dem sich alle unterwerfen mußten. Dies konnte nur der Gesetzgeber sein. Allein diese Hoffnung wurde enttäuscht. Zwar stellte der Nationalrat zweimal durch Beschluß das Begehren, das österreichische Eherecht möge an das deutsche angeglichen werden, ein Ehereformgesetz wurde jedoch nicht geschaffen. Hierfür war unter anderem wohl auch die Erwägung maßgebend, daß, so unerfreulich der Konflikt zwischen Zivilgerichten und Verfassungsgerichtshof auch war, die Dispensehe doch anerkannt wurde und auf Grund der

Urteile des Verfassungsgerichtshofs von den Zivilgerichten als gültig erklärt werden mußte, so daß also eine Abhilfe gegen die Bestimmungen des § 111 ABGB. gegeben war.

In letzter Zeit ist nun eine neuerliche Wendung eingetreten. Der Konflikt zwischen Oberstem Gerichtshof und Verfassungsgerichtshof ist wieder beseitigt worden, allerdings in ganz anderer Weise, als man erwartet hatte. Nicht der Gesetzgeber hat ihn gelöst, sondern im Sommer 1930 wich der Verfassungsgerichtshof von seinem bisherigen Standpunkt ab. Im Gegensatz zu seinen früheren Entscheidungen erklärte er nunmehr, daß durch die Überprüfung der Dispensakte seitens der Gerichte ein Kompetenzkonflikt nicht gegeben sei. Es bleibe dahin gestellt, ob das Gericht nicht verpflichtet sei, den Dispensationsakt der Verwaltungsbehörde anzuerkennen und sich durch ihn als gebunden zu erachten. Wenn aber das Gericht gleichwohl einen solchen Akt überprüfe und sich nicht als gebunden erachte, so könne dies zwar materiell-rechtlich unrichtig sein, allein ein Kompetenzkonflikt werde dadurch nicht gesetzt, so daß der Verfassungsgerichtshof keinen Anlaß habe, einzuschreiten. Die Bedeutung dieses Urteils ist die, daß es den Gerichten nunmehr nicht mehr verwehrt ist, die Dispensehen als ungültig zu erklären. Damit ist das Schicksal der Dispensehe besiegelt. Die Zivilgerichte werden die Dispensehen auch weiterhin für ungültig erklären, der Verfassungsgerichtshof wird sie aber nicht mehr daran hindern, sondern sie gewähren lassen.

Ob diese neue Ansicht, ob die frühere im Gesetze gegründet und gerechtfertigt ist, mag dahingestellt bleiben. Eines ist jedenfalls sicher: die Auswirkungen dieses neuen Urteils sind furchtbar. Im Vertrauen darauf, daß die Dispensehe durch den Verfassungsgerichtshof geschützt wird, haben Tausende und Abertausende solche Ehen geschlossen. Laut Statistik gibt es derzeit in Österreich 50.000 Dispensehen. Diese Ehen sind nun zwar noch nicht automatisch ungültig, sie können aber alle als ungültig erklärt werden, und das wird wohl auch kurz über lang geschehen, sei es, daß der geschiedene Gatte der ersten Ehe die Dispensehe seines anderen Gatten anficht, sei es, daß es einer der Dispensehegatten selbst ist, der des anderen Teiles überdrüssig geworden ist, sei es, daß es ein Dritter ist, der durch die Dispensehe in seinen Rechten beeinträchtigt wird, sei es, daß ein Gericht von Amts wegen die Ungültigerklärung beantragt, wenn die Gültigkeit der Dispensehe in einem Verfahren von rechtlicher Bedeutung ist. Während bis jetzt solche Anfechtungen, insbesonders von privater Seite, doch relativ nicht allzu häufig geschehen sind, weil die Aussichtslosigkeit eines solchen Prozesses zu erwarten war, so sind nunmehr diese Schranken gefallen und die Dispensehe den Anfechtungen aller schutzlos preisgegeben.

Dies soll kein Vorwurf gegen den Verfassungsgerichtshof sein, der so geurteilt hat, wie es ihm Gewissen und Pflicht vorschrieben. Umso mehr ist aber jetzt der Gesetzgeber verpflichtet, schleunigst einzugreifen, zu retten, was noch zu retten ist, um jenen Konsequenzen vorzubeugen, die sich sonst unvermeidlich ergeben müßten. Denn dadurch, daß der Stab über der Dispensehe gebrochen wurde, ist diese nun nicht einfach in der Versenkung verschwunden. Noch bestehen 50.000 Dispensehen, die nicht als ungültig erklärt wurden. Durch das Urteil des Verfassungsgerichtshof sind diese 50.000 Ehen der Vernichtung preisgegeben; hunderttausend Menschen sind in ihrem Vertrauen auf die Gültigkeit ihrer Ehe getäuscht worden, fünfzigtausend Familienleben werden zerstört, Hunderttausende von Kindern, die bis jetzt ehelich waren, werden unehelich. Hunderttausende von Menschen sind so der Verzweiflung preisgegeben. Ferner: wenn nun diese Dispensehen alle angefochten werden, so wird es Tausende und Abertausende von Eheungültigkeitsprozessen geben. Die heute schon mit Arbeit überhäuften Gerichte werden nun diese Prozesse alle erledigen müssen, wobei noch zu bedenken ist, daß, obgleich der Fall klar liegt, es nicht bei einer Instanz sein Bewenden hat, sondern laut gesetzlicher Vorschrift alle diese Prozesse wenigstens durch zwei, die meisten sogar durch drei Instanzen gehen müssen. Ferner: all die Hunderttausende von Kindern aus den Dispensehen, die mit der Ungültigerklärung der Ehe unehelich werden, müssen nun Vormünder bekommen; die Gerichte werden also mit Tausenden von Vormundschaftsangelegenheiten überhäuft werden. Bedenkt man, daß schon heute allgemein darüber geklagt wird, daß die Gerichte überbürdet sind, so ist es geradezu rätselhaft, wie es werden soll, wenn noch diese riesigen Arbeiten dazukommen.

Zu diesen traurigen Folgen kommt nun noch eine dazu, die geradezu grotesk anmutet. Die Dispensehen können zwar ungültig erklärt werden. Solange aber eine solche Ungültigerklärung durch das Gericht nicht erfolgt, so lange hat die Dispensehe die Wirkungen einer gültigen Ehe, sie kann jedoch anderseits jederzeit für ungültig erklärt werden. Daraus ergibt sich folgendes: solange es den Ehegatten paßt, miteinander zu leben, werden sie es tun; sobald der eine Ehegatte genug davon hat, geht er zu Gericht und beantragt die Ungültigerklärung. Die Ehe, die als eine Gemeinschaft für das Leben gedacht war, wird so zu einem Verhältnis auf jederzeitige Kündigung. Aber nicht nur die Dispensehegatten können ihre Ehe auf diese Weise zur Lösung bringen, ebenso kann dies auch jeder andere tun, denn das Hindernis des Ehebandes ist ja ein öffentliches. Die Ehe — und bis zu ihrer gerichtlichen Ungültigerklärung ist auch die Dispensehe eine solche — wird so zu einem Hasardspiel. Wenn die Dispensehegatten Glück haben, wenn alles gut geht und nicht einem der Ehegatten oder einem Dritten die Ehe gegen den Strich geht oder das Gericht zufällig von selbst darauf kommt, so lange besteht diese

Ehe weiter; wenn es aber der Zufall mit sich bringt, dann wird diese Ehe für ungültig erklärt. Die Ehe, die eine dauernde Gemeinschaft und ein staatserhaltendes Element sein soll, wird so zu einem von den Launen des Zufalls und der Beteiligten abhängiges Verhältnis.

Ungelöst bleibt ferner die Frage, was mit denjenigen Dispensehen geschehen wird, über deren Gültigkeit die Gerichte urteilten, bevor der Verfassungsgerichtshof seine Ansicht änderte. Diese Ehen mußten auf Grund der Entscheidungen des früheren Verfassungsgerichtshofs in der Regel als gültig erklärt werden und da diese Urteile in Rechtskraft erwachsen sind, so kann an der Gültigkeit dieser Ehen nicht mehr gerüttelt werden. Wenngleich die Anzahl dieser Ehen im Verhältnis zu der Zahl derjenigen Ehen, über die die Gerichte noch nicht geurteilt haben, und die, wenn es nunmehr dazu kommt, als ungültig werden erklärt werden, eine relativ geringe ist, so dürften dies doch einige hundert sein. Hinsichtlich dieser Ehen entstehen nun ebenfalls Probleme, die ihrer Lösung noch bedürfen. Diese Ehen, die als gültig erklärt wurden, haben die Wirkungen einer gültigen Ehe und dies muß sich insbesonders auch auf dem Gebiete des Erbrechts zeigen. Es haben in diesem Fall sowohl der geschiedene Ehegatte aus erster Ehe erbrechtliche Ansprüche, es sei denn, daß er an der Scheidung schuldtragend war, als auch der Dispensehegatte. Dies gilt sowohl von den öffentlich-rechtlichen Versorgungs- und Pensionsansprüchen als auch von den Ansprüchen auf dem Gebiete des privaten Erbrechtes. Es entsteht nun die Frage, in welchem Verhältnis die Ansprüche des geschiedenen Ehegatten und des Dispensehegatten zueinander stehen. Haben beide Ehegatten Anspruch auf die Pension, bzw. im Fall einer gesetzlichen Erbfolge, auf den für den Ehegatten bestimmten Erbteil und wenn ja, in welchem Ausmaß, oder hat nur einer der Ehegatten darauf Anspruch und wenn ja, welcher von beiden? Wie steht es ferner, wenn beide Ehegatten gegen die beschränkt haftenden Erben den Anspruch auf den standesgemäßen Unterhalt nach § 796 ABGB. geltend machen und nicht genug im Nachlaß ist, um beide Ansprüche voll zu befriedigen? Welcher der beiden Ehegatten hat hier den Vorrang? Wird nur der eine befriedigt und wenn ja, welcher von beiden, müssen die Erben an beide zahlen und wenn ja, in welchem Ausmaß usw. Diese Konflikte sind bis jetzt nur relativ selten aufgetaucht, weil das Institut der Dispensehe noch relativ jung ist und die meisten der Ehegatten, die eine Dispensehe geschlossen haben, noch leben. In einigen Jahren wird es aber unvermeidlich dazu kommen, daß auch diese Konflikte und Fragen von den Gerichten werden gelöst werden müssen. In welcher Weise dies geschehen wird, ist völlig unklar; im Gesetz findet sich kein Anhaltspunkt, weil der Gesetzgeber mit der Möglichkeit einer Doppelehe — und eine solche ist die Dispensehe — nicht gerechnet hat und nicht rechnen konnte. Und dennoch muß, wenn nun beide Ehegatten erbrechtliche Ansprüche erheben, der Konflikt in irgend einer Weise gelöst werden. Auch hieraus ergibt sich neuerlich die Notwendigkeit, daß der Gesetzgeber in irgend einer Weise eingreift und diese Angelegenheit durch Gesetz regelt, wenn nicht zu dem Chaos auf dem Gebiete des Eherechtes noch das Chaos auf dem Gebiete des Erbrechtes kommen soll.

Man bedenke ferner, wie ungerecht es ist, daß es allein von dem Zufall, ob der Verfassungsgerichtshof vor dem Juli 1930 oder nachher über die Dispensehe zu urteilen hatte, abhängt, ob die Dispensehe für gültig oder ungültig erklärt wird. Bei Vorliegen genau desselben Tatbestandes wird einmal die Ehe für gültig, das andere Mal für ungültig erklärt. Man kann den Gerichten deswegen keinen Vorwurf machen, weil es nicht nur das Recht, sondern sogar die Pflicht eines jeden Richters ist, dann, wenn er eine Ansicht als unrichtig erkannt hat, von ihr abzugehen. Umso mehr fällt aber nun dem Gesetzgeber die Pflicht zu, diese unbilligen Konsequenzen hintanzuhalten und denjenigen Dispensehen, die das Glück hatten, vor dem Jahr 1930 Gegenstand eines gerichtlichen Verfahrens zu sein, die ungezählten anderen Dispensehen gleichzustellen.

Um alle diese Folgen hintanzuhalten, gibt es nur ein Heilmittel: das Gesetz. Jenes Mittel, welches dazu dienen sollte, die Härten des österreichischen Eherechtes zu umgehen, nämlich die Dispensehe, hat versagt. Aber dieses Mittel hat verheerende Folgen nach sich gezogen, die nunmehr, da der Dispensehe das Todesurteil gesprochen wurde, sichtbar werden. Das Institut der Dispensehe ist dem Untergang geweiht; grenzenlose Verwirrung, Rechtsunsicherheit, die Verzweiflung von Hunderttausenden bleiben zurück; die Bande von zehntausenden von Familien sind in ihren Grundfesten erschüttert, fünfzigtausend Ehen erweisen sich plötzlich als illegitime Verhältnisse, unzählige Kinder werden unehelich. Eine einzige Hoffnung bleibt noch übrig: daß der Gesetzgeber endlich eingreift, bevor alles in ein Chaos versinkt. Und diese Hilfe müßte schleunigst erfolgen; an jedem Tag, der verstreicht, bis es zu einer Eherechtsreform kommt, kann eine neue Dispensehe ungültig erklärt werden, ein neues Familienleben zerstört, neue Personen dem Elend und der Verzweiflung preisgegeben werden. Und darum muß die Eherechtsreform unbedingt und dringend erfolgen, damit dieser Leidenskelch an dem österreichischen Volke vorübergeht.

Der Zweck des beiliegenden Entwurfes ist es, die Möglichkeiten einer solchen Eherechtsreform zu zeigen. Hiebei waren zwei Möglichkeiten vorhanden; es konnte entweder das gesamte Eherecht in einem besonderen Gesetz geregelt werden, wie dies etwa das ungarische Ehegesetz macht; es bestand jedoch auch die Möglichkeit, die Bestimmungen des geltenden Rechtes in Form einer Novelle abzuändern. Es wurde der letztere Weg gewählt und zwar aus folgenden Erwägungen: Als seinerzeit die drei Teilnovellen zum bürgerlichen Gesetzbuch geschaffen wurden, wäre die Gelegenheit da gewesen, das ganze österreichische bürgerliche Recht in ein neues System zu fassen. Da damals darauf verzichtet wurde und der überwiegende Teil des bürgerlichen Rechtes bei Beibehaltung des bisherigen Systems im Wege einer Novellierung neu geregelt wurde, so erscheint es zweckmäßig, auch noch hinsichtlich des übrig gebliebenen Teiles des bürgerlichen Rechtes nach derselben Methode vorzugehen und nur die geltenden Bestimmungen über das Eherecht durch entsprechende Neufassung abzuändern. Es ist auch nicht einzusehen, warum ein so wichtiger Bestandteil des bürgerlichen Rechtes, wie es das Eherecht darstellt, außerhalb des bürgerlichen Gesetzbuches stehen sollte. Die Frage, ob es denn möglich ist, bei einer so einschneidenden Reform das bisherige System weiter aufrecht zu erhalten, wird durch den Entwurf selbst beantwortet: es ist möglich, durch entsprechende Neufassung der alten Bestimmungen die gewünschte Reform zu erzielen.

Der Weg, den eine Eherechtsreform zu beschreiten hat, ist aus dem früher gesagten zum großen Teil schon vorgezeichnet. Der Entwurf bricht mit dem Grundsatz von der Unlösbarkeit katholischer Ehen. Auch Katholiken können eine Trennung ihrer Ehe erwirken und eine neue Ehe eingehen. Damit entfällt natürlich die Dispensehe, da diese dann keinen Zweck mehr hat; in den Übergangsbestimmungen wird auch das Schicksal der derzeit bestehenden Dispensehen behandelt und in einer solchen Weise geregelt, daß künftige Streitigkeiten auf diesem Gebiete vermieden werden; dies gilt insbesonders auch von den erbrechtlichen Wirkungen einer solchen Dispensehe. Des weiteren mußte sich der Entwurf mit den Ehehindernissen und deren Dispensationsmöglichkeiten befassen, da die geltenden Bestimmungen zu unklar sind; damit werden künftige Streitigkeiten darüber, ob ein Ehehindernis dispensabel ist oder nicht, auch wenn es sich nicht gerade um das Hindernis des Ehebandes handelt, vermieden. Dies waren die unbedingt notwendigen und dringlichsten Reformen; durch sie werden sämtliche heutigen Konflikte und Probleme definitiv geregelt. Der Entwurf ist jedoch noch weiter gegangen; er bezieht noch andere Punkte in seine Reform ein. Dies hat zwei Gründe. Der eine ist der, daß nicht nur die Bestimmungen über das Eheauflösungsrecht und die Dispensation unhaltbar geworden sind; vielmehr sind auch andere Bestimmungen des österreichischen Eherechtes so mangelhaft, veraltet und unzweckmäßig, daß auch eine Reform hinsichtlich dieser Bestimmungen dringend erwünscht erscheint. Wenn nun schon zu einer Eherechtsreform geschritten wird, so sollten doch auch diese Punkte darin einbezogen werden, deren Unzulänglichkeit vielleicht nicht so auffallend in die Augen sticht wie die früher erwähnten Mängel, die aber eine Reform genau so dringend notwendig haben wie diese, wenngleich die ersterwähnten Mängel so schreiend waren, daß sie dadurch die Aufmerksamkeit von den anderen abgelenkt haben. Es hätte wenig Sinn, zuerst nur die allernotwendigsten, unvermeidbaren Reformen zu vollziehen, wenige Zeit darauf aber dann auch die übrigen Bestimmungen abzuändern. Abgesehen davon, daß das Eherechtsproblem seit jeher ein sehr heikles war und auch in Zukunft sein wird und daher möglichst selten aufgerollt werden sollte, ist es auch entschieden nicht vorteilhaft, wenn dasselbe Rechtsgebiet immer von neuem abgeändert wird. Auch läßt sich, wenn sämtliche Punkte auf einmal reformiert werden, eine solche Reform viel besser durchführen, da ja sämtliche Bestimmungen des Eherechtes in gewissem Sinne zusammenhängen und weil, wenn sämtliche reformbedürftigen Bestimmungen auf einmal abgeändert werden, auf diesen gegenseitigen Zusammenhang viel besser Rücksicht genommen werden kann.

Der zweite Grund, warum der Entwurf auch diese Punkte in die Eherechtsreform einbezieht, ist in der Absicht des Entwurfes begründet, das österreichische Eherecht möglichst an das des Deutschen Reiches anzugleichen. Die letzten Jahre der österreichischen Gesetzgebung stehen im Zeichen dieser Rechtsangleichung; der Nationalrat hat in seinen Beschlüssen ausdrücklich verlangt, daß durch die Eherechtsreform das österreichische Eherecht an das deutsche angeglichen werde. Dieser Wunsch ist vollkommen berechtigt. Österreich hat den Wunsch, sich an das deutsche Bruderreich anzuschließen und dazu ist Voraussetzung, daß die beiden Völker nicht nur durch gleiche Sprache und gleiche Kultur, sondern auch durch ein gleiches Recht verbunden werden. Und das gilt insbesonders vom Eherecht. Das Beispiel der Geschichte lehrt, daß kein Mittel so geeignet ist, zwei Völker eng aneinander zu knüpfen als gerade das Band der Ehe. Dazu ist aber erforderlich, daß Österreich und Deutschland ein gleiches Eherecht haben. Der Entwurf trägt diesen Wünschen Rechnung. Alle seine Bestimmungen sind derart, daß damit eine Angleichung an das deutsche Recht bewirkt wird. Dazu genügt es aber nicht, daß nur die Bestimmung übernommen wird, daß auch Katholiken die Trennung ihrer Ehe bewirken können; das wäre noch keine Rechtsangleichung. Ebenso gut könnte man behaupten, Österreich und Deutschland hätten das gleiche Strafrecht, weil beide Staaten den Mord als strafbar erklären, oder Österreich und Deutschland hätten das gleiche Privatrecht, weil beiden Rechtsordnungen das Institut des Eigentums und des Erbrechtes bekannt ist. Der Entwurf mußte daher weiter gehen und konnte dies um so leichter tun, als die betreffenden Bestimmungen des geltenden Rechtes, die auf diese Weise abgeändert und an das deutsche Recht angeglichen werden, ohnedies so unzulänglich sind, daß ihre Aufhebung wünschenswert war. Der Entwurf sucht demnach in all seinen Bestimmungen eine möglichst innige Angleichung an das deutsche Eherecht zu erzielen und macht dies zuweilen selbst dort, wo man zur Not mit den Bestimmungen des geltenden Rechtes sein Auslangen gefunden hätte, nur, damit eben die Angleichung an das deutsche Recht eine möglichst nahe werde. Nur in zwei wesentlichen Punkten weicht der Entwurf vom deutschen Recht ab: er behält die dem derzeitigen deutschen Recht unbekannte einverständliche Scheidung des bisherigen österreichischen Rechtes bei; ebenso behält der Entwurf, abweichend vom deutschen Recht, die kirchliche Trauung weiter.

Der wesentliche Unterschied zwischen dem Rechtszustand, wie ihn der Entwurf vorsieht, und dem geltenden Recht ist der, daß das geltende Eherecht ein konfessionelles, das Eherecht des Entwurfes aber ein interkonfessionelles ist. Die Gründe hiefür sind, daß das geltende österreichische Eherecht an seinen konfessionellen Bestimmungen gescheitert ist. Es gäbe heute keine Eherechtskrise, wenn nicht jener § 111 ABGB. da wäre, der katholische Ehen für unlösbar erklärt. Alle Ehereformbestrebungen laufen auf die Beseitigung dieses Paragraphen hinaus. Hebt man aber diesen Paragraphen auf, dann hat man bereits den Boden des konfessionellen Eherechtes verlassen. Es erübrigt sich dann nur mehr, auch noch die Israeliten den anderen Konfessionsangehörigen gleichzustellen, wogegen dieselben ganz gewiß nicht protestieren werden, da sie dadurch nur günstiger gestellt werden. Das konfessionelle Eherecht ist heute unhaltbar geworden; im übrigen nimmt das interkonfessionelle Eherecht auf die religiösen Gefühle des Einzelnen vielleicht noch mehr Bedacht als das konfessionelle. Denn wie das deutsche bürgerliche Recht, so bestimmt auch der Entwurf ausdrücklich, daß die kirchliche Ehe unberührt bleibt. Jedermann steht es frei, den Bestimmungen seiner Konfession Folge zu leisten; wenn der Katholik, dessen Ehe gerichtlich gelöst wurde, sich an die Bestimmungen seiner Religion halten will, dann kann er ja das Band seiner Ehe auch weiterhin als bestehend betrachten und die Eingehung einer neuen Ehe unterlassen. Der Unterschied ist nur der, daß er nicht gesetzlich dazu gezwungen wird, sondern es so halten kann, wie er es vor Gott und seinem Gewissen verantworten kann. Heute dagegen wechseln viele Katholiken, bevor sie sich verheiraten, ihre Religion, um allenfalls auch die Trennung ihrer Ehe erwirken zu können. Manchem von ihnen fällt es schwer genug, von seinem katholischen Glauben zu lassen; gleichwohl tun sie es, weil ihnen im Vergleich dazu, daß sonst ihre Ehe unlösbar ist, der Glaubenswechsel als das geringere Übel erscheint. Und die katholische Kirche selbst? Im Jahre 1929 haben Papst Pius XI. und der italienische Staat ein Konkordat auf dem Gebiete des Eherechtes geschlossen; ihm zufolge anerkennt die Kirche das Recht des Staates, das bürgerliche Eherecht selbständig zu regeln, sie begibt sich jedes Einflusses auf die standesamtlich geschlossene Ehe und erkennt sie an. Damit ist die Frage, wie sich die katholische Kirche zum interkonfessionellen Eherecht stellt, eindeutig gelöst. Papst Pius XI., das apostolische Oberhaupt der katholischen Kirche hat gesprochen und das interkonfessionelle Eherecht anerkannt. Wenn man glaubt, unter solchen Umständen das konfessionelle Eherecht mit Rücksicht auf die Kirche noch weiter aufrecht erhalten zu müssen, so wäre man im wahrsten Sinne des Wortes päpstlicher als der Papst. Übrigens wird gerade die katholische Kirche die erste sein, die die Vorteile des interkonfessionellen Eherechtes genießen wird, denn die zahlreichen Austritte aus der katholischen Kirche, die hauptsächlich auf die Bestimmungen des geltenden konfessionellen Eherechtes zurückzuführen sind, werden dann unterbleiben, so daß gerade der katholischen Kirche ein interkonfessionelles Eherecht keinesfalls so unerwünscht sein wird.

II. Entwurf zu einem Gesetz
betreffend die Abänderung der Bestimmungen über das Eherecht (Eherechtsnovelle)

Bundesgesetz

vom ....

womit einige Bestimmungen über das Eherecht abgeändert und ergänzt werden (Eherechtsnovelle).

Der Nationalrat hat beschlossen:

Erster Teil

Die Abänderungen des bürgerlichen Gesetzbuches

Das allgemeine bürgerliche Gesetzbuch vom 1. Juni 1811 wird in folgenden Punkten abgeändert:

Erster Abschnitt

Ehehindernisse und Anfechtungsgründe

Artikel 1[1]

Im ersten Satz des § **55** werden die Worte: „ist ohne Rechtskraft" ersetzt durch die Worte: „berechtigt den, der sie erteilt hat, die Ehe anzufechten".

Artikel 2

§ **56** hat zu lauten: „Ist eine entführte und noch nicht in ihre Freiheit versetzte Person eine Ehe eingegangen, so kann sie dieselbe anfechten, sobald sie dazu in der Lage ist."

---

[1] § 55 hätte demnach zu lauten: „Die Einwilligung zur Ehe berechtigt den, der sie erteilt hat, die Ehe anzufechten, wenn sie durch eine gegründete Furcht erzwungen worden ist. Ob die Furcht gegründet war, muß aus der Größe und Wahrscheinlichkeit der Gefahr und aus der Leibes- und Gemütsbeschaffenheit der bedrohten Person beurteilt werden.

Artikel 3[2]

§ 57 erhält folgende Abänderungen:

1. Die Worte: „macht die Einwilligung in die Ehe nur dann ungültig" werden ersetzt durch die Worte: „berechtigt den irrenden Teil, die Ehe anzufechten";
2. Nach Umwandlung des Schlußpunktes in einen Beistrich ist anzufügen: „oder wenn er solche persönliche Eigenschaften des künftigen Ehegatten betrifft, daß sie den irrenden Teil bei Kenntnis der Sachlage und bei verständiger Würdigung des Wesens der Ehe abgehalten haben würden, die Ehe einzugehen."

Artikel 4

§ 58 wird aufgehoben und durch folgende Bestimmung ersetzt: „Außerdem kann derjenige Ehegatte die Ehe anfechten, der zur Eingehung der Ehe durch arglistige Täuschung über solche Umstände bestimmt worden ist, die ihn bei Kenntnis der Sachlage und verständiger Würdigung des Wesens der Ehe abgehalten haben würden, die Ehe einzugehen. Ist die Täuschung nicht von dem anderen Ehegatten verübt worden, so kann die Ehe nur dann angefochten werden, wenn dieser die Täuschung im Zeitpunkte der Eheschließung gekannt hat. Auf Grund einer Täuschung über Vermögensverhältnisse ist die Anfechtung ausgeschlossen."

Artikel 5[3]

(1) Dem § 59 werden folgende Bestimmungen als erster Absatz vorangesetzt: „Der Ehegatte, der bei der Eheschließung nicht gewußt hat, daß es sich um eine solche handle, oder dies zwar gewußt hat, aber eine Erklärung, die Ehe einzugehen, nicht hat abgeben wollen, kann die Ehe anfechten."

(2) Die bisherigen Bestimmungen des § 59 werden Absatz 2 des genannten Paragraphen.

---

[2] § 57 hatte demnach zu lauten: „Ein Irrtum berechtigt den irrenden Teil, die Ehe anzufechten, wenn er in der Person des künftigen Ehegatten vorgegangen ist, oder wenn er solche persönliche Eigenschaften des künftigen Ehegatten betrifft, daß sie den irrenden Teil bei Kenntnis der Sachlage und bei verständiger Würdigung des Wesens der Ehe abgehalten haben würden, die Ehe einzugehen."

[3] § 59 hätte demnach zu lauten: „(1) Der Ehegatte, der bei der Eheschließung nicht gewußt hat, daß es sich um eine solche handle, oder dies zwar gewußt hat, aber eine Erklärung, die Ehe einzugehen, nicht hat abgeben wollen, kann die Ehe anfechten. — (2) Alle übrigen Irrtümer der Ehegatten, sowie auch ihre getäuschten Erwartungen der vorausgesetzten oder auch verabredeten Bedingungen stehen der Gültigkeit des Ehevertrages nicht entgegen."

Artikel 6[4]

§ 60 erhält folgende Abänderungen:

1. Im ersten Satz werden die Worte: „ist ein Ehehindernis" ersetzt durch die Worte: „berechtigt den anderen Teil, die Ehe anzufechten";
2. Nach Umwandlung des Schlußpunktes in einen Beistrich wird dem ersten Satz angefügt: „es sei denn, daß er diese Tatsache im Zeitpunkte der Eheschließung kannte oder den Umständen nach hätte kennen müssen."

Artikel 7[5]

1. **§ 63** wird aufgehoben;
2. **§ 64** wird aufgehoben.

Artikel 8[6]

Im **§ 65** entfallen die Worte: „zwischen Geschwisterkindern; wie auch mit den Geschwistern der Eltern, nämlich mit dem Oheim und der Muhme väterlicher und mütterlicher Seite;". Ebenso ist der vor diesen Worten stehende Strichpunkt zu streichen.

Artikel 9[7]

§ 66 erhält folgende Abänderungen:

1. An Stelle der Worte: „im § 65 erwähnten Verwandten" treten die Worte: „Verwandten in auf- und absteigender Linie".
2. Das Wort: „daselbst" entfällt.

---

[4] § 60 hätte demnach zu lauten: „Das immerwährende Unvermögen, die eheliche Pflicht zu leisten, berechtigt den anderen Teil, die Ehe anzufechten, wenn es schon zur Zeit des geschlossenen Ehevertrages vorhanden war, es sei denn, daß er diese Tatsache im Zeitpunkte der Eheschließung kannte oder den Umständen nach hätte kennen müssen. Ein bloß zeitliches, oder ein erst während der Ehe zugestoßenes, selbst unheilbares Unvermögen kann das Band der Ehe nicht auflösen."

[5] Die diesbezüglichen Paragraphe lauten: „§ 63. Geistliche, welche schon höhere Weihen empfangen; wie auch Ordenspersonen von beiden Geschlechtern, welche feierliche Gelübde der Ehelosigkeit abgelegt haben, können keine gültigen Eheverträge schließen." — „§ 64. Eheverträge zwischen Christen und Personen, welche sich nicht zur christlichen Religion bekennen, können nicht gültig eingegangen werden."

[6] § 65 hätte demnach zu lauten: „Zwischen Verwandten in auf- und absteigender Linie, zwischen voll- und halbbürtigen Geschwistern kann keine gültige Ehe geschlossen werden; es mag die Verwandtschaft aus ehelicher oder unehelicher Geburt entstehen."

[7] § 66 hätte demnach zu lauten: „Aus der Schwägerschaft entsteht das Ehehindernis, daß der Mann die Verwandten in auf- und absteigender Linie seiner Ehegattin und die Gattin die erwähnten Verwandten ihres Mannes nicht ehelichen kann."

Artikel 10[8]

1. **§ 67** wird aufgehoben.
2. **§ 68** wird aufgehoben.

Zweiter Abschnitt

Eheschließung

Artikel 11[9]

§ 69 erhält folgende Abänderungen:

1. Die Worte: „das Aufgebot und“ entfallen.
2. Als zweiter Satz wird angefügt: „Der feierlichen Erklärung der Einwilligung soll das Aufgebot vorangehen.“

Artikel 12[10]

Der Anfang des **§ 74** hat zu lauten: „Der Mangel des Aufgebotes macht zwar die Ehe nicht ungültig; es sind aber teils die Brautleute oder ihre Vertreter, teils die Seelsorger....“

Artikel 13[11]

Im **§ 75** ist nach dem Wort: „Pastor“ ein Beistrich zu setzen und das Wort: „Rabbiner“ einzuschalten.

Artikel 14

Nach **§ 82** tritt als neuer **§ 83** folgende Bestimmung:

---

[8] Die diesbezüglichen Paragraphe lauten: „§ 67. Eine Ehe zwischen zwei Personen, die miteinander einen Ehebruch begangen haben, ist ungültig. Der Ehebruch muß aber vor der geschlossenen Ehe bewiesen sein.“ — „§ 68. Wenn zwei Personen, auch ohne vorhergegangenen Ehebruch, sich zu ehelichen versprochen haben, und wenn, um die Absicht zu erreichen, auch nur eine von ihnen dem Gatten, der ihrer Ehe im Wege stand, nach dem Leben gestellet hat; so kann zwischen denselben auch dann, wenn der Mord nicht wirklich vollbracht worden ist, eine gültige Ehe nicht geschlossen werden.“

[9] § 69 hätte demnach zu lauten: „Zur Gültigkeit der Ehe wird auch die feierliche Erklärung der Einwilligung gefordert. Der feierlichen Erklärung der Einwilligung soll das Aufgebot vorangehen.“

[10] § 74 hätte demnach zu lauten: „Der Mangel des Aufgebotes macht zwar die Ehe nicht ungültig; es sind aber teils die Brautleute oder ihre Vertreter, teils die Seelsorger unter angemessener Strafe verpflichtet, dafür zu sorgen, daß alle hier vorgeschriebenen Verkündigungen in der gehörigen Form vorgenommen werden.“

[11] § 75 hätte demnach zu lauten: „Die feierliche Erklärung der Einwilligung muß vor dem ordentlichen Seelsorger eines der Brautleute, er mag nun, nach Verschiedenheit der Religion, Pfarrer, Pastor, Rabbiner oder wie sonst immer heißen, oder vor dessen Stellvertreter in Gegenwart zweier Zeugen geschehen.“

„§ 83

(1) Ist eine Ehe im Eheregister (Trauungsbuch) eingetragen, so wird sie so lange als gültig angesehen, bis sie durch gerichtliches Urteil für ungültig erklärt wurde.

(2) Hinsichtlich solcher Ehen, die im Eheregister nicht eingetragen sind, findet diese Vermutung nur dann statt, wenn bewiesen werden kann, daß die Ehe in gültiger Form geschlossen wurde."

Artikel 15[12]

Nach § 83 tritt als neuer § 84 der bisherige § 122.

Dritter Abschnitt

Dispensation

Artikel 16

Die bisherigen §§ 83 bis 86 samt der dazu gehörigen Überschrift sind aufgehoben.

Artikel 17

Nach § 84 tritt als neuer § 85 mit der Überschrift: „Dispensation" folgende Bestimmung: „Aus wichtigen Umständen kann die politische Behörde erster Instanz das Aufgebot teilweise oder gänzlich nachsehen, doch müssen die Verlobten eidlich beteuern, daß ihnen kein ihrer Ehe entgegenstehendes Hindernis bekannt sei. Gestattet eine bestätigte nahe Todesgefahr keinen Verzug, so kann die Nachsicht gegen Ablegung des erwähnten Eides auch von der Gemeindebehörde erteilt werden."

Artikel 18

Der bisherige § 87 wird § 86. Im zweiten Satz dieses Paragraphen wird das Wort: „Landesstelle" durch die Worte: „politischen Behörde" ersetzt.

Artikel 19

Nach § 86 tritt als neuer § 87 folgende Bestimmung: „Soferne nicht ausdrücklich etwas anderes bestimmt ist, kann von den in diesem Gesetze aufgestellten Ehehindernissen und Formvorschriften keine Nachsicht erteilt werden."

---

[12] Der gegenwärtige § 122 (nach dem Entwurf § 84) lautet: „Wenn eine Ehe für ungültig erkannt, oder für getrennt erklärt wird; so soll dieser Erfolg in dem Trauungsbuche an der Stelle, wo die Trauung eingetragen ist, angemerkt, und zu dem Ende von dem Gerichte, wo die Verhandlung über die Ungültigkeit oder Trennung vor sich gegangen ist, die Erinnerung an die Behörde, welche für die Richtigkeit des Trauungsbuches zu sorgen hat, erlassen werden."

Vierter Abschnitt

Konvalidation einer ungültigen Ehe

Artikel 20

§ 88 hat zu lauten:

„**§ 88**

(1) Ist die Ehe wegen eines der Eheschließung unterlaufenen Formgebrechens ungültig, so kann die Eheschließung ohne Wiederholung des Aufgebotes neuerlich vorgenommen werden. Ist diese Vorschrift beobachtet worden, so ist eine solche Ehe so zu betrachten, als wäre sie ursprünglich gültig geschlossen worden.

(2) Beruht die Ungültigkeit auf einem anderen Grunde, so kann sie auf diese Weise nicht behoben werden. Ist aber das Ehehindernis weggefallen, so steht es den Ehegatten frei, die Ehe neuerlich zu schließen."

Fünfter Abschnitt

Ungültigkeitserklärung

Artikel 21

Die §§ **94** bis **96** sind aufgehoben. An ihre Stelle treten als neue §§ **94** bis **96** folgende Bestimmungen:

„**§ 94**

(1) Die Ungültigkeit einer nach §§ 48, 62, 65, 66 und 75 nichtigen Ehe ist jederzeit von Amts wegen zu untersuchen, nach Auflösung der Ehe jedoch nur mehr auf Antrag eines daran rechtlich Interessierten, des Strafrichters nach den Vorschriften der Strafprozeßordnung oder einer Verwaltungsbehörde im Interesse der öffentlichen Verwaltung.

(2) In allen übrigen Fällen muß der Antrag des Anfechtungsberechtigten abgewartet werden, das ist in den Fällen der §§ 55 bis 60 der in diesen Paragraphen bezeichnete Ehegatte und in den Fällen der §§ 49 bis 51 sowohl der in seiner Handlungsfähigkeit beschränkte Ehegatte als sein gesetzlicher Vertreter, letzterer jedoch nur bis zur Beendigung seiner Vertretungsbefugnis. Solange die Anfechtungsklage nicht erhoben und ihr durch rechtskräftiges Urteil stattgegeben wurde, bleibt die Ehe gültig in Kraft.

§ 95

Die Anfechtung ist ausgeschlossen:

1. wenn die Ehe aus welchem Grunde immer aufgelöst oder geschieden wird, es sei denn, daß die Ehe durch den Tod des Anfechtungsberechtigten zu einer Zeit aufgelöst wird, da die Klage bereits erhoben war;

2. wenn der Anfechtungsberechtigte nach Kenntnis des Anfechtungsgrundes die Ehe bestätigt; ob Fortsetzung des geschlechtlichen Verkehrs als Bestätigung der Ehe anzusehen ist, muß aus den Umständen des Falles beurteilt werden.

§ 96

(1) Die Anfechtung muß durch Klage binnen sechs Monaten nach Kenntnis des Anfechtungsgrundes und überhaupt binnen zehn Jahren nach Eingehung der Ehe geltend gemacht werden; ein in seiner Handlungsfähigkeit beschränkter Ehegatte bedarf hiezu nicht der Zustimmung seines gesetzlichen Vertreters.

(2) Die Fristen laufen nicht, solange ein Nichtigkeitsverfahren oder ein einverständliches oder streitiges Trennungs- oder Scheidungsverfahren im Gange ist."

Artikel 22

§ 98 wird aufgehoben und durch folgende Bestimmung ersetzt: „Auf das Anfechtungsverfahren finden die Vorschriften über das Nichtigkeitsverfahren mit der Einschränkung Anwendung, daß das Beweismittel der Parteienvernehmung und des Parteieneides zulässig ist. Der Richter hat jedoch allein nach den Grundsätzen der freien Beweiswürdigung zu beurteilen, inwieferne eine Tatsache selbst durch ausdrückliches Geständnis einer Partei allein oder in Verbindung mit anderen Beweismitteln als erwiesen gilt."

Sechster Abschnitt

Ehetrennung und Scheidung

Artikel 23

An Stelle der Überschrift „a) zeitliche Scheidung; mit Einverständnis" vor dem § 103 tritt die Überschrift: „Einverständliche Trennung und Scheidung."

Artikel 24[13]

Der Anfang des § **103** hat zu lauten: „Die Trennung der Ehe oder die Scheidung von Tisch und Bett muß den Ehegatten, wenn sich beide dazu . . . ."

Artikel 25[14]

§ **104** erhält folgende Abänderungen:

---

[13] § 103 hätte demnach zu lauten: „Die Trennung der Ehe oder die Scheidung von Tisch und Bett muß den Ehegatten, wenn sich beide dazu verstehen, und über die Bedingungen einig sind, von dem Gerichte unter der nachfolgenden Vorsicht gestattet werden."

[14] § 104 hätte demnach zu lauten: „Den Ehegatten liegt zuerst ob, ihren Entschluß samt den Bewegungsgründen dem zuständigen Ge-

1. Im ersten Satz entfallen die Worte: „zur Scheidung".
2. Im ersten Satz werden die Worte: „ihrem Pfarrer" ersetzt durch die Worte: „dem zuständigen Gerichte".
3. Im zweiten Satz werden die Worte: „des Pfarrers" ersetzt durch die Worte: „des Richters".
4. Im zweiten Satz werden die Worte: „der Scheidung" ersetzt durch die Worte: „ihres Vorhabens".
5. Satz 3 entfällt.
6. Satz 4 entfällt.

Artikel 26

§ 105 hat zu lauten:

„§ 105

(1) Beharren die Ehegatten ungeachtet des Versöhnungsversuches auf ihrem Vorhaben, so müssen sie, wenn sie gemeinsame Kinder haben, dem Gerichte nachweisen, daß sie über deren Pflege und Erziehung mit Genehmigung des Vormundschaftsgerichtes eine Vereinbarung getroffen haben (§ 142); außerdem aber müssen sie vor Gericht einen Vertrag errichten, in welchem sie alle Fragen in Hinsicht auf Vermögen, Abfindung und Unterhaltspflicht regeln (Trennungsvergleich; Scheidungsvergleich).

(2) Insbesonders müssen in diesem Vertrage folgende Fragen geregelt sein:

1. in dem Falle, daß Ehepakte errichtet wurden, ob diese weiter aufrecht erhalten, ob sie geändert oder gelöst werden sollen und in welcher Art die Änderung oder Lösung vor sich zu gehen habe;
2. ob und in welcher Art eine Auseinandersetzung des gemeinsamen Vermögens vor sich zu gehen habe;
3. ob dem einen Ehegatten von dem anderen eine ein- oder mehrmalige Zuwendung von Leistungen oder Rechten als Abfindung gebühre und in welcher Art und Höhe und zu welchen Zeitpunkten sie zu entrichten sei;
4. ob dem einen Ehegatten von dem anderen eine periodisch wiederkehrende Zuwendung für eine bestimmte oder unbestimmte Zeit als Unterhalt gebühre und in welcher Art und Höhe und in welchen Zeitpunkten sie zu entrichten sei;

---

richte zu eröffnen. Des Richters Pflicht ist, die Ehegatten an das wechselseitig bei der Trauung gemachte feierliche Versprechen zu erinnern, und ihnen die nachteiligen Folgen ihres Vorhabens mit Nachdruck an das Herz zu legen."

Die beiden letzten Sätze, deren Aufhebung Z. 5 und 6 vorsehen, lauten: „Diese Vorstellungen müssen zu drei verschiedenen Malen wiederholet werden. Sind sie ohne Wirkung, so muß der Pfarrer den Parteien ein schriftliches Zeugnis ausstellen, daß sie der dreimal geschehenen Vorstellungen ungeachtet, bei dem Verlangen, sich zu scheiden, verharren.

5. endlich hat der Vergleich die Erklärung zu enthalten, daß beide Teile auf alle anderen Ansprüche, soweit sie aus der Ehe entspringen, endgültig und ohne Vorbehalt Verzicht leisten.

(3) Das Gesetz überläßt die Regelung dieser Fragen der freien Willkür der Ehegatten; nur finden auf die gemäß Absatz 2, Z. 4, vereinbarten Unterhaltsbeiträge die Bestimmungen der §§ 124 bis 130 Anwendung, wie dies in dem § 130 näher bestimmt ist."

Artikel 27

Nach § **105** tritt als neuer § **106**: „Sobald die Ehegatten diesen Erfordernissen entsprochen haben, hat der Richter eine Tagsatzung anzuberaumen und in derselben beide Ehegatten bei gleichzeitiger Anwesenheit persönlich zu befragen, ob sie auf der Trennung (Scheidung) beharren und, wenn sie dies bejahen, dieselbe auszusprechen."

Artikel 28[15]

Der bisherige § **106** wird § **107**; in diesem Paragraphen ist nach den Worten: „kann zwar für sich selbst in die" einzuschalten: „Trennung oder".

Artikel 29

Die bisherigen §§ **107** bis **111** und **115** samt den vor ihnen stehenden Überschriften sind aufgehoben. Über §§ **112** bis **114** bestimmt Artikel 36. An ihre Stelle treten folgende Bestimmungen als neue §§ **108** bis **115**, die die Überschrift: „Trennung und Scheidung ohne Einverständnis" erhalten:

„§ 108

(1) Aus den im Gesetz aufgezählten Gründen (§§ 109 und 110) und nur aus diesen kann ein Ehegatte auch ohne den Willen des anderen Teiles die Trennung der Ehe oder Scheidung von Tisch und Bett verlangen; ein in seiner Handlungsfähigkeit beschränkter Ehegatte bedarf hiezu nicht der Zustimmung seines gesetzlichen Vertreters. Wird auf Scheidung geklagt, so kann der andere Teil verlangen, daß, falls die Klage begründet ist, nicht auf Scheidung, sondern auf Trennung erkannt werde.

(2) Bevor in die Verhandlung über die Klage eingegangen wird, hat das Gericht mit den beiden Ehegatten einen Versöhnungsversuch vorzunehmen.

---

[15] § 106 (nach dem Entwurf § 107) hätte demnach zu lauten: „Ein minderjähriger oder pflegebefohlener Ehegatte kann zwar für sich selbst in die T r e n n u n g o d e r Scheidung einwilligen; aber zu dem Übereinkommen in Absicht auf das Vermögen der Ehegatten und den Unterhalt, sowie auch in Rücksicht auf die Versorgung der Kinder, ist die Einwilligung des gesetzlichen Vertreters und des vormundschaftlichen Gerichtes notwendig."

(3) Der Richter kann dem gefährdeten Teile auch noch vor der Entscheidung einen abgesonderten, standesgemäßen Wohnsitz bewilligen.

§ 109

Ein Ehegatte kann die Trennung der Ehe oder Scheidung von Tisch und Bett verlangen:

1. wenn der andere Ehegatte einen Ehebruch begeht;
2. wenn der andere Ehegatte die eheliche Gemeinschaft eigenmächtig aufgehoben und auf Aufforderung, dieselbe wieder aufzunehmen, dies innerhalb eines Jahres entweder überhaupt nicht oder doch nur auf kurze Zeit in der Absicht getan hat, den Ablauf der einjährigen Frist arglistig zu verhindern; ist sein Aufenthaltsort unbekannt, so hat die Aufforderung durch Edikt zu erfolgen;
3. wenn der andere Ehegatte dem klagenden Teil nach dem Leben trachtet oder ihn schwer mißhandelt;
4. wenn ihm der andere Ehegatte mehrfach wiederholte, den Umständen nach sehr empfindliche Kränkungen zugefügt hat, die in ihrer Gesamtwirkung eine Aufhebung der Ehe rechtfertigen, doch kommen provozierte Kränkungen nicht in Betracht; als empfindliche Kränkung gilt auch Mißhandlung;
5. wenn der andere Ehegatte sich einer so schweren Verletzung der durch die Ehe begründeten Pflichten oder eines so ehrlosen oder unsittlichen Verhaltens schuldig gemacht hat, daß dem klagenden Teil nicht zugemutet werden kann, die Ehe fortzusetzen;
6. wenn der andere Teil durch fortgesetzte Verletzung der durch die Ehe begründeten Pflichten, fortgesetztes ehrloses oder unsittliches Verhalten eine so tiefe Zerrüttung des ehelichen Verhältnisses herbeigeführt hat, daß dem klagenden Teil nicht zugemutet werden kann, die Ehe fortzusetzen.

§ 110

Außerdem kann ein Ehegatte die Trennung der Ehe oder Scheidung von Tisch und Bett verlangen:

1. wenn der andere Ehegatte in voraussichtlich unheilbare Geisteskrankheit verfallen ist, durch welche die gemeinschaftlichen Beziehungen der Ehegatten zueinander wesentlich beeinträchtigt werden, oder durch welche eine Gefahr für den klagenden Teil entsteht;
2. wenn der andere Ehegatte in voraussichtlich unheilbare körperliche Krankheit verfallen ist, die mit Ansteckungsgefahr für den klagenden Teil verbunden ist;
3. wenn er nach erfolgter Todeserklärung des anderen Ehegatten zu einer neuen Ehe geschritten ist und somit die Lösung der früheren Ehe bewirkt hat (§ 132), der für tot Erklärte jedoch in der Folge

wieder zurückkehrt, es sei denn, daß dem klagenden Teil bei Eingehung der neuen Ehe bekannt war, daß der für tot Erklärte noch am Leben sei; die Klage ist jedoch ausgeschlossen, wenn der für tot Erklärte vor Erhebung derselben gestorben ist.

§ 111

(1) Das Begehren auf Trennung oder Scheidung nach § 109 ist binnen sechs Monaten nach erlangter Kenntnis und überhaupt binnen fünf Jahren seit dem Eintritt des Grundes durch Klage geltend zu machen.

(2) Die Fristen laufen nicht, solange ein Verfahren über die Nichtigkeitserklärung, Anfechtung oder einverständliche Trennung oder Scheidung der Ehe im Gange ist.

(3) Die Klage ist ausgeschlossen, wenn der Klageberechtigte dem Verhalten des anderen Teiles zugestimmt oder ihm verziehen hat.

(4) Ein schon verjährter Trennungs- oder Scheidungsgrund kann zur Unterstützung einer auf andere Tatsachen gegründeten Klage verwendet werden.

§ 112

Die auf § 110, Z. 1 und 2 gestützte Klage ist der Verjährung nicht unterworfen. Im Falle des § 110, Z. 3 erlischt sie binnen zwei Jahren nach Kenntnis des Grundes; § 111, Abs. 2, findet Anwendung.

§ 113

(1) Wird ein Ehegatte nach § 109 geklagt, der selbst auf Grund dieses Paragraphen die Klage erheben könnte, so kann er diese Tatsache außer durch Gegenklage auch durch Einrede binnen zwei Jahren, da er davon Kenntnis erlangte und überhaupt binnen fünf Jahren seit Eintritt des Grundes geltend machen. Die Vorschriften des § 111, Abs. 2 bis 4, finden sinngemäß Anwendung.

(2) Die Geltendmachung durch Einrede bewirkt nicht Abweisung der Klage, noch kann die im Wege der Einrede geltend gemachte Tatsache Trennung oder Scheidung bewirken, woferne die Klage selbst unbegründet ist. Sind aber Klage und Einrede begründet, so ist bei der Bemessung des Verschuldens darauf Bedacht zu nehmen.

§ 114

Erklärt ein Ehegatte in einem Trennungs- oder Scheidungsverfahren, die Ehe anfechten zu wollen (Einrede der Anfechtung), so ist das Verfahren auf Antrag des Anfechtungsberechtigten zu unterbrechen, doch muß binnen vierzehn Tagen die Anfechtungsklage erhoben werden, widrigenfalls die erwähnte Einrede der Fortsetzung des Verfahrens nicht mehr im Wege steht.

§ 115

(1) Die Trennung und Scheidung tritt mit der Rechtskraft des Urteils ein. Im Urteil ist nach Maßgabe der folgenden Absätze zugleich festzusetzen, wer an der Trennung oder Scheidung das Verschulden trage.

(2) Wird der auf § 109 gestützten Klage stattgegeben, so ist auf alleiniges Verschulden des Beklagten, woferne der Klage jedoch eine gegründete, auf § 109 gestützte Einrede oder Gegenklage entgegengesetzt wird, auf beiderseitiges Verschulden, und woferne die Klage auf § 110 gestützt ist, auf Verschulden des Klägers zu erkennen.

(3) Ist die Klage sowohl auf § 109 als § 110 gestützt, so ist hinsichtlich der Frage des Verschuldens zunächst nur auf den auf § 109 gestützten Teil der Klage, und erst, wenn sich dieser Teil als nicht gegründet erweist, auf den auf § 110 gestützten Teil Bedacht zu nehmen."

Artikel 30[16]

§ 116 wird aufgehoben. Der bisherige **§ 117** samt der dazu gehörigen Überschrift wird **§ 116** und erhält folgende Abänderungen:

1. Im ersten Satz ist nach den Worten: „Trennung der Ehe" einzuschalten: „oder Scheidung von Tisch und Bett";
2. im zweiten Satz ist nach den Worten: „worüber nach den" einzuschalten: „in diesem und".

Artikel 31

Nach **§ 116** tritt als neuer **§ 117** mit der Überschrift: „Wirkung der Trennung" folgende Bestimmung:

„§ 117

(1) Durch die Trennung wird das Band der Ehe gelöst und alle für die Ehegatten sich aus der Ehe ergebenden Rechte und Pflichten aufgehoben. Insbesonders steht es jedem der beiden Ehegatten frei, eine neue Ehe einzugehen.

(2) Die Frau behält den Namen des Ehegatten, insoferne sie es nicht

---

[16] § 117 (nach dem Entwurf § 116) hätte demnach zu lauten: „Wenn sich bei einer Trennung der Ehe oder Scheidung von Tisch und Bett Streitigkeiten äußern, welche sich auf einen weiter geschlossenen Vertrag, auf die Absonderung des Vermögens, auf den Unterhalt der Kinder, oder auf andere Forderungen und Gegenforderungen beziehen; so soll der Richter allezeit vorläufig einen Versuch machen, diese Streitigkeiten durch Vergleich beizulegen. Sind aber die Parteien zu einem Vergleiche nicht zu bewegen, so hat er sie auf ein ordentliches Verfahren anzuweisen, worüber nach den in diesem und in dem Hauptstücke von den Ehepakten enthaltenen Vorschriften zu entscheiden, inzwischen aber der Ehegattin und den Kindern der anständige Unterhalt auszumessen ist."

vorzieht, ihren Mädchennamen, oder, falls sie vor Eingehung der Ehe schon verheiratet war, diesen Namen anzunehmen.

(3) Der Ehemann kann der Frau die Führung seines Namens untersagen, wenn sie ihm gegenüber durch Vertrag darauf verzichtet, wenn sie den Namen mißbraucht, dessen guten Ruf gefährdet oder wenn die Ehe aus dem Verschulden der Frau getrennt wurde.

(4) Das Recht der Untersagung wird durch eine an die politische Landesbehörde abzugebende Erklärung ausgeübt. Die Erklärung muß in gerichtlich oder notariell beglaubigter Form erfolgen. Die Behörde hat der Frau diese Erklärung mitzuteilen.

(5) Findet die Frau die Untersagung ungerechtfertigt, so kann sie binnen vierzehn Tagen nach Empfang der Verständigung bei der Behörde Einspruch erheben, wovon der Ehemann zu verständigen ist. Erhebt die Frau rechtzeitig Einspruch, so kann der Ehemann das Recht der Untersagung nur im Wege einer gerichtlichen Klage geltend machen.“

Artikel 32[17]

Über den bisherigen **§ 118** bestimmt Artikel 33. **§ 119** wird aufgehoben. An ihre Stelle treten als neue **§§ 118** und **119** folgende Bestimmungen mit der Überschrift: „und der Scheidung von Tisch und Bett“:

„§ 118

(1) Eben diese Wirkungen, insbesonders auch die Entbindung von der ehelichen Treuepflicht, sind mit der Scheidung von Tisch und Bett verbunden, doch besteht das Band der Ehe weiter; keiner der Ehegatten kann daher zu einer neuen Ehe schreiten.

(2) Die Scheidung wirkt so lange, bis das Band der Ehe gelöst wird oder eine Wiedervereinigung stattfindet.

§ 119

Auf Grund der ausgesprochenen Scheidung kann jeder der beiden Ehegatten zu jeder Zeit verlangen, daß das Gericht die völlige Trennung der Ehe ausspreche, es sei denn, daß eine Wiedervereinigung stattgefunden hat. Ist die Ehe aus dem Verschulden eines Ehegatten geschieden worden, so wird er in demselben Maße auch als Schultragender an der Trennung angesehen, ebenso, wenn beide Ehegatten an der Scheidung schuldtragend sind.“

---

[17] § 119, dessen Aufhebung in diesem Artikel vorgesehen ist, lautet: „Den Getrennten wird zwar überhaupt gestattet, sich wieder zu verehelichen; doch kann mit denjenigen, welche vermöge der bei der Trennung vorgelegenen Beweise durch Ehebruch, durch Verhetzungen, oder auf eine andere sträfliche Art die vorgegangene Trennung veranlaßt haben, keine gültige Ehe geschlossen werden.“

Artikel 33[18]

Der bisherige § **118** samt der dazu gehörigen Überschrift wird § **120**. Als zweiter Absatz wird diesem Paragraphen angefügt: „Sind die Ehegatten von Tisch und Bett geschieden, so erfolgt ihre Wiedervereinigung durch gemeinsame Anzeige an das zuständige Gericht.“

Artikel 34

Über die bisherigen §§ **120** und **121** bestimmen Artikel 38 und 39; über § **122** ist im Artikel 15 bestimmt. §§ **123** bis **136** werden aufgehoben.

Siebenter Abschnitt

Unterhaltspflicht

Artikel 35

Als neue §§ **121** bis **130** treten folgende Bestimmungen in Kraft, die die Überschrift: „Unterhaltspflicht“ erhalten:

„§ 121

In Ermanglung einer anderen Vereinbarung hat der aus alleinigem Verschulden getrennte oder geschiedene Ehemann seiner Frau den standesgemäßen Unterhalt insoweit zu gewähren, als sie ihn nicht aus den Einkünften ihres Vermögens oder, sofern nach den Verhältnissen, in denen die Ehegatten gelebt haben, Erwerb durch Arbeit der Frau üblich ist, aus dem Ertrage ihrer Arbeit bestreiten kann.

§ 122

(1) Wurde die Ehe aus beiderseitigem Verschulden getrennt oder geschieden, so hat der Ehemann in Ermanglung einer anderen Vereinbarung einen nach der Größe seines Verschuldens verhältnismäßigen Beitrag zu dem standesgemäßen Unterhalt der Frau unter den Voraussetzungen des § 121 zu leisten.

(2) Ist das Verschulden des einen Teiles unverhältnismäßig größer als das des anderen Teiles, so kann der Ehemann nach Maßgabe des Falles von der Unterhaltspflicht überhaupt freigesprochen oder zur Leistung des vollen Unterhaltes verurteilt werden.

---

[18] § 118 (nach dem Entwurf § 120) hätte demnach zu lauten: „Wenn die getrennten Ehegatten sich wieder vereinigen wollen, so muß die Vereinigung als eine neue Ehe betrachtet und mit allen zur Schließung eines Ehevertrages nach dem Gesetze erforderlichen Feierlichkeiten eingegangen werden. (2) Sind die Ehegatten von Tisch und Bett geschieden, so erfolgt ihre Wiedervereinigung durch gemeinsame Anzeige an das zuständige Gericht.“

§ 123

Der gesetzliche Unterhalt ist in Form einer monatlichen, im voraus zu entrichtenden Geldrente zu leisten. Die Höhe der Rente darf ein Drittel des Einkommens des Mannes nicht überschreiten.

§ 124

(1) Eine Verpflichtung zur Leistung des Unterhaltes besteht insoferne nicht, als dadurch der Mann bei Berücksichtigung seiner sonstigen Verpflichtungen in seinem eigenen notdürftigen Unterhalt gefährdet wäre.

(2) Hat der Unterhaltspflichtige einem minderjährigen Kinde oder infolge seiner Wiederverheiratung dem neuen Ehegatten den Unterhalt zu leisten, so beschränkt sich seine Verpflichtung der früheren Frau gegenüber auf das, was mit Rücksicht auf die Bedürfnisse sowie die Vermögens- und Erwerbsverhältnisse der Beteiligten der Billigkeit entspricht. Das Recht, eine Einschränkung der Unterhaltspflicht zu begehren, steht in diesem Falle auch dem neuen Ehegatten und dem Kinde zu; das Urteil, womit über ein solches Begehren entschieden wird, wirkt für und gegen den Unterhaltspflichtigen.

(3) Außerdem kann jeder Teil eine Neuregelung der Unterhaltspflicht verlangen, wenn diese in der jeweiligen Form mit Rücksicht auf die geänderten Verhältnisse der Billigkeit nicht mehr entspricht.

§ 125

Der Unterhaltsanspruch sowie dessen Höhe werden dadurch nicht berührt, daß die ursprünglich geschiedene Ehe in der Folge getrennt wird.

§ 126

Die Frau verliert das Recht auf den Unterhalt, wenn sie eine neue Ehe eingeht.

§ 127

(1) Lebt die unterhaltsberechtigte Frau, ohne zu einer neuen Ehe zu schreiten, mit einem anderen Manne in tatsächlicher eheähnlicher Gemeinschaft, so verliert sie zwar den Unterhaltsanspruch noch nicht; insoferne sie aber von ihrem Lebensgefährten tatsächlich erhalten wird oder mit Rücksicht auf die besondere Art dieser Lebensgemeinschaft die Erhaltung durch den Lebensgefährten üblich ist und von diesem ohne Gefährdung des eigenen standesgemäßen Unterhaltes zur Gänze oder teilweise auch geleistet werden könnte, kann der unterhaltspflichtige Ehemann begehren, daß die Unterhaltspflicht unter Berücksichtigung der tatsächlich geleisteten oder möglichen Unterstützungen seitens des Lebensgefährten für die Dauer dieses Verhältnisses ganz oder teilweise zum Ruhen gebracht werde.

(2) Wird das Verhältnis endgültig gelöst oder treffen die im ersten Absatz aufgestellten Voraussetzungen nicht mehr oder nicht mehr voll zu, so kann die unterhaltsberechtigte Frau begehren, daß das Ruhen der Unterhaltspflicht ganz oder teilweise wieder beseitigt werde. Ob das Verhältnis endgültig oder nur zum Scheine gelöst wurde, hat der Richter zu beurteilen.

§ 128

Der Unterhaltsanspruch erlischt mit dem Tode der Frau. Der Anspruch auf einzelne Beträge geht insoweit auf die Erben über, als diese zur Zeit des Todes der Frau fällig waren.

§ 129

Mit dem Tode des Mannes geht die Unterhaltspflicht gleich einer anderen Schuld auf dessen Erben über.

§ 130

(1) Die in den §§ 124 bis 129 erwähnten Vorschriften finden sinngemäß auch dann Anwendung, wenn die Unterhaltspflicht durch Trennungs- oder Scheidungsvergleich vereinbart wurde (§ 105, Abs. 2, Z. 4). Insbesonders ist auch in diesem Falle jeder Teil berechtigt, gemäß §§ 124 und 127 eine Abänderung der vereinbarten Unterhaltsbeträge zu begehren, ohne durch die gemäß § 105, Abs. 2, Z. 5, abgegebene Erklärung gehindert zu sein. Es kann jedoch nicht der Unterhalt gefordert werden, wenn in dem Vergleiche darauf gänzlich verzichtet wurde.

(2) Ob eine Abänderung der vereinbarten Unterhaltspflicht nach § 124, Abs. 3, möglich ist, muß daraus beurteilt werden, ob sich die Voraussetzungen, von denen sich die Ehegatten bei Abschluß ihres Vergleiches leiten ließen, geändert haben."

Achter Abschnitt

Lösung der Ehe durch Tod und durch Todeserklärung

Artikel 36[19]

Die bisherigen §§ 112 bis 114 werden aufgehoben.

---

[19] Die diesbezüglichen Paragraphe lauten: „§ 112. Der bloße Verlauf der in dem § 24 zur Todeserklärung bestimmten Zeit, binnen welcher ein Ehegatte abwesend ist, gibt zwar dem anderen Teile noch kein Recht, die Ehe für aufgelöset zu halten und zu einer anderen Ehe zu schreiten; wenn aber diese Abwesenheit mit solchen Umständen begleitet ist, welche keinen Grund zu zweifeln übrig lassen, daß der Abwesende verstorben sei, so kann bei dem Landrechte des Bezirkes, wo der zurückgelassene Ehegatte seinen Wohnsitz hat, die gerichtliche Erklärung, daß der Abwesende für tot zu halten und die Ehe getrennt sei, angesuchet werden." — „§ 113. Nach diesem Ge-

Artikel 37

Als neue §§ **131** bis **133** treten folgende Bestimmungen in Kraft, die die Überschrift: „Lösung der Ehe durch den Tod; Todeserklärung" erhalten:

„§ 131

Die Ehe erlischt mit dem Tode; durch eine gerichtliche Todeserklärung eines der beiden Ehegatten wird das Band der Ehe noch nicht gelöst.

§ 132

Solange jedoch die Todeserklärung nicht aufgehoben wurde, steht es dem zurückgebliebenen Ehegatten frei, eine neue Ehe einzugehen, ohne daß ihm das im § 62 genannte Hindernis im Wege stünde. Durch Eingehung einer neuen Ehe wird die frühere Ehe gelöst, wenn sie nicht schon früher erloschen war; sie bleibt auch dann gelöst, wenn die Todeserklärung in der Folge aufgehoben oder berichtigt wird.

§ 133

Diese Wirkung tritt jedoch nicht ein, wenn es beiden Gatten der neuen Ehe im Zeitpunkt der Eheschließung bekannt war, daß der für tot Erklärte noch am Leben sei. In diesem Falle ist die frühere Ehe als fortbestehend, die neue Ehe demnach als nichtig (§ 62) anzusehen."

Neunter Abschnitt

Wiederverehelichung

Artikel 38[20]

Der bisherige § **120** in der Fassung des § **202** der dritten Teilnovelle wird § **134** und erhält die Überschrift: „Beschränkungen und Vorsichten

---

suche wird ein Kurator zur Erforschung des Abwesenden aufgestellt, und der Abwesende durch ein auf ein ganzes Jahr gestelltes, und dreimal den öffentlichen, nach Umständen auch den ausländischen Zeitungsblättern einzurückendes Edikt mit dem Beisatze vorgeladen, daß das Gericht, wenn er während dieser Zeit nicht erscheint, oder selbes auf andere Art in die Kenntnis seines Lebens setzt, zur Todeserklärung schreiten werde." — „§ 114. Ist dieser Zeitraum fruchtlos verstrichen, so ist auf wiederholtes Ansuchen des verlassenen Ehegatten das Fiskalamt oder ein anderer rechtschaffener und sachverständiger Mann zur Verteidigung des Ehebandes zu bestellen und nach gepflogener Verhandlung zu erkennen, ob das Gesuch zu verwilligen sei oder nicht. Die Bewilligung ist der Partei nicht sogleich kundzumachen, sondern durch das Obergericht zur höchsten Schlußfassung vorzulegen."

[20] § 120 (nach dem Entwurf § 134) hätte demnach zu lauten: „Wenn eine Ehe für ungültig erklärt, getrennt, oder durch des Mannes Tod aufgelöset wird; so kann die Frau, wenn sie schwanger ist, nicht vor ihrer Entbindung,

in Rücksicht der Wiederverehelichung". In diesem Paragraphen werden die Worte: „in der Hauptstadt von der Landesstelle und auf dem Lande von dem Kreisamte" ersetzt durch die Worte: „von der politischen Behörde erster Instanz".

Artikel 39

Der bisherige **§ 121** wird **§ 135** und erhält im ersten Satz folgende Abänderungen:

1. Der Hinweis auf den § 120 wird durch den Hinweis auf den § 134 ersetzt.
2. Die Worte: „der Mann aber, mit dem sie die Ehe schließt, verliert das ihm außer diesem Fall durch den § 58 zukommende Recht, die Ehe für ungültig erklären zu lassen" entfallen.

Zehnter Abschnitt

Kirchliche Verpflichtungen

Artikel 40

Nach **§ 135** tritt als neuer **§ 136** mit der Überschrift: „Kirchliche Verpflichtungen" folgende Bestimmung: „Die kirchliche Ehe und die in Hinsicht auf die Ehe sich ergebenden kirchlichen Verpflichtungen werden durch die Bestimmungen dieses Gesetzes nicht berührt".

Elfter Abschnitt

Sonstige Bestimmungen

Artikel 41[21]

§ 160 erhält folgende Abänderungen:

1. In der Überschrift entfallen die Worte: „Hebung des Ehehindernisses oder".

---

und wenn über ihre Schwangerschaft ein Zweifel entsteht, nicht vor Ablauf des 180. Tages, zu einer neuen Ehe schreiten; wenn aber nach den Umständen oder nach dem Zeugnisse der Sachverständigen eine Schwangerschaft nicht wahrscheinlich ist; so kann nach Ablauf dreier Monate von der politischen Behörde erster Instanz die Dispensation erteilet werden.

[21] § 160 hätte demnach zu lauten: „(1) Kinder, die zwar aus einer ungültigen, aber aus keiner solchen Ehe erzeugt worden sind, der das in dem § 62 angeführte Ehehindernis entgegensteht, sind als eheliche anzusehen, wenn wenigstens einem ihrer Eltern die schuldlose Unwissenheit des Ehehindernisses zustatten kommt; doch bleiben in dem letzteren Falle solche Kinder von Erlangung desjenigen Vermögens ausgeschlossen, welches durch Familienanordnungen der ehelichen Abstammung besonders vorbehalten ist. (2) Kinder aus anfechtbaren Ehen sind auf jeden Fall ehelich, wenn auch die Ehe späterhin mit Erfolg angefochten wird."

2. Die Worte: „der die in den §§ 62 bis 64 angeführten Ehehindernisse entgegenstehen“ werden ersetzt durch die Worte: „der das in dem § 62 angeführte Ehehindernis entgegensteht“.
3. Die Worte: „wenn das Ehehindernis in der Folge gehoben worden ist, oder“ entfallen.
4. Als zweiter Absatz wird angefügt: „Kinder aus anfechtbaren Ehen sind auf jeden Fall ehelich, wenn auch die Ehe späterhin mit Erfolg angefochten wird“.

Artikel 42[22]

Im ersten Absatz des **§ 759** in der Fassung des **§ 70** der ersten Teilnovelle entfallen die Worte: „aus seinem Verschulden“.

Artikel 43[23]

§ 1263 erhält folgende Abänderungen:

1. Nach den Worten: „Wenn Ehegatten übereinkommen“ ist einzuschalten: „getrennt oder“.
2. Der Hinweis auf die §§ 103 bis 105 wird durch den Hinweis auf die §§ 103 bis 107 ersetzt.

Artikel 44

§ 1264 samt der dazugehörigen Überschrift wird aufgehoben.

Artikel 45[24]

§ 1266 wird **§ 1264** und erhält folgende Abänderungen:

1. Die Überschrift hat zu lauten: „oder 3. einer gerichtlichen Trennung oder Scheidung“.

---

[22] § 759, Abs. 1, hätte demnach zu lauten: „Ein geschiedener Ehegatte hat kein gesetzliches Erbrecht und keinen Anspruch auf das gesetzliche Vorausvermächtnis.“

[23] § 1263 hätte demnach zu lauten: „Wenn Ehegatten übereinkommen, getrennt oder geschieden zu leben, so hängt es auch von ihrem Einverständnisse ab, welches immer zu treffen ist (§§ 103 bis 107), ob sie ihre Ehepakte fortdauern lassen, oder auf welche Art sie dieselben abändern wollen.“

[24] § 1266 (nach dem Entwurf § 1264) hätte demnach zu lauten: „Wird die Trennung oder Scheidung der Ehe im streitigen Verfahren ausgesprochen, so sind die Ehepakte, soweit darüber kein Vergleich getroffen wird (§ 116) für beide Teile erloschen. Dem schuldlosen Ehegatten gebührt jedoch nicht nur volle Genugtuung, sondern von dem Zeitpunkte der erkannten Trennung oder Scheidung alles dasjenige, was ihm in den Ehepakten auf den Fall des Überlebens bedungen worden ist. Das Vermögen, worüber eine Gütergemeinschaft bestanden hat, wird wie bei dem Tode geteilt, und das Recht aus einem Erbvertrage bleibt dem Schuldlosen auf den Todesfall vorbehalten. Die gesetzliche Erbfolge (§§ 757 bis 759) kann ein getrennter oder geschiedener, obgleich schuldloser Ehegatte nicht ansprechen.“

2. Der Anfang des ersten Satzes hat zu lauten: „Wird die Trennung oder Scheidung der Ehe im streitigen Verfahren ausgesprochen, so sind die Ehepakte, soweit darüber..."
3. Im ersten Satz wird der Hinweis auf den § 117 durch den Hinweis auf den § 116 ersetzt.
4. Der Anfang des zweiten Satzes hat zu lauten: „Dem schuldlosen Ehegatten gebührt jedoch nicht nur volle Genugtuung, sondern..."
5. Im zweiten Satz ist nach den Worten: „dem Zeitpunkte der erkannten Trennung" einzuschalten: „oder Scheidung".
6. Im vierten Satz ist nach den Worten: „kann ein getrennter" einzuschalten: „oder geschiedener".

Artikel 46

Nach **§ 1264** tritt als neuer **§ 1265** folgende Bestimmung: „Die durch das Gesetz oder Vergleich zwischen geschiedenen Ehegatten geregelten vermögensrechtlichen Verhältnisse werden, woferne nicht etwas anderes vereinbart ist, dadurch nicht berührt, daß die ursprünglich geschiedene Ehe in der Folge getrennt wird".

Artikel 47

Der bisherige **§ 1265** samt der dazugehörigen Überschrift wird **§ 1266**.

Zweiter Teil

Einführungsbestimmungen

Erster Abschnitt

Verhältnis zu anderen Gesetzen

Artikel 48

(1) Die für das Burgenland geltenden Bestimmungen über das Eherecht und das Verfahren in Ehesachen (Ungarische Gesetzesartikel XXXI und XXXIII vom Jahre 1894 mit den Änderungen und Zusätzen der Verordnung des Bundesministeriums für Justiz vom 29. Mai 1922, BGBl. Nr. 316) treten außer Kraft.

(2) Die im übrigen Österreich geltenden Bestimmungen über das Eherecht und das Verfahren in Ehesachen haben auch für das Burgenland zu gelten.

Artikel 49[25]

Aufgehoben werden:

1. Das Hofdekret vom 27. Juni 1837, J. G. S. Nr. 208.

[25] Den Inhalt dieser Hofdekrete siehe in der Begründung zu Art. 49.

2. Das Hofdekret vom 26. August 1814, J. G. S. Nr. 1099.
3. Das Hofdekret vom 17. Juli 1835, J. G. S. Nr. 61.
4. Das Hofkanzleidekret vom 4. Februar 1837, J. G. S. Nr. 168.
5. Das Hofdekret vom 28. Juni 1806, J. G. S. Nr. 771.
6. Das Hofdekret vom 10. August 1821, J. G. S. Nr. 1789.
7. Das Hofdekret vom 11. Juni 1813, J. G. S. Nr. 1053.
8. Das Hofdekret vom 19. Mai 1827, J. G. S. Nr. 2277.
9. Das Hofdekret vom 4. Mai 1841, J. G. S. Nr. 531.

Artikel 50[26]

Das allgemeine Strafgesetz vom 27. Mai 1852, RGBl. Nr. 117 erhält folgende Abänderungen:

1. Der Anfang des § 501 hat zu lauten: „Unzucht zwischen voll- und halbbürtigen Geschwistern, mit den Ehegenossen der Eltern oder der Kinder ist als Übertretung..."
2. Die Überschrift zu § 507 hat zu lauten: „Eingehung einer gesetzwidrigen Ehe. Strafe".
3. Im ersten Absatz des § 507 entfallen die Worte: „ohne vorher die ordentliche Dispensation erlangt zu haben".

Artikel 51[27]

§ **114** der Jurisdiktionsnorm (Gesetz vom 1. August 1895, RGBl. Nr. 111 über die Ausübung der Gerichtsbarkeit und die Zuständigkeit

---

[26] Im folgenden ist der gegenwärtige Wortlaut der betreffenden Paragraphe wiedergegeben. Die eingeklammerten Stellen hätten gemäß Art. 50 zu entfallen: „§ 501. Unzucht zwischen voll- und halbbürtigen Geschwistern, mit den Ehegenossen der Eltern, der Kinder (oder Geschwister) ist als Übertretung mit ein- bis dreimonatlichem Arreste, der nach Umständen verschärft werden soll, zu bestrafen." — „§ 507. Wer sich mit Verschweigung eines ihm bekannten gesetzlichen Ehehindernisses trauen läßt (ohne vorher die ordentliche Dispensation erhalten zu haben), oder wer sich in ein fremdes Land begibt, um daselbst eine Ehe zu schließen, die nach den Landesgesetzen nicht stattfinden konnte, ist einer Übertretung schuldig, und mit strengem Arreste von drei bis zu sechs Monaten, der Verführende aber stets strenger zu bestrafen."

[27] § 114 JN. hätte demnach zu lauten: „(1) Zur Bewilligung der einverständlichen Scheidung, sowie der Trennung ist das Bezirksgericht berufen, bei welchem der Ehemann seinen allgemeinen Gerichtsstand hat. (2) Der Antrag auf Trennung einer von Tisch und Bett geschiedenen Ehe (§ 119 ABGB.) ist bei dem Bezirksgericht einzubringen, bei welchem der Antragsteller seinen allgemeinen Gerichtsstand in Streitsachen hat; erfolgte die Scheidung einverständlich, so kann er auch bei dem Bezirksgericht eingebracht werden, das die Scheidung ausgesprochen hat. (3) Die Anzeige der Wiedervereinigung geschiedener Ehegatten kann beim Gerichte, welches die Scheidung auf Ansuchen der Ehegatten bewilligt hat, oder bei dem Bezirksgerichte

der ordentlichen Gerichte in bürgerlichen Rechtssachen) erhält folgende Abänderungen:

1. Im ersten Absatz entfallen die Worte: „nach § 133 ABGB.“.
2. Nach Abs. 1 ist als zweiter Absatz einzuschalten: „Der Antrag auf Trennung einer von Tisch und Bett geschiedenen Ehe (§ 119 ABGB.) ist bei dem Bezirksgericht einzubringen, bei welchem der Antragsteller seinen allgemeinen Gerichtsstand in Streitsachen hat; erfolgte die Scheidung einverständlich, so kann er auch bei dem Bezirksgericht eingebracht werden, das die Scheidung ausgesprochen hat“.
3. Der bisherige Absatz 2 wird Absatz 3.

Artikel 52[28]

Das Hofdekret vom 23. August 1819, J. G. S. Nr. 1595, erhält folgende Abänderungen:

1. Die Überschrift zum ersten Teil hat zu lauten: „I. Verfahren über die Ehetrennung und Scheidung von Tisch und Bett“.
2. Im § 3 entfallen die Worte: „auf bestimmte oder unbestimmte Zeit.“
3. Im § 8 werden die Worte: „in dem § 109 ABGB.“ ersetzt durch die Worte: „in den §§ 109 und 110 ABGB.“.
4. Im § 12 entfallen die Worte: „oder keiner von beiden“.
5. Nach § 12 wird folgender § 13 eingeschaltet: „Die für das Scheidungsverfahren aufgestellten Vorschriften gelten in vollem Umfang auch für das Ehetrennungsverfahren. Insbesonders findet auch in diesem Falle die Aufstellung eines Ehebandsverteidigers nicht statt“.
6. Die Überschrift vor dem neuen § 14 hat zu lauten: „Verfahren über die Ungültigkeit einer Ehe“.
7. Der bisherige § 13 wird § 14; in diesem Paragraphen entfallen die Worte: „oder angesuchten Trennung“.
8. Der bisherige § 14 wird § 15 und erhält folgende Abänderungen:
   a) die Worte: „oder Auflösung“ entfallen;
   b) die Worte: „oder das Recht, die Auflösung derselben zu verlangen“ entfallen;
   c) nach den Worten: „ohne Rücksicht auf eigenes Geständnis oder Übereinkommen der Eheleute“ ist ein Beistrich zu setzen und

---

gemacht werden, in dessen Sprengel sich der gemeinschaftliche Wohnsitz der Ehegatten zur Zeit der Anzeige befindet. Letzterenfalls ist in der Anzeige zum Zwecke entsprechender Verständigung das Gericht zu bezeichnen, von welchem die Scheidung bewilligt wurde.“

[28] Es wird davon abgesehen, das Hofdekret, dem die Ministerialverordnung vom 9. Dezember 1897 vollkommen entspricht, in der in Art. 52 vorgesehenen Form wiederzugeben. Hinsichtlich dieser Verordnung siehe Anmerkung zu Art. 53.

einzuschalten: „soferne nach § 98 ABGB. nicht Parteienvernehmung und Parteieneid zulässig sind".

9. Der bisherige § 15 wird § 16; in diesem Paragraphen entfallen die Worte: „oder Auflösung".
10. Der bisherige § 16 wird aufgehoben.
11. Im § 17 entfallen die Worte: „Trennung oder".
12. § 18 erhält folgende Abänderungen:
    a) im ersten Satz entfallen die Worte: „gegen die Trennung";
    b) im zweiten Satz entfallen die Worte: „und Trennung";
    c) im zweiten Satz entfallen die Worte: „in dem Falle, wo zwischen Katholiken oder wenn ein Teil katholisch ist, auf die Nichtigkeit der Ehe erkannt wird".
13. § 19 erhält folgende Abänderungen:
    a) der Hinweis auf den § 122 ABGB. wird durch den Hinweis auf den § 84 ABGB. ersetzt;
    b) nach Umwandlung des Schlußpunktes in einen Strichpunkt ist anzufügen: „diese Vorschrift ist auch zu beobachten, wenn die Trennung einverständlich oder nach ausgesprochener Scheidung auf Antrag eines Ehegatten (§ 119 ABGB.) erfolgt; in diesem letzten Falle ist zugleich der andere Ehegatte zu verständigen."

Artikel 53[29]

Die Verordnung des Justizministeriums vom 9. Dezember 1897, RGBl. Nr. 283, betreffend das Verfahren in streitigen Eheangelegenheiten, erhält folgende Abänderungen:

1. Im ersten Absatz des § 1 tritt an Stelle des Hinweises auf die §§ 94, 97 und 107 ABGB. der Hinweis auf die §§ 94, 97, 98 und 108 ABGB.
2. Die Überschrift vor dem § 2 hat zu lauten: „II. Verfahren in Streitigkeiten über die Ehetrennung und Scheidung von Tisch und Bett."
3. Im zweiten Absatz des § 2 entfallen die Worte: „falls dem Scheidungsgesuche (Scheidungsklage) nicht das Zeugnis des ordentlichen Seelsorgers über die nach Vorschrift der § 104, 107 und 132 ABGB. vergeblich vorgenommenen Versöhnungsversuche beiliegt"; ebenso entfällt der Hinweis auf § 2 des Gesetzes vom 31. Dezember 1868; ferner wird der Hinweis auf § 104 ABGB. durch den Hinweis auf § 108, Abs. 2 ABGB. ersetzt.
4. Im § 3 entfallen die Worte: „auf bestimmte oder unbestimmte Zeit".
5. Im § 6 entfallen die Worte: „oder keiner von beiden".
6. Im § 7 werden die Worte: „in § 109 ABGB." ersetzt durch die Worte: „in §§ 109 und 110 ABGB.".

---

[29] Diese Ministerialverordnung ist in der durch Art. 53 vorgesehenen Fassung im Anhang wiedergegeben.

7. Nach § 7 wird als § 7a eingeschaltet: „Die für das Scheidungsverfahren aufgestellten Vorschriften gelten in vollem Umfang auch für das Ehetrennungsverfahren. Inbesonders findet auch in diesem Fall die Aufstellung eines Ehebandsverteidigers nicht statt."
8. In der Überschrift vor § 8 entfallen die Worte: „und Trennung".
9. § 8 erhält folgende Abänderungen:
   a) die Worte: „oder über die angesuchte Trennung" entfallen;
   b) der Hinweis auf die §§ 115 bis 117 ABGB. entfällt.
10. § 9 erhält folgende Abänderungen:
   a) im ersten Absatz entfallen die Worte: „oder Trennung";
   b) im zweiten Absatz entfällt der Hinweis auf § 115 ABGB.;
   c) im zweiten Absatz entfallen die Worte: „oder Auflösung";
   d) im dritten Absatz entfallen die Worte: „oder über das Ansuchen um Trennung der Ehe".
11. § 10 erhält folgende Abänderungen:
   a) im zweiten Satz des ersten Absatzes entfallen die Worte: „oder Auflösung";
   b) im dritten Satz des ersten Absatzes entfallen die Worte: „oder das Recht, die Auflösung derselben zu verlangen";
   c) im dritten Satz des ersten Absatzes ist nach den Worten: „ohne Rücksicht auf eigenes Geständnis oder Übereinkommen der Eheleute" ein Beistrich zu setzen und einzuschalten: „soferne nach § 98 ABGB. nicht Parteienvernehmung und Parteieneid zulässig sind";
   d) am Schluß des ersten Absatzes ist der Hinweis auf § 14 des Hofdekretes vom 23. August 1819 durch den Hinweis auf § 15 des genannten Hofdekretes zu ersetzen;
   e) im zweiten Absatz entfallen die Worte: „oder der begehrten Auflösung".
12. § 11 erhält folgende Abänderungen:
   a) die Worte: „oder getrennt" entfallen;
   b) die Worte: „oder an der Trennung" entfallen.
13. In den §§ 12 und 13 entfallen die Worte: „oder Auflösung"; im § 13 wird ferner der Hinweis auf § 15 des Hofdekretes vom 23. August 1819 durch den Hinweis auf § 16 des genannten Hofdekretes ersetzt.
14. § 14 wird aufgehoben.
15. Im zweiten Absatz des § 15 entfallen die Worte: „Trennung oder".
16. § 16. erhält folgende Abänderungen:
   a) die Worte: „oder getrennt" entfallen;
   b) die Worte: „falls zwischen Katholiken, oder wenn ein Teil katholisch ist, auf die Nichtigkeit der Ehe erkannt wird" entfallen.
17. § 17 erhält folgende Abänderungen:
   a) der Hinweis auf den § 122 ABGB. wird durch den Hinweis auf den § 84 ABGB. ersetzt;

b) nach Umwandlung des Schlußpunktes in einen Strichpunkt ist anzufügen: „diese Vorschrift ist auch zu beobachten, wenn die Trennung einverständlich oder nach ausgesprochener Scheidung auf Antrag eines Ehegatten (§ 119 ABGB.) erfolgt; in diesem letzten Fall ist zugleich der andere Ehegatte zu verständigen".

18. § 18 wird aufgehoben.

Artikel 54[30]

Das Hofdekret vom 13. November 1816, J. G. S. Nr. 1296 wird aufgehoben.

Artikel 55

§ 9 des Gesetzes vom 16. Februar 1883, RGBl. Nr. 20 in der Fassung des § 4 des Gesetzes vom 31. März 1918, RGBl. Nr. 128 wird aufgehoben.

Zweiter Abschnitt

Übergangsbestimmungen

I. Allgemeine Bestimmungen

Artikel 56

Die Wirksamkeit dieses Gesetzes erstreckt sich auf alle Ehen, die zur Zeit seines Inkrafttretens gültig bestehen.

II. Eheschließung

Artikel 57

Diejenigen Personen, auf welche bisher die Bestimmungen des burgenländischen Eherechtes Anwendung fanden, können auch nach dem Inkrafttreten dieses Gesetzes vor der politischen Behörde nach den Bestimmungen des Ungarischen Gesetzesartikels XXXI die Ehe eingehen, wenn ihr Aufgebot vor dem Inkrafttreten dieses Gesetzes ganz oder teilweise bereits stattgefunden hat.

III. Eheregister

Artikel 58

Die Bestimmungen des Artikel 14 finden auch auf solche Ehen Anwendung, die vor dem Inkrafttreten dieses Gesetzes geschlossen wurden.

---

[30] Dieses Hofdekret lautet: „Wenn eine Judenehe in Gemäßheit des § 135 des bürgerlichen Gesetzes mittels einer vom Manne gegen das Weib gestellten Klage getrennt werden soll oder wenn es nach der den jüdischen Eheleuten vermöge ihrer Religionsbegriffe in den §§ 132 und 134 eingeräumten vollen Freiheit auf die Trennung der Ehe mit wechselseitiger freier Einwilligung ankommt und so auch in dem Falle einer wegen eines Ehehindernisses bevorstehenden Ungültigerklärung einer Judenehe hat weder die fiskalamtliche Vertretung einzutreten noch ist die Beiziehung eines politischen Repräsentanten zur Verhandlung oder Ehescheidung von seiten der Gerichtsbehörde notwendig."

IV. Ungültigkeit, Anfechtbarkeit, Dispensation

Artikel 59

Die Frage der Gültigkeit oder Anfechtbarkeit einer vor dem Inkrafttreten dieses Gesetzes geschlossenen Ehe ist, soferne in diesem Abschnitt nichts anderes bestimmt ist, ausschließlich nach den Bestimmungen des bisherigen Rechtes zu beurteilen.

Artikel 60

Ist eine vor dem Inkrafttreten dieses Gesetzes geschlossene Ehe wegen eines nach bisherigem Recht löslichen Ehehindernisses ungültig, so können die bisher zuständigen Behörden auch nach dem Inkrafttreten dieses Gesetzes von diesem Ehehindernis dispensieren; die Ehegatten können in diesem Fall eine neuerliche Eheschließung mit rückwirkender Kraft vornehmen.

V. Dispensehen

Artikel 61

Ehen, die unter Erlangung der Dispensation vom Ehehindernis des § 62 ABGB. geschlossen sind, werden mit dem Inkrafttreten dieses Gesetzes als von Anfang an gültig angesehen, wenn sie nicht zur Zeit des Inkrafttretens dieses Gesetzes rechtskräftig für ungültig erklärt waren.

Artikel 62

Eine von Tisch und Bett geschiedene Ehe gilt mit dem Inkrafttreten dieses Gesetzes als getrennt, wenn einer der beiden Teile unter Erlangung der Dispensation vom Ehehindernis des § 62 ABGB. eine neue Ehe eingegangen ist und diese Ehe zur Zeit des Inkrafttretens dieses Gesetzes nicht rechtskräftig für ungültig erklärt war. Die Trennung ist auf den Zeitpunkt der Eingehung der neuen Ehe zurückzubeziehen.

VI. Ehetrennung und Scheidung

Artikel 63

(1) Die Wirkung einer Trennung und Scheidung ist mit dem Inkrafttreten dieses Gesetzes nach den Bestimmungen dieses Gesetzes zu beurteilen.

(2) Nach burgenländischem Recht geschlossene Ehen, die zur Zeit des Inkrafttretens dieses Gesetzes im Sinne des Ungarischen Gesetzesartikels XXXI gelöst sind, gelten nach dem Inkrafttreten dieses Gesetzes als getrennt im Sinne des bürgerlichen Gesetzbuches. Nach burgenländischem Recht geschlossene Ehen, die zur Zeit des Inkrafttretens dieses Gesetzes im Sinne des Ungarischen Gesetzesartikels XXXI von Tisch und Bett getrennt sind, gelten mit dem Inkrafttreten dieses

Gesetzes als von Tisch und Bett geschieden im Sinne des allgemeinen bürgerlichen Gesetzbuches.

Artikel 64

Eine Ehe, die vor dem Inkrafttreten dieses Gesetzes von Tisch und Bett geschieden (im Burgenland: von Tisch und Bett getrennt) wurde, kann nach dem Inkrafttreten dieses Gesetzes auf Verlangen eines jeden der beiden Ehegatten getrennt werden, wenn eine Wiedervereinigung nicht stattgefunden hat.

Artikel 65

Die Frage, ob eine Ehe auf Grund eines Umstandes, der sich vor dem Inkrafttreten dieses Gesetzes ereignet hat, getrennt oder geschieden werden kann, ist ausschließlich nach bisherigem Recht zu beurteilen, jedoch mit der Einschränkung, daß

1. aus solchen Gründen, aus denen bisher nur auf Scheidung geklagt werden konnte, auch auf Trennung geklagt werden kann oder eine zur Zeit des Inkrafttretens dieses Gesetzes bereits erhobene Scheidungsklage in eine Trennungsklage abgeändert werden kann und daß
2. in dem Falle, daß auf Scheidung geklagt wird, der Beklagte verlangen kann, daß, wenn die Klage begründet ist, nicht auf Scheidung, sondern auf Trennung erkannt werde.

Artikel 66

Ebenso ist in einem streitigen Scheidungs- oder Trennungsverfahren die Frage des Verschuldens ausschließlich nach bisherigem Recht zu beurteilen, wenn sich der Scheidungs- oder Trennungsgrund vor dem Inkrafttreten dieses Gesetzes ereignet hat.

VII. Vermögensrechtliche Bestimmungen; Unterhaltspflicht

Artikel 67

Streitigkeiten aus der vermögensrechtlichen Auseinandersetzung oder Unterhaltspflicht zwischen Ehegatten, deren Ehe getrennt oder geschieden wurde, sind, wenn die Regelung dieser Verhältnisse zur Zeit des Inkrafttretens dieses Gesetzes schon stattgefunden hat, ausschließlich nach bisherigem Recht zu beurteilen.

Artikel 68

Die Regelung der Vermögensauseinandersetzung und der Unterhaltspflicht ist, wenn die Ehe vor dem Inkrafttreten dieses Gesetzes getrennt oder geschieden wurde, oder wenn die Ehe nach dem Inkrafttreten dieses Gesetzes auf Grund eines Umstandes getrennt oder geschieden wird, der sich vor dem Inkrafttreten dieses Gesetzes ereignet hat, ausschließlich nach den Bestimmungen des bisherigen Rechtes vorzunehmen.

Artikel 69

Wird eine Ehe auf Grund eines Umstandes geschieden oder getrennt, der sich nach dem Inkrafttreten dieses Gesetzes ereignet hat, so finden die Bestimmungen dieses Gesetzes auf das Schicksal der Ehepakte nach erfolgter Trennung oder Scheidung auch dann Anwendung, wenn die Ehepakte vor dem Inkrafttreten dieses Gesetzes geschlossen wurden. Ebenso ist in diesem Falle die Regelung der Unterhaltspflicht ausschließlich nach den Bestimmungen des Artikels 35 vorzunehmen.

Artikel 70

Die vermögensrechtlichen Verhältnisse zwischen geschiedenen Ehegatten und die Unterhaltspflicht eines geschiedenen Ehegatten werden dadurch nicht berührt, daß eine geschiedene Ehe nach dem Inkrafttreten dieses Gesetzes nach Artikel 62 als getrennt zu gelten hat oder nach Artikel 64 auf Verlangen eines der Ehegatten getrennt wird.

Artikel 71

Mit dem Inkrafttreten dieses Gesetzes verliert ein geschiedener Ehegatte sein gesetzliches Erbrecht und den Anspruch auf den mangelnden anständigen Unterhalt nach § 796 ABGB., wenn sich der Erbfall nach dem Inkrafttreten dieses Gesetzes ereignet hat.

VIII. Todeserklärung

Artikel 72

(1) Ist ein Ehegatte vor dem Inkrafttreten dieses Gesetzes nach erfolgter Todeserklärung des anderen Ehegatten zu einer neuen Ehe geschritten, so ist diese neue Ehe ohne Rücksicht darauf, ob der für tot Erklärte die Schließung der neuen Ehe überlebt hat, mit dem Inkrafttreten dieses Gesetzes von Anfang an als gültig anzusehen, es sei denn, daß entweder beide Gatten der neuen Ehe im Zeitpunkt der Eheschließung wußten, daß der für tot Erklärte noch am Leben sei oder daß die neue Ehe vor dem Inkrafttreten dieses Gesetzes rechtskräftig für ungültig erklärt wurde.

(2) Die frühere Ehe gilt, woferne die neue Ehe nicht ungültig ist, als gelöst. Die Lösung ist auf den Zeitpunkt der Schließung der neuen Ehe zurückzubeziehen.

IX. Schlußbestimmungen

Artikel 73

Dieses Gesetz tritt am .... in Kraft. Mit seiner Durchführung ist (sind) .... betraut.

III. Begründung

Das Eherecht gehört dem Gebiete des bürgerlichen Rechtes an. Der Großteil der Normen über das Eherecht ist daher im bürgerlichen Gesetzbuch selbst enthalten. Die Abänderung dieser Normen ist die Hauptaufgabe des beiliegenden Entwurfes. Daneben sind aber auch in anderen Gesetzen Bestimmungen über das Eherecht verstreut, die teils als Ergänzung der privatrechtlichen Bestimmungen des bürgerlichen Gesetzbuches über das Eherecht dienen, so insbesonders die Bestimmungen mehrerer Hofdekrete, teils die Auswirkungen des Eherechtes auf anderen Rechtsgebieten, insbesonders auf dem des Prozeßrechtes behandeln. Dementsprechend zerfällt der Entwurf in zwei Teile: der erste Teil ist der Abänderung des bürgerlichen Gesetzbuches gewidmet; der zweite Teil hat die Aufgabe, die sonstigen, auf das Eherecht Bezug nehmenden Vorschriften den geänderten Bestimmungen des bürgerlichen Gesetzbuches anzupassen, wobei eine Änderung dieser außerhalb des bürgerlichen Gesetzbuches stehenden Vorschriften, soweit es sich nicht um rein privatrechtliche Bestimmungen handelt, grundsätzlich nur insoweit vorgesehen ist, als es notwendig erscheint, um Widersprüche mit den geänderten Bestimmungen des bürgerlichen Gesetzbuches zu vermeiden. Ein zweiter Abschnitt des zweiten Teiles dient endlich dazu, den Übergang vom bestehenden Rechtszustand zu dem vom Entwurf gedachten zu vermitteln.

Erster Teil

Die Abänderungen des bürgerlichen Gesetzbuches

Erster Abschnitt

Ehehindernisse und Anfechtungsgründe

Eine Revision der Bestimmungen über die Ehehindernisse wird durch die Notwendigkeit einer Neuregelung des Dispensationswesens nötig. Bekanntlich ist der Konflikt auf dem Gebiete der Dispensehen deshalb ausgebrochen, weil die Frage der Möglichkeit einer Dispensation vom Ehehindernis des Ehebandes (§ 62 ABGB.) verschieden gelöst wurde. Während nämlich die Verwaltungsbehörden von diesem Ehehindernis auf

Ansuchen Dispens erteilen, erklären die Zivilgerichte, daß von diesem Ehehindernis nicht dispensiert werden kann, eine mit diesem Dispens geschlossene Ehe demnach ungültig ist. Die unerfreulichen Folgen, die dieser Konflikt nach sich gezogen hat, sind bekannt; der Ruf nach Beseitigung dieses unwürdigen Schauspiels ist allgemein. Die Einführung der Lösbarkeit aller Ehen ohne Rücksicht auf die Konfession würde zwar die Dispensehe mit ihren Begleiterscheinungen, zu denen auch der erwähnte Konflikt gehört, beseitigen. Allein damit wäre das Übel nicht mit der Wurzel ausgerottet, wie das folgende ergibt.

Der Streit um die Dispensehen ist, wie gesagt, aus dem Grunde ausgebrochen, daß die Verwaltungsbehörden das Ehehindernis des Ehebandes als dispensabel erklärten, während die Gerichte anderer Meinung sind. Der Grund aber, daß die Ansichten erfahrener Juristen in diesem wesentlichen Punkte so auseinandergehen, liegt in den mangelhaften Bestimmungen unseres bürgerlichen Gesetzbuches über die Dispensation. Das allgemeine bürgerliche Gesetzbuch stellt gewisse Umstände als sogenannte „Ehehindernisse" auf, das sind Tatbestände, die das Eingehen einer gültigen Ehe verhindern. Unter Umständen kann jedoch trotz Vorliegen eines solchen Ehehindernisses eine Ehe eingegangen werden. Die politische Landesbehörde ist nämlich berechtigt, von einem vorliegenden Ehehindernis Nachsicht „Dispens" zu erteilen mit der Wirkung, daß dann trotz Vorliegen des Ehehindernisses die Ehe gültig zustande kommen kann. Es kann jedoch nicht von jedem Ehehindernis Dispens erteilt werden, sondern nur von gewissen, den dispensablen oder „auflöslichen", wie das Gesetz sie nennt. Das bürgerliche Gesetzbuch erklärt nun zwar, daß es dispensable und nicht dispensable Ehehindernisse gibt; welche Ehehindernisse jedoch dispensabel sind, welche nicht, darüber schweigt das Gesetz. So war es möglich, daß die Verwaltungsbehörden zu der Ansicht kamen, das Ehehindernis des bestehenden Ehebandes sei dispensabel, während die Gerichte einen anderen Standpunkt einnahmen. Nun würde zwar durch die Einführung der Lösbarkeit jeder Ehe ohne Rücksicht auf die Konfession der Streit um die Möglichkeit einer Dispensation vom Eheband hinfällig werden, weil dann eine solche Dispensation nicht mehr nötig wäre. Die Gefahr eines neuerlichen Konfliktes wäre aber damit noch nicht beschworen, denn derselbe Streit, der heute um das Ehehindernis des Ehebandes geht, könnte morgen wegen eines anderen Ehehindernisses entbrennen, indem die Verwaltungsbehörden bei einem anderen Ehehindernis wieder zu der Ansicht kommen könnten, es sei dispensabel, während die Gerichte einen anderen Standpunkt einnehmen. Es würde sich dann derselbe Vorgang von neuem abspielen: die Gerichte würden eine Dispensation für unmöglich, die Ehe daher für ungültig erklären, der Oberste Gerichtshof, vorausgesetzt, daß dieser der Ansicht beistimmt, würde vermutlich ein neues Judikat fällen, der Verfassungsgerichtshof würde, getreu seinem jetzigen Standpunkt, die Gerichte wiederum nicht für befugt erklären, die Gültigkeit eines Dispensationsaktes der Verwaltungsbehörde zu überprüfen, kurz: wir hätten dasselbe erfreuliche, oder besser gesagt, unerfreuliche Schauspiel. Um dies zu vermeiden, gibt es nur ein Mittel: Klarheit darüber, welche Ehehindernisse dispensabel sind, welche nicht. Aufgabe des Entwurfes war es daher, die bestehenden Ehehindernisse und die hiefür geltenden Bestimmungen zu revidieren, um die Möglichkeit oder Unmöglichkeit einer Dispensation bei jedem einzelnen Ehehindernis gesetzlich[1] klarzustellen.

Stellt man nun eine nähere Betrachtung darüber an, welche Ehehindernisse dispensabel sind, so scheidet sofort eine ganze Kategorie von Ehehindernissen aus, weil sie eigentlich keine Ehehindernisse im technischen Sinne sind; das sind die sogenannten „privaten" Ehehindernisse (impedimenta privati iuris). Ihr Wesen liegt in folgendem: Es gibt, wie gesagt, Tatumstände, die das Eingehen einer gültigen Ehe verhindern, weil das Bestehen dieser Ehe dem öffentlichen Interesse widersprechen würde; das sind die sogenannten „öffentlichen" Ehehindernisse (impedimenta publici iuris). Hiezu gehört z. B. die Blutsverwandtschaft; es liegt im öffentlichen Interesse, daß der Vater nicht seine eigene Tochter heiratet, weil blutschänderische Ehen aus sittlichen Rücksichten und, um die Degeneration der Nachkommen zu verhindern, nicht geduldet werden können. Liegt ein solches öffentliches Ehehindernis vor, so kann jedermann verlangen, daß die Ehe für ungültig erklärt werde, was sie ja auch tatsächlich ist, ja die Behörden haben, sobald sie von einer solchen Ehe erfahren, von Amts wegen einzuschreiten. Daneben gibt es aber auch Tatumstände, bei deren Vorliegen die Ehe grundsätzlich gültig ist; ihr Bestehen widerspricht nicht gerade dem öffentlichen Interesse. Es gibt jedoch gewisse Personen, deren rechtliche Interessen durch das Bestehen dieser Ehe verletzt werden; diese Personen, meist ist es hiebei einer der Ehegatten selbst, haben das Recht, zu verlangen, daß diese Ehe für ungültig erklärt werde. Ob sie dies tun, steht ihnen frei; sie können auch auf dieses Recht verzichten; dann bleibt die Ehe gültig, weil ein öffentliches Interesse am Nichtbestand dieser Ehe nicht vorliegt und auch der privat daran Interessierte auf die Ungültigerklärung verzichtet. Hieher gehört z. B. der Fall, daß jemand zu einer Ehe gezwungen wurde; dann steht ihm selbstverständlich das Recht zu, aus der Ehe, zu der er gezwungen wurde, wieder herauszukommen und auf die Annullierung der

[1] Es gibt wohl auch gegenwärtig Theorien, die sich mit der Frage befassen, welche Ehehindernisse dispensabel sind und welche nicht. Wie aber die Ereignisse zeigen, haben diese Theorien nicht vermocht, Einhelligkeit darüber zu schaffen. Eine solche eindeutige, allgemein verbindliche Lösung der Frage kann eben nur das Gesetz selbst bringen.

Ehe zu dringen. Es kann aber auch sein, daß er sich damit abfindet und schließlich in seiner Ehe noch glücklich wird. Dann steht es ihm selbstverständlich frei, seine Ehe fortzusetzen und die erwähnte Ehe besteht gültig weiter. Welchen der beiden Wege er wählt, das bleibt ihm überlassen; die Öffentlichkeit hat daran kein Interesse. Solche Tatumstände, die nur gewissen Personen das Recht geben, die Ungültigerklärung der Ehe zu verlangen, die aber, wenn sie nicht von diesen Personen geltend gemacht werden, die Gültigkeit der Ehe weiter nicht berühren, nennt unser bürgerliches Gesetzbuch „private" Ehehindernisse,[1] weil eben nicht die Öffentlichkeit, sondern nur Privatpersonen an der Ungültigerklärung der Ehe interessiert sind.

Diesen privaten Ehehindernissen ist es eigen, daß sie nicht dispensabel sind, was sich eigentlich von selbst versteht. Die öffentlichen Ehehindernisse sind, wie gesagt, im Interesse der Öffentlichkeit aufgestellt; sie ist daran interessiert, daß bei Vorliegen eines solchen Ehehindernisses eine Ehe nicht zustande kommt. Da aber sie es ist, die daran interessiert ist, so kann sie auch auf die Geltendmachung dieses Interesses im besonderen Fall verzichten und kann, vertreten durch die staatlichen Organe, erklären, daß sie im konkreten Fall trotz Vorliegen eines solchen öffentlichen Hindernisses die Eingehung einer Ehe gestattet. Die privaten Ehehindernisse dagegen sind im Interesse einer Privatperson aufgestellt; nicht die Öffentlichkeit, sondern die Privatperson ist berechtigt, auf die Ungültigerklärung der Ehe zu dringen. Daher kann ihr dieses Privatrecht auch nicht von einem staatlichen Organ entzogen werden. Das Recht auf Grund eines privaten Ehehindernisses die Ungültigerklärung der Ehe zu verlangen, ist ebenso ein unentziehbares Recht wie das Recht des Gläubigers auf die Zahlung; auch in diesem Fall könnte ja die Verwaltungsbehörde dem Gläubiger nicht sein Forderungsrecht absprechen.

Die privaten Ehehindernisse sind also indispensabel; bei näherer Betrachtung ergibt sich aber, daß sie eigentlich überhaupt keine Ehehindernisse sind. Denn sie hindern das Zustandekommen einer gültigen Ehe gar nicht; vielmehr kommt die Ehe zunächst gültig zustande. Nur dann, wenn es der Berechtigte — gewöhnlich einer der Ehegatten — verlangt, wird die Ehe nachträglich für ungültig erklärt, allerdings mit der Wirkung, daß sie dann von vornherein als ungültig zu betrachten ist; dafür aber, daß diese Wirkung eintritt, ist Voraussetzung, daß ein entsprechender Antrag gestellt wird. Da nun die Ungültigkeit einer solchen Ehe nur eine bedingte ist, abhängig vom Willen des Berechtigten, oder

---

[1] D. h. das allgemeine bürgerliche Gesetzbuch spricht überhaupt nur schlechthin von Ehehindernissen, was die Unklarheit nur noch größer macht. Nur, um doch einen Unterschied zwischen diesen beiden grundverschiedenen Dingen zu machen, teilt die Rechtswissenschaft in öffentliche und private Ehehindernisse ein.

besser gesagt, daß die Ehe zunächst, wenngleich bedingt, gültig ist, spricht die moderne Rechtswissenschaft und ihr folgend die neueren Gesetzbücher, so das deutsche bürgerliche Gesetzbuch, das Schweizer Zivilgesetzbuch, das Ungarische Ehegesetz u. a. in solchen Fällen nicht mehr von einem Ehehindernis, sondern von einem Anfechtungsgrund; die Ehe ist nicht mehr zufolge des privaten Ehehindernisses relativ ungültig, sondern sie ist bedingt gültig; es liegt eine anfechtbare Ehe vor.

Im Gegensatz zu diesen modernen Gesetzbüchern und Theorien hat das aus dem Jahre 1811 stammende allgemeine bürgerliche Gesetzbuch noch aus dem kanonischen Recht die veraltete Theorie von den öffentlichen und privaten Ehehindernissen übernommen und bezeichnet auch die Anfechtungsgründe schlechtwegs als Ehehindernisse. Dadurch entsteht aber eine zweifache Unklarheit. Einerseits ist der Charakter der anfechtbaren Ehe nicht genügend scharf von dem der nichtigen (d. i. der aus einem öffentlichen Ehehindernis ungültigen) Ehe unterschieden, obwohl es sich in beiden Fällen um etwas ganz anderes handelt und auch für diese beiden Typen andere Rechtssätze gelten. Und anderseits ist dadurch das Wesen der Anfechtungsgründe nicht genügend deutlich von dem der öffentlichen Ehehindernisse unterschieden, was zu Verwechslungen, insbesonders auch in der Dispensationsfrage Anlaß bieten kann.

Aufgabe des Entwurfes war es daher, die fälschlich genannten „privaten Ehehindernisse" in das, was sie wirklich sind, nämlich in Anfechtungsgründe umzuwandeln. Dadurch wird zweierlei erreicht: Es wird einerseits das wahre Wesen der Anfechtungsgründe klar dargestellt, nämlich nicht als ein Ehehindernis, sondern als das Recht einer Person, die Ungültigerklärung der Ehe zu verlangen. Dadurch wird das allgemeine bürgerliche Gesetzbuch hinsichtlich dieser Frage auf einen Standpunkt gebracht, wie er der modernen Rechtswissenschaft und Gesetzgebung, insbesonders der des deutschen bürgerlichen Gesetzbuches entspricht. — Und der andere, wichtigere Vorteil ist der, daß dadurch in der Frage einer Dispensationsmöglichkeit von diesen Ungültigkeitsgründen Klarheit geschaffen wird. Da der Anfechtungsgrund nicht mehr als ein Ehehindernis, sondern als das private Recht einer Person, die Ungültigerklärung der Ehe zu verlangen, erscheint, so ist selbstverständlich eine Dispensation nicht möglich, da es sich eben gar nicht mehr um ein Ehehindernis handelt, sondern um ein privates Recht, das durch behördliche Verfügung (und als solche stellt sich der Dispensationsakt dar) ebenso wenig entzogen werden kann, als dies etwa bei einem Scheidungsgrund möglich wäre. Der Entwurf gestaltet daher alle privaten Ehehindernisse in Anfechtungsgründe um, welche Aufgabe den Artikeln 1 bis 6 zufällt. Daß dabei gleichzeitig die Gelegenheit wahrgenommen wird, im Sinne des deutschen bürgerlichen Gesetzbuches einige Anfechtungsgründe einzuschränken (Art. 1, Art. 3, Z. 1, Art. 6) und sie anderseits zu erweitern (Art. 3, Z. 2,

Art. 4, 5), ist in den Ausführungen zu den einzelnen Artikeln dargestellt und begründet.

Durch die Umwandlung der privaten Ehehindernisse in Anfechtungsgründe wird die Frage der Dispensation hinsichtlich dieser Ehehindernisse bereinigt. Es bleibt noch die Frage der Dispensationsmöglichkeit bei den öffentlichen Ehehindernissen übrig. Hier hatte der Entwurf zwei Möglichkeiten: Er konnte entweder jeden der von den öffentlichen Ehehindernissen handelnden Paragraphen (§§ 62 bis 68 und 119 ABGB.) mit einem Zusatz versehen: „dieses Ehehindernis ist dispensabel", „dieses Ehehindernis ist nicht dispensabel". — Der Entwurf ist jedoch einen anderen Weg gegangen. Er hebt die dispensablen Ehehindernisse auf, läßt nur die indispensablen bestehen und kommt so dazu, den Satz aufzustellen: Von Ehehindernissen ist überhaupt keine Dispensation möglich.[1]

Folgende Erwägungen waren hierfür maßgebend: Zunächst gehen die Ehehindernisse, die das bürgerliche Gesetzbuch aufstellt, nach heutiger Ansicht viel zu weit. Das bürgerliche Gesetzbuch stempelt, von veralteten Anschauungen ausgehend, Tatbestände zu Ehehindernissen, in denen man nach vernünftiger Ansicht ein Ehehindernis heute wohl wirklich nicht mehr erblickt, so z. B. das Ehehindernis der Religionsverschiedenheit; auch die Ehehindernisse der Verwandtschaft und Schwägerschaft reichen viel zu weit. Eine Einschränkung dieser veralteten Ehehindernisse ist schon im Interesse einer Rechtsangleichung an das deutsche Recht notwendig, um hier zu einem gleichen Rechtszustand zu kommen. Dies gilt insbesonders von den konfessionellen Ehehindernissen.

Sodann aber muß bedacht werden, daß gerade deshalb, weil die Ehe immer als staats- und gesellschaftsbegründender Faktor hingestellt wird, der Eingehung einer Ehe möglichst wenig Schwierigkeiten in den Weg gelegt werden sollten. Wenn die Öffentlichkeit ein berechtigtes Interesse an dem Nichtbestehen gewisser Ehen hat, dann soll selbstverständlich die Eingehung einer solchen Ehe durch Aufstellung eines entsprechenden Ehehindernisses verwehrt werden. Allein es darf hier nicht zu weit gegangen werden. Nur dort soll ein Ehehindernis aufgestellt werden, wo dies wirklich und unbedingt im Interesse der Öffentlichkeit liegt. Wenn aber durch Zulassung einer Dispensation selbst zugegeben wird, daß allenfalls auf dieses Interesse verzichtet werden kann, dann kann dieses Interesse unbedingt nicht mehr so groß sein, daß es nicht überhaupt fallen gelassen werden könnte. Wenn es das öffentliche Interesse verträgt, daß A und B trotz Vorliegen des Ehehindernisses X miteinander verheiratet sind, dann wird es auch vertragen, daß bei Vorliegen dieses Ehehindernisses C und D miteinander verheiratet sind.

Der Hauptgrund aber, warum die dispensablen Ehehindernisse

---

[1] Dieser Satz wird durch Artikel 19 des Entwurfes ausgesprochen.

fallen sollen, ist der: In Wirklichkeit sind die dispensablen Ehehindernisse heute überhaupt keine Ehehindernisse mehr. Jedermann kann heute trotz Vorliegen eines Ehehindernisses eine Ehe eingehen, da, woferne dieses Ehehindernis nur überhaupt dispensabel ist, auf Ansuchen regelmäßig davon Dispens erteilt wird, und daß die Zurückweisung eines Dispensansuchens heute äußerst selten vorkommt.[1] Die Verfasser des allgemeinen bürgerlichen Gesetzbuches standen auf dem Standpunkt, daß bei Vorliegen eines Ehehindernisses eine Ehe in der Regel nicht zustande kommen solle. Nur in besonders rücksichtswürdigen Fällen — der § 83 ABGB. spricht ausdrücklich von „wichtigen Gründen" — sollte die Möglichkeit einer Ausnahme bestehen. In Wahrheit wird heute aber nicht nur aus wichtigen Gründen, sondern auch sonst die Dispensation erteilt. Und dieser Zustand ist nicht von heute. Als das Staatsamt für Inneres und Unterricht durch den Erlaß vom 27. August 1919 die näheren Voraussetzungen für die Erteilung der Nachsicht vom Ehehindernis des Ehebandes regelte, wurde es für notwendig befunden, ausdrücklich in diesem Erlaß zu warnen, gerade von diesem Ehehindernis allzu leichtfertig Dispens zu erteilen, ein Zeichen, daß es schon damals Sitte war, Dispensen regelmäßig zu gewähren. Aber auch diese Mahnung hat nichts genützt. Daß diese Praxis eingerissen ist, ist schließlich nicht zu verwundern. Die Behörden haben — bei der relativ großen Anzahl von Dispensgesuchen — weder Zeit noch Mittel, genauere Erhebungen anzustellen. Es wäre auch in der Regel — insbesonders in Großstädten, oder wenn der Wohnsitz des Dispenswerbers vom Sitz der Behörde weit entfernt ist — fast unmöglich, verläßlich zu eruieren, ob wirklich wichtige Gründe vorliegen und, wenn es schon, was das Äußerste ist, zu einer Einvernahme der Dispenswerber zum Zweck dieser Erhebungen kommt, genau festzustellen, ob ihre Angaben auch stimmen. Dazu kommt, daß die meisten der Ehehindernisse, um deren Nachsicht angesucht wird, nach heutiger Ansicht so geringfügig sind, daß eine Dispensation völlig unbedenklich erscheint. Das Fazit dieser Praxis ist, daß die Brautleute vor einem Ehehindernis nicht zurückschrecken, sondern regelmäßig um die Dispensation ansuchen, die ihnen auch erteilt wird.

Es fragt sich, ob es unter solchen Umständen überhaupt noch dafür steht, die dispensablen Ehehindernisse aufrecht zu halten. Diese Frage kann mit ruhigem Gewissen verneint werden. Daß diese Ehehindernisse noch bestehen, hat nur den Zweck, daß die Parteien vor der Eingehung ihrer Ehe noch einige Formalitäten mehr zu erfüllen haben, die Verwaltungsbehörden mit Dispensgesuchen unnötig beschäftigt werden, die sie ohnehin bewilligen, kurz: daß mehr Umständlichkeiten entstehen.

[1] Höchstens beim Ansuchen um Dispens vom Ehehindernis des Ehebandes machen einige Landesregierungen den Dispenswerbern Schwierigkeiten.

Ein ernstliches Ehehindernis stellt sich der Ehe nicht entgegen, denn die Dispensation wird ja doch bewilligt. Nur dann kommt dem Ehehindernis Bedeutung zu, wenn es den Ehegatten unglückseligerweise vor Abschluß der Ehe nicht bekannt war. Dann müssen sie für diesen unglücklichen Zufall büßen, denn ihre Ehe ist ungültig. Demjenigen aber, der rechtzeitig davon erfahren und um Dispens angesucht hat, geschieht nichts.

Der einzige vernünftige Weg ist daher der, die dispensablen Ehehindernisse überhaupt aufzuheben. Es kann nicht die Absicht des Gesetzgebers sein, an und für sich unbillige Vorschriften auf dem Papier bestehen zu lassen, die in Wirklichkeit gar nicht mehr zur Anwendung kommen. Zugleich wird aber dadurch das Ansehen der indispensablen Ehehindernisse gestärkt; dann sind nämlich die Vorschriften von den Ehehindernissen Bestimmungen, die wirklich ernst zu nehmen und unnachgiebig sind. Die Methode aber, daß man dispensable und indispensable Ehehindernisse nebeneinander bestehen läßt, hat nur dazu geführt, daß man schließlich auch von solchen Ehehindernissen dispensiert hat, die nach Ansicht des Gesetzgebers indispensabel waren, wie die Dispensation vom Ehehindernis des bestehenden Ehebands gezeigt hat. Aus diesen Gründen sehen Artikel 7 bis 10 des Entwurfes eine Beseitigung der öffentlichen Ehehindernisse, soweit sie dispensabel sind, vor.

Artikel 1

Ist die Einwilligung zur Ehe durch gegründete Furcht erzwungen worden, so sind nach geltendem Recht (§ 55 ABGB.) die Ehegatten berechtigt, auf die Ungültigkeitserklärung der Ehe zu dringen. Gemäß der Absicht des Entwurfes, die privaten Ehehindernisse in Anfechtungsgründe umzuwandeln, ist eine entsprechende Textänderung in diesem Paragraphen in Aussicht genommen und das Recht, wegen Zwanges zur Eheschließung die Ungültigerklärung der Ehe zu verlangen, als Anfechtungsgrund dargestellt. Es wird daher diejenige Bestimmung gestrichen, die erklärt, daß die erzwungene Einwilligung zur Ehe ohne Rechtskraft ist, was ja auch tatsächlich nicht der Fall ist; denn wenn von dem Anfechtungsrecht nicht Gebrauch gemacht wird, dann bleibt die Ehe weiter gültig. Es ist also auch die erzwungene Einwilligung zur Ehe nicht ohne jede rechtliche Wirkung, vielmehr gewährt sie nur ein Anfechtungsrecht.

Im übrigen wird die Bestimmung des § 55 grundsätzlich unberührt gelassen, da es jedenfalls gerecht erscheint, dem Ehegatten, der zur Ehe gezwungen wurde, die Möglichkeit zu geben, aus der Ehe wieder herauszukommen. In einem Punkt wird jedoch eine Änderung getroffen: Nach den Bestimmungen des Entwurfes soll nur mehr der gezwungene Ehegatte anfechtungsberechtigt sein. Ist nämlich ein Ehegatte zur Ehe gezwungen worden, so ist nach geltendem Recht nicht nur der gezwungene Ehegatte, sondern auch der andere Teil berechtigt, die Ehe anzufechten, es sei denn, daß er von dem Zwange gewußt hat. Das geltende Recht will so die Gefühle des Ehegatten schonen, der nachträglich erfährt, daß er nur gezwungenermaßen geheiratet wurde. Eine solche Rücksichtnahme geht aber doch zu weit. Der nicht gezwungene Ehegatte hat die Ehe aus freiem Willen geschlossen; er wollte den anderen Teil heiraten, wird also keinesfalls durch die Eingehung der Ehe in seinen Rechten verletzt und nur das will die Gesetzgebung durch Gewährung des Anfechtungsrechts verhindern: Die Verletzung von Rechten einer Person. Wenn der gezwungene Teil nachträglich sich damit einverstanden erklärt, die Ehe fortzusetzen und so seinen erzwungenen Entschluß freiwillig erneuert, so sind nun beiderseits die Voraussetzungen für den Bestand der Ehe gegeben. Es geht nicht an, daß der andere Teil von seinem Entschluß, den er gleich ursprünglich freiwillig gefaßt hat, in der Folge wieder zurücktritt. Nur der gezwungene Teil, der gegen seinen Willen die Ehe hat schließen müssen, hat ein wirkliches Interesse, aus der Ehe wieder herauszukommen, niemals der andere Teil. Es würde geradezu gegen die guten Sitten verstoßen, wenn der gezwungene Teil die Ehe nachträglich genehmigt, der andere Teil aber, der von dem Zwange den Vorteil hatte, nun nachträglich von dem von seiner Seite aus ordnungsgemäß geschlossenen Vertrag wieder zurücktreten könnte, ein Zustand, der sich auch sonst in der ganzen österreichischen Rechtsordnung nicht findet. Immer hat nur der gezwungene Teil das Recht, vom Vertrag zurückzutreten und das muß ebensogut auch für den Ehevertrag gelten. Der Gesetzgeber, der einerseits alle möglichen Mittel anwendet, um den Bestand von Ehen zu sichern, müßte sich Inkonsequenz vorwerfen lassen, wenn er andrerseits aus einem so geringfügigen Grunde die Ungültigerklärung der Ehe gestatten würde. Im Anschluß an die im sonstigen österreichischen Rechtssystem für Verträge geltenden Bestimmungen und an das deutsche bürgerliche Gesetzbuch, das im § 1335 ebenfalls nur dem gezwungenen Ehegatten ein Anfechtungsrecht gibt, ist daher nach dem Entwurf nur mehr der gezwungene Ehegatte zur Anfechtung berechtigt; dies wird durch die Worte ausgedrückt, daß die erzwungene Einwilligung nur den, der sie gegeben hat, zur Anfechtung der Ehe berechtigt, das ist eben der gezwungene Ehegatte.

Artikel 2

Während § 55 von den Wirkungen des Zwanges auf die Gültigkeit und Anfechtbarkeit der Ehe im allgemeinen spricht, behandelt § 56 einen Spezialfall einer Zwangslage, nämlich die Entführung. Wenn eine entführte und noch nicht in ihre Freiheit versetzte Person eine Ehe geschlossen hat, so ist anzunehmen, daß sie in einer Zwangslage gehandelt hat, da sie an dem Gebrauch ihrer persönlichen Freiheit verhindert war. Mit den allgemeinen Bestimmungen über die Möglichkeit einer Anfechtbarkeit wegen Zwanges wird sich hier oft nichts ausrichten lassen, denn nach § 55 wäre die Ehe nur dann anfechtbar, wenn dem Gefangenen gedroht wurde, ihn so lange nicht in Freiheit zu setzen, bis er in die Ehe eingewilligt hat. Einer solchen Drohung wird es jedoch meist nicht bedürfen. Infolge ihrer Gefangenschaft ist die entführte Person von der Gewalt ihres Entführers so abhängig, daß sie seinen Weisungen — im besonderen Fall, ihn zu heiraten — auch dann Folge leisten wird, wenn dieser Gehorsam auch nicht gerade durch Drohung erzwungen werden muß; dann wäre aber § 55 nicht anwendbar, da dieser voraussetzt, daß die Einwilligung zur Ehe durch besondere Drohung erzwungen wird und nicht daran denkt, daß eine Einwilligung auch unter dem Drucke einer allgemeinen Zwangslage abgegeben werden kann, wie sie durch die Freiheitsberaubung hervorgerufen wird.

Daher bestimmt der gegenwärtige § 56, daß die Ehe ungültig ist, wenn die Einwilligung von einer entführten und noch nicht in ihre Freiheit versetzten Person erteilt wird. In diesem Fall ist die Ehe, gleichsam als Strafe für das widerrechtliche Handeln des Entführers, ungültig, und zwar ist diese Ungültigkeit sogar von Amts wegen wahrzunehmen; es liegt also ein öffentliches Ehehindernis vor. Damit schießt aber das bürgerliche Gesetzbuch über das Ziel hinaus. Die Strafe der Ungültigkeit trifft nämlich nicht nur den Entführer, sondern auch den schuldlosen Entführten. Auch wenn dieser nachträglich die in der Zwangslage abgegebene Einwilligung zur Ehe später freiwillig bestätigt, ist die Ehe ungültig, ja nicht nur das; da diese Ungültigkeit von Amts wegen wahrzunehmen ist, so kann selbst der Entführer trotz seiner widerrechtlichen Handlung die Ungültigerklärung der Ehe veranlassen.

Weit richtiger ist es daher, in diesem Fall nicht die Nichtigkeit, sondern nur die Anfechtbarkeit der Ehe durch den Entführten eintreten zu lassen, da nur dieser durch das Bestehen der Ehe in seinen Rechten verletzt wird. Der Tatbestand der Entführung ist nur eine Abart des Zwanges, für den auch die gleichen Regeln wie für den Zwang zu gelten haben.

Unter Beibehaltung der im § 56 aufgezählten Tatbestandsmomente wird daher dieser Paragraph zu einem Anfechtungsgrund umgewandelt. Voraussetzung ist dabei eine Entführung, verbunden mit Freiheitsberaubung (das geltende Gesetz und der Entwurf sagen: „eine entführte und noch nicht in ihre Freiheit versetzte Person"), also das, was man im landläufigen Sinn unter Entführung versteht. Dagegen genügt der Entführungstatbestand des § 96 des Strafgesetzbuches, der eine Entführung schon darin erblickt, daß ein Minderjähriger, obgleich freiwillig, mit einem Dritten seinen Eltern oder Vormund durchgeht, noch nicht, da hier mangels der Freiheitsberaubung eine Zwangslage und ein Zwang zur Einwilligung der Ehe noch nicht gegeben erscheint. Eine solche Ehe wäre nicht wegen Entführung, sondern nur wegen mangelnder Einwilligung des gesetzlichen Vertreters anfechtbar. — Ist jedoch eine Person entführt und ihrer Freiheit beraubt worden, so kann sie die Ehe anfechten, und zwar, wie der Entwurf sagt, „sobald sie dazu in der Lage ist". Diese Bestimmung soll folgendes bezwecken: Der Entwurf bestimmt, daß jeder Anfechtungsgrund sechs Monate, nachdem der Berechtigte davon Kenntnis erlangt, geltend gemacht werden muß. Würde in diesem Fall das Anfechtungsrecht sofort, wie bei den anderen Anfechtungsgründen, mit der Eingehung der Ehe entstehen, so könnte es sein, daß der Entführte nicht dazu kommt, die Ehe innerhalb der Anfechtungsfrist geltend zu machen, weil er während dieser Zeit gefangen gehalten wird. Daher entsteht das Anfechtungsrecht nicht früher, bevor der Berechtigte nicht in der Lage ist, es geltend zu machen. Da das Anfechtungsrecht erst mit diesem Augenblick entsteht, so ist es auch nicht möglich, daß es früher verjähren kann; die entführte Person kann daher nicht durch entsprechend lange Gefangenschaft verhindert werden, den Anfechtungsgrund innerhalb der dazu bestimmten Frist geltend zu machen.

Artikel 3

Ziffer 1

Wie der Zwang, so ist auch ein der Eheschließung unterlaufener Irrtum ein Grund, der nach geltendem Recht die Ungültigkeit der Ehe bewirkt. Auch diese Ungültigkeit kann nicht allgemein, sondern nur von den Interessenten geltend gemacht werden, ist also kein Ehehindernis, sondern ein Anfechtungsgrund. Wie der Zwang, so wird daher auch der Irrtum in einen Anfechtungsgrund umgewandelt.

Zugleich wird, ebenfalls wie beim Zwang, die Anfechtungsmöglichkeit wegen Irrtums eingeschränkt. Nach geltendem Recht hat nicht nur der irrende Ehegatte, sondern auch der andere Teil das Recht, die Ehe anzufechten, wenn er vor der Eheschließung von dem Irrtum nichts wußte. Nach Vorbild des deutschen bürgerlichen Gesetzbuches wird daher dem nicht irrenden Ehegatten sein Anfechtungsrecht genommen. Es wäre ungerecht, ihm ein solches Recht zu belassen, da dieser ja die Ehe genau so geschlossen hat, wie er sich sie vorstellte, es daher unbillig wäre, ihn von einem Vertrag zurücktreten zu lassen, zu dem von seiner Seite aus die volle und wahre Einwilligung vorhanden war. Die sonst für den Irrtum bei Verträgen geltende Regel, daß nur der irrende Teil rücktrittsberechtigt ist, muß auch hier gelten, dies um so mehr, als nach Z. 2 dieses Artikels eine Anfechtung der Ehe nicht mehr nur wegen

Personenverwechslung, sondern auch wegen anderer Irrtümer möglich sein soll, so daß dem nicht irrenden Teil oft ganz ungerechtfertigterweise der Anlaß geboten werden könnte, unter dem Vorwand, der andere Teil habe sich geirrt, die Ehe anzufechten.

Ziffer 2

Mit Artikel 3, Z. 2, will der Entwurf eine in unserem geltenden Recht schon oft beklagte Härte lindern. Das geltende Recht läßt — abgesehen von dem Fall eines Irrtums über die Schwangerschaft der Frau — eine Anfechtung wegen Irrtums nur dann zu, wenn er in der Person des künftigen Ehegatten vorgegangen ist, d. h. wenn bei der Eheschließung eine Personenverwechslung vorgekommen ist, also der A will die B heiraten und heiratet statt dessen irrtümlicherweise die C. In anderen Fällen ist, wie § 59 ausdrücklich sagt, ein Irrtum belanglos.

Diese Bestimmung ist furchtbar hart. Durch die Ehe werden zwei Personen verpflichtet, zeit ihres Lebens in räumlicher, körperlicher und geistiger Gemeinschaft zu leben; sie ist die Grundlage der Familie. Man sollte meinen, daß Voraussetzung dabei ist, daß die Ehegatten die dazu erforderlichen Fähigkeiten besitzen, die ein jeder Teil in dem anderen voraussetzt. Das bürgerliche Gesetzbuch verneint dies aber. Wenn ein Ehegatte nur die Person heiratet, die er heiraten wollte, so genügt das. Fehler, Mängel, die der eine Teil besitzt, und würden sie dem Zweck der Ehe auch vollkommen widersprechen, schaden nichts. Mit der Eheschließung wird sozusagen die Katze im Sack gekauft; jeder Ehegatte muß sehen, wie er mit seiner Ehe fertig wird. Wenn er sich auch über solche wesentliche Eigenschaften geirrt hat, die ihm für den Zweck der Ehe unerläßlich schienen, wenn er sich auch über solche wesentliche persönliche Eigenschaften in Unkenntnis befunden hat, die er füglich nicht voraussetzen konnte und deren Nachforschung er daher unterlassen hat, so hilft ihm das nichts; er bleibt an die Ehe gebunden. Der Mann, der eine Familie gründen wollte und eine geschlechtskranke Frau geheiratet hat, die Frau, die einen Mann geheiratet hat, von dem sich nachträglich herausstellt, daß er ein Quartalsäufer oder Epileptiker ist, das junge Mädchen aus guter Familie, die einen fünfmal vorbestraften Schwerverbrecher geheiratet hat, der sich ihr gegenüber als Beamter ausgegeben hat, müssen mit dem Syphilitiker, dem Quartalsäufer, Epileptiker, Schwerverbrecher weiterleben; eine Abhilfe ist nach geltendem Recht nicht möglich. Der Käufer, der eine Sache um zehn Schilling gekauft hat, darf den Kaufvertrag wegen Irrtums anfechten; der Ehegatte, der seine eigene Person einsetzt und sich für sein ganzes Leben gebunden hat, darf es nicht tun.

Um diesen unerträglichen Zustand einigermaßen zu lindern, hat man versucht, den § 57 freier auszulegen; man hat versucht, unter dem

Irrtum in der Person nicht nur den Irrtum in der körperlichen Person, sondern auch den Irrtum in der bürgerlichen Person zu verstehen und auch in diesem Fall eine Anfechtung zu gestatten; der letztgenannte Fall mit dem Schwerverbrecher, der sich für einen Beamten ausgegeben hat, fiele z. B. darunter. Allein, so erfreulich es ist, daß dadurch die Härte des Gesetzes wenigstens einigermaßen gebeugt wird, so ist eine solche freie Auslegung schon sehr bedenklich und widerspricht dem Wortlaut des Gesetzes schon beträchtlich. Die Ansicht ist auch sehr bestritten, sie kommt in der Praxis nur selten zur Anwendung, so daß man als gegenwärtigen Rechtszustand wohl den bezeichnen kann, wie er eben geschildert wurde, daß nämlich nur Personenverwechslung ein Anfechtungsgrund ist. Und selbst bei Anwendung dieser freieren Auslegung würde nur der geringste Teil jener Irrtumsfälle getroffen werden, während auch dann noch in den meisten Fällen eine Anfechtung mangels jeder gesetzlichen Grundlage versagt werden müßte.

Eine solche gesetzliche Grundlage will der Entwurf schaffen. Mit Rücksicht darauf, daß für ein gedeihliches Bestehen der Ehe nicht nur die Personen der Ehegatten als solche, sondern insbesonders auch ihre persönlichen Eigenschaften unbedingtes Erfordernis sind, so ist demjenigen Ehegatten die Anfechtung der Ehe gestattet, der sich „über solche persönlichen Eigenschaften des künftigen Ehegatten" geirrt hat, „daß sie den irrenden Teil bei Kenntnis der Sachlage und bei verständiger Würdigung des Wesens der Ehe abgehalten haben würden, die Ehe einzugehen". Es wird dadurch der Standpunkt des deutschen bürgerlichen Gesetzbuches eingenommen, dessen § 1333 hiermit wörtlich übernommen wird.

Dadurch wird bewirkt, daß ein Ehegatte nicht mehr, wenn man so sagen darf, mit Eingehung der Ehe in der Falle unrettbar gefangen ist und das Dichterwort, daß, wer sich ewig bindet, prüfen soll, weil der Wahn kurz, die Reue lang ist, wird so erfreulicherweise widerlegt. Auch dann, wenn der Ehegatte nach Eingehung der Ehe bemerkt, daß dem anderen Teil wesentliche, für den Bestand der Ehe wichtige Eigenschaften mangeln, die er füglich voraussetzen konnte und deren Erforschung er daher begreiflicherweise unterlassen hat, oder umgekehrt, daß der andere Ehegatte mit Eigenschaften ausgestattet ist, deren Nichtvorliegen er mit Recht annehmen konnte, so steht es dem irrenden Teil noch immer frei, von der Ehe, in deren wesentlichen Voraussetzungen und Grundlagen er sich geirrt hat, zurückzutreten.

Eine genaue Aufzählung solcher Irrtümer im Gesetze selbst vorzunehmen, wurde absichtlich unterlassen. Dies wird vielmehr Tatfrage und vom Richter in jedem einzelnen Fall besonders zu beurteilen sein. Das Gesetz gibt ihm hierbei nur zwei Anhaltspunkte: Zur Anfechtung ist ein objektives und subjektives Moment maßgebend. Der Richter hat zunächst zu untersuchen, ob dieser Irrtum überhaupt als wesentlich anzusehen ist, d. h. ob bei Kenntnis der Sachlage unter solchen Umständen im allgemeinen eine Eheschließung unterbleiben würde; dies hat er daraus zu erforschen, daß er das Wesen der Ehe verständig würdigt, d. h. daß er auf die Grundlagen, die man für eine Ehe im allgemeinen voraussetzt, und die Ansprüche, die man im allgemeinen an eine Ehe stellt, Rücksicht nimmt. Indem er sich vor Augen hält, inwieferne diese Grundlagen und Ansprüche durch den Umstand, über den sich der Ehegatte im Irrtum befunden hat, beeinträchtigt werden, hat er zu beurteilen, ob der geltend gemachte Irrtum überhaupt eine Anfechtung gerechtfertigt erscheinen läßt. — Außerdem hat aber der Richter zu prüfen, ob der Irrtum im besonderen Fall so wesentlich war, daß er den Ehegatten bei Kenntnis der Sachlage abgehalten hätte, die Ehe einzugehen, also ob gerade im konkreten Fall der anfechtende Ehegatte in seinen Erwartungen, die er an die Ehe geknüpft hat, enttäuscht worden ist, ob gerade er, wenn er rechtzeitig von dem Irrtum erfahren hätte, von der Eheschließung zurückgetreten wäre. Zweck der Gewährung des Anfechtungsrechtes ist es ja nur, den Ehegatten von Banden zu befreien, die er seinerzeit nicht auf sich genommen hätte, wenn er den wahren Sachverhalt gewußt hätte; es ist jedoch nicht die Absicht des Entwurfes, dem Ehegatten die Möglichkeit zu geben, sich auf diese Weise zu befreien, wenn er seiner Ehe überdrüssig geworden ist, wenn anzunehmen ist, daß der irrende Teil seinerzeit auch bei Kenntnis der Sachlage die Ehe eingegangen wäre. Eine Anfechtungsklage wird also auch dann abzuweisen sein, wenn ein Anfechtungsgrund zwar objektiv gegeben ist, jedoch anzunehmen ist, daß dieser Irrtum den klagenden Ehegatten seinerzeit nicht abgehalten hätte, die Ehe einzugehen.

Als letztes Erfordernis für die Anfechtungsklage gilt endlich, daß es sich um einen Irrtum in persönlichen Eigenschaften, nicht in anderen Nebenumständen handelt. Der Einsatz, der von beiden Seiten im Ehevertrag gegeben wird, ist die Person des Ehegatten selbst; da nach allgemeiner Regel nur ein Irrtum im Gegenstand des Vertrages belangreich ist, so kann auch hier nur ein Irrtum im Vertragseinsatz, d. i. in der Person und den persönlichen Eigenschaften des anderen Ehegatten belangreich sein. Irrtum über andere Tatsachen wäre ein Irrtum in den Motiven, die zur Eheschließung veranlaßt haben, welche jedoch grundsätzlich belanglos sind. In beschränktem Maße wird ein solcher Motivenirrtum im folgenden Artikel berücksichtigt.

Solche wesentliche persönliche Eigenschaften, hinsichtlich derer ein Irrtum eine Anfechtung gerechtfertigt erscheinen läßt, können insbesonders sein: Anhaltende körperliche oder geistige Gebrechen, insbesonders Geschlechtskrankheit, Epilepsie, ferner ein schimpfliches Vorleben, insbesonders verbrecherischer Lebenswandel, Ausübung der Prostitution, ferner krankhafte Neigungen, so etwa Kleptomanie, Trunksucht, Rauschgiftsucht, Homosexualität und ähnliches. Eine verständige Judikatur, deren freiem Ermessen gerade in diesem Punkt ein weiter Spielraum eingeräumt ist, wird hier leicht Richtlinien finden, in denen sie sich zu bewegen hat, Richtlinien, deren Aufstellung der Entwurf ängstlich vermeidet, um nicht durch Aufstellung von Tatbestandsschablonen zu verhindern, daß jeder einzelne Fall eingehendst erforscht wird, was mit Rücksicht auf die Umstände, die in jedem Fall andere sein werden, unerläßlich ist. Mit Rücksicht auf diese verschiedenartigsten Situationen, in denen sich der Richter befinden wird, muß es auch ihm überlassen bleiben, die auftauchenden Fragen zu lösen, soll die Entscheidung im einzelnen Fall nicht unbillig sein.

Artikel 4

Der geltende § 58, der bestimmt, daß der Ehemann die Ehe anfechten kann, wenn er bei Eingehung der Ehe nicht wußte, daß seine Frau von einem anderen geschwängert ist, wird durch Artikel 3, Z. 2, überflüssig. Der gegenwärtige § 58 ist heute der einzige Fall, in dem ein Ehegatte wegen wesentlichen Irrtums in persönlichen Eigenschaften die Ehe anfechten kann. Dadurch aber, daß eine Anfechtung wegen eines solchen Irrtums grundsätzlich überhaupt gestattet wird, ist es überflüssig, noch einen Spezialfall eines solchen wesentlichen Irrtums aufzuzählen; eine solche Aufzählung wäre nur irreführend, da sie zu der falschen Ansicht verleiten könnte, ein wesentlicher Irrtum über das Vorleben der Frau wäre nur dann maßgebend, wenn eine Schwängerung erfolgt ist. Der Tatbestand des gegenwärtigen § 58 wird vielmehr durch § 57 in der Fassung des Artikel 3 vollkommen gedeckt und kann daher entfallen, weshalb der Entwurf seine Aufhebung vorsieht.

Wohl aber erscheint es notwendig, noch einen anderen Fall des Irrtums zu regeln, nämlich den Irrtum über andere Tatsachen als persönliche Eigenschaften des anderen Teiles. Wie schon in den Ausführungen zu Artikel 3, Z. 2, gesagt wurde, ist ein solcher Irrtum grundsätzlich belanglos, da Gegenstand des Ehevertrages nur die Person des Ehegatten ist und es irrelevant ist, welche Beweggründe den Ehegatten zur Eingehung der Ehe veranlaßt haben. Ein solcher Irrtum, der nicht in der Person des anderen Ehegatten vorgeht, würde nur die Nebenumstände betreffen, unter denen die Ehe vor sich geht und diese Nebenumstände haben auf die Ehe selbst keinen Belang.

In einem Punkt erscheint es jedoch notwendig, von diesem Grundsatz eine Ausnahme zu machen, nämlich dann, wenn der Irrtum über die Nebenumstände, die den einen Teil zur Eingehung der Ehe veranlaßt haben, durch arglistige Täuschung seitens des anderen Teiles hervorgerufen wurde. Voraussetzung ist also, daß es sich um einen Betrug handelt; durch diese betrügerische Täuschung soll der andere Teil dazu veranlaßt werden, die Ehe zu schließen; weitere Voraussetzung ist, daß der andere Ehegatte der täuschende Teil ist. Es wäre unter solchen Umständen ungerecht, den täuschenden Ehegatten die Früchte seines Betruges genießen zu lassen. Ein materieller Ersatz des durch den Betrug verursachten Schadens ist nicht möglich, da es sich hier um einen ideellen Schaden handelt. Um eine Rückversetzung in die vorige Lage und die Entziehung der betrügerisch verschafften Vorteile zu bewirken, gibt es nur ein Mittel: dem Getäuschten zu gestatten, die Ehe anzufechten. Nur dadurch kann der Schaden wettgemacht, dem Betrüger sein Gewinn entrissen werden.

Aus diesem Grunde gewährt der Entwurf demjenigen Ehegatten ein Anfechtungsrecht, „der zur Eingehung der Ehe durch arglistige Täuschung über solche Umstände bestimmt worden ist, die ihn bei Kenntnis der Sachlage und verständiger Würdigung des Wesens der Ehe abgehalten haben würden, die Ehe einzugehen", und übernimmt damit wörtlich den § 1334 des deutschen bürgerlichen Gesetzbuches. Im übrigen ist diese Bestimmung auch dem österreichischen Recht nicht fremd; sie gilt nämlich für alle anderen Verträge. Wer von dem anderen Teil durch List zu einem Vertrag veranlaßt worden ist, ist ihn zu halten nicht verbunden (§ 870 ABGB.). Diese Bestimmung wird nur analog auch auf den Ehevertrag ausgedehnt, da auch in diesem Falle der täuschende Vertragspartner aus seinen betrügerischen Handlungen nicht den Vorteil, der getäuschte nicht den Nachteil ziehen soll.

Voraussetzung der Anfechtbarkeit ist also ein Irrtum, nicht gerade über persönliche Eigenschaften, denn dafür ist schon im § 57 gesorgt, sondern auch über andere Umstände; selbstverständlich ist es auch möglich, daß dem anfechtungsberechtigten Ehegatten §§ 57 und 58 konkurrierend zu Gebote stehen, wenn er nämlich über wesentliche persönliche Eigenschaften arglistig getäuscht worden ist. — Freilich reicht nicht jeder Irrtum über einen Nebenumstand zur Anfechtung hin, sondern es muß sich um belangreiche Tatsachen handeln. Was ein Irrtum über belangreiche Tatsachen ist, wird der Richter nach objektiven und subjektiven Gesichtspunkten zu prüfen haben, nach objektiven dahin, ob bei Kenntnis des Vorliegens bzw. Nichtvorliegens der Tatumstände, über die man sich geirrt hat, auch ein anderer diese Ehe nicht eingegangen wäre, was aus den Erwartungen, die man im allgemeinen an eine Ehe knüpft, also durch verständige Würdigung des Wesens der Ehe zu beurteilen ist, und nach subjektiven Gesichtspunkten dahin, ob gerade der anfechtende Ehegatte bei Kenntnis der wahren Sachlage die Eingehung der Ehe unterlassen hätte; ob also der vorliegende Irrtum sowohl im allgemeinen als im besonderen Fall von Bedeutung war. Die in den Bemerkungen zu Artikel 3, Z. 2, ausgeführten Regeln werden auch hier volle Anwendung finden. Aus den gleichen Gründen wie dort, unterläßt es der Entwurf auch hier, genaue Richtlinien zu geben, da er nicht schablonenhafte Tatbestände, die sich im Einzelfall als unbillig erweisen würden, aufstellen will. Nur ein Fall wird — nach Vorbild des deutschen bürgerlichen Gesetzbuches — besonders erwähnt: auf Grund einer Täuschung über Vermögensverhältnisse ist die Anfechtung ausgeschlossen, und zwar deshalb, weil wesentliche Voraussetzung zur Ehe und ehelichen Gemeinschaft nicht so sehr materielle als ideelle Momente sind; nach landläufiger Meinung spielen als Veranlassung zur Ehe nicht so sehr die Vermögensverhältnisse als andere Voraussetzungen eine Rolle. Eine Täuschung über Vermögensverhältnisse wird daher im allgemeinen nicht als ausschlaggebender Irrtum zu betrachten sein, weshalb eine Anfechtung aus diesem Grund ausgeschlossen erscheint. Unter Vermögensverhältnissen wird jedoch nur die allgemeine Vermögenslage, allenfalls noch Täuschung über die Höhe der Mitgift, der Widerlage u. dgl. zu verstehen sein. Dagegen kann Vortäuschung des Besitzes bestimmter Sachen allenfalls ein Anfechtungsgrund sein; wenn etwa dem lungenkranken Mädchen, das im Interesse ihrer Gesundheit nur auf das Land hinaus heiraten will, von ihrem Verlobten fälschlich vorgetäuscht wird, er besitze ein Landgut und sie ihn nur aus diesem Grund heiratet, so wird man ihr ein Anfechtungsrecht zusprechen können. Andere Tatumstände, die eine Anfechtung zulassen, können sein: Täuschung über Berufsverhältnisse, über den Wohnsitz, gesellschaftliche Beziehungen, über Familienverhältnisse u. dgl.

Ein Irrtum über solche Tatumstände allein genügt jedoch noch nicht, er muß durch arglistige Täuschung hervorgerufen worden sein, und zwar muß der andere Ehegatte der täuschende Teil sein, da der Zweck dieser Bestimmung nur ist, dem anderen Ehegatten Vorteile zu entziehen, die er sich in einer gegen die guten Sitten verstoßenden Weise verschafft hat; dies ist jedoch nicht der Fall, wenn die Täuschung nicht von ihm ausgeht. Dann können ihm nicht seine erworbenen Rechte zufolge der widerrechtlichen Handlung eines Dritten entzogen werden. Eine Ausnahme gilt nur dann, wenn der nicht anfechtungsberechtigte Ehegatte vor der Eheschließung von der Täuschung wußte und es unterlassen hat, den getäuschten Teil rechtzeitig aufzuklären. Dadurch, daß er ihn wissentlich in seinem Irrtum belassen hat, hat er sich selbst einer Täuschung schuldig gemacht. Der Fall wird daher gerade so behandelt, als hätte er selbst die Täuschung verübt, da er Mitschuldiger an dem Betrug geworden ist.

Artikel 5

Während durch Artikel 3 und 4 die Wirkungen des Irrtums geregelt werden, so weit er sich auf die Person des anderen Ehegatten und die Voraussetzungen, unter denen die Ehe geschlossen wird, bezieht, erscheint es notwendig, noch die Wirkungen des Irrtums zu regeln, soweit er die Abgabe der Erklärung der Einwilligung zur Ehe betrifft. Es kann nämlich vorkommen, daß jemand irrtümlicherweise ein Eheversprechen abgibt, ohne eine solche Erklärung abgeben zu wollen. Durch eine solche Erklärung wird er zwar gebunden, da der Ehevertrag äußerlich formgerecht zustande gekommen ist. Allein es wäre unbillig, den Ehegatten in diesem Fall an seine Erklärung unwiderruflich gebunden sein zu lassen, da er ja in Wirklichkeit die Ehe gar nicht schließen wollte, sondern die bezügliche Erklärung nur infolge eines Mißverständnisses abgegeben hat. Vielmehr muß ihm die Möglichkeit geboten werden, von dem irrtümlich geschlossenen Ehevertrag zurücktreten zu können, da ihm der erforderliche Vertragswille gefehlt hat.

Das allgemeine bürgerliche Gesetzbuch hat an diesen Fall nicht gedacht, so daß in unserer Rechtsordnung hier eine Lücke besteht. Diese Lücke will der Entwurf schließen und übernimmt daher aus dem deutschen bürgerlichen Gesetzbuch wörtlich die Bestimmung des § 1332, wonach derjenige Ehegatte die Ehe anfechten kann, der bei der Eheschließung nicht gewußt hat, daß es sich um eine solche handle, oder dies zwar gewußt hat, aber eine Erklärung, die Ehe einzugehen, nicht abgeben wollte.

Es handelt sich also um einen Erklärungsirrtum. Ein solcher Irrtum kann auf zweierlei Weise entstehen. Der erste Fall ist der, daß der Ehegatte nicht wußte, daß es sich um eine Eheschließung handle. Dies kann wiederum auf zwei Arten geschehen. Es kann sein, daß der eine Ehegatte irrtümlicherweise oder infolge einer Täuschung nicht wußte, daß die Zeremonie, die vorgenommen wird, eine Eheschließung ist, etwa dadurch, daß der eine Teil dem anderen einredet, es handle sich nur um eine Verlobung, und dieser daraufhin die Frage, ob er die Ehe eingehen wolle, bejaht, weil er glaubt, daß sich diese Frage auf die Zukunft bezieht, während er in Wirklichkeit durch diese Antwort schon jetzt die Ehe wirksam geschlossen hat. Unkenntnis, daß es sich um eine Eheschließung handelt, wird aber auch dann vorliegen, wenn der Betreffende mit Rücksicht auf seinen geistigen Zustand nicht fähig war, zu begreifen, daß es sich um eine Eheschließung handelt, also etwa, daß ein Betrunkener eine Ehe schließt und er mit Rücksicht auf seinen Rausch nicht mehr fähig ist, zu erkennen, daß es sich um eine Eheschließung handelt. Auch in diesem Fall wird man dem Betrunkenen ein Anfechtungsrecht zusprechen müssen, da er sein Jawort zur Ehe erteilt hat, ohne zu wissen, unter welchen Umständen. — Der zweite Fall, in dem die Ehe anfechtbar ist, ist der, daß jemand zwar weiß, daß es sich um eine Eheschließung, besser gesagt, daß es sich um seine Eheschließung handelt, daß er aber irrtümlich eine Äußerung macht, die ihm als Einwilligung zur Ehe ausgelegt wird, während er in Wirklichkeit die Ehe nicht eingehen wollte. In Italien hat sich vor einigen Monaten der wahre Vorfall ereignet, daß ein Bräutigam unmittelbar vor der Fahrt zum Standesamt über seine Braut so Nachteiliges erfuhr, daß er beschloß, von einer Eheschließung abzusehen. Da er wegen der kurzen Zeit keine andere Gelegenheit mehr zu einer Aussprache hatte, so blieb ihm nichts anderes übrig, als die Frage des Standesbeamten, ob er die Ehe eingehen wolle, mit „Nein" zu beantworten. Wenn sich nun z. B. dieser Bräutigam im kritischen Moment versprochen und „Ja" anstatt „Nein" geantwortet hätte, so wäre hier ein Anfechtungsgrund gegeben, da der Betreffende die Erklärung zur Einwilligung nicht abgeben wollte und sie aus Versehen doch abgegeben hat. — Abgesehen von diesem wohl selten vorkommenden Fall wird man aber auch dann der Ansicht sein können, daß der Betreffende eine Erklärung, die Ehe einzugehen, nicht abgeben wollte, wenn er zu einem solchen Willen nicht fähig war. Wenn also z. B. der betrunkene Bräutigam in einer solchen geistigen Verfassung ist, daß er zwar noch begreift, daß es sich um eine Eheschließung handelt, aber sonst nicht mehr fähig ist, die weiteren Folgen seiner Handlungen beurteilen zu können und betrunken „Ja" lallt, so wird man auch hier annehmen können, daß der Betrunkene die Einwilligungserklärung nicht abgeben wollte. Ebenso wird dieser Anfechtungsgrund gegeben sein, wenn der eine Ehegatte bei der Eheschließung durch andere Mittel in einen, den freien Willen und freie Urteilsfähigkeit ausschließenden Zustand gebracht worden ist, ohne daß gerade ein Zwang vorgelegen ist, der eine Anfechtung nach § 55 ABGB. zulassen würde.

Dagegen liegt ein Anfechtungsgrund nicht vor, wenn der Ehegatte zwar wissentlich die Erklärung zur Einwilligung abgibt, sich insgeheim aber vorbehält, die Eheschließung nicht zu wollen. Ein solcher geheimer Vorbehalt berührt die Gültigkeit der Ehe nicht, denn die Ehe ist nur dann anfechtbar, wenn man die Erklärung, die Ehe einzugehen, nicht abgeben wollte. Hat man dagegen die Erklärung mit Willen und Wissen abgegeben und sich nur insgeheim vorbehalten, das, was man erklärt hat, nicht zu wollen, so findet Artikel 5 keine Anwendung.

Artikel 6

Ziffer 1

Als letztes privates Ehehindernis ist in unserem bürgerlichen Gesetzbuch die dauernde Impotenz aufgezählt (§ 60 ABGB.). Mit Rücksicht darauf, daß der geschlechtliche Verkehr zwischen den Ehegatten eine wesentliche Voraussetzung der Ehe ist, bei deren Fehlen der Zweck der Ehe nicht voll erfüllt wird, so wird dieser Tatbestand bestehen gelassen. Er wird jedoch gemäß der Absicht des Entwurfes so wie die übrigen privaten Ehehindernisse in einen Anfechtungsgrund umgewandelt.

Ziffer 2

Wie in Ziffer 1 ausgeführt, wird zwar die Möglichkeit, eine Ehe wegen geschlechtlichen Unvermögens des anderen Teiles anzufechten, grundsätzlich unberührt gelassen. In einem Punkt glaubt jedoch der Entwurf, eine Unzulänglichkeit des geltenden Rechtes verbessern zu müssen.

Nach geltendem Recht ist zum Tatbestand der Anfechtung nur erforderlich, daß das Unvermögen schon im Zeitpunkt der Eheschließung vorhanden war und daß es unheilbar ist. Ist das der Fall, so kann die Ehe angefochten werden. Hier hat sich jedoch der Gesetzgeber in einem Punkte versehen. Es ist hiebei offenbar an eine anormale Impotenz gedacht, die einem Ehegatten, etwa durch Krankheit, zugestoßen ist. Der Gesetzgeber hat aber ganz darauf vergessen, daß auch ältere Leute heiraten, bei denen das geschlechtliche Vermögen infolge ihres Alters nicht mehr vorhanden ist. Gerade in den letzten Jahren ist es häufig vorgekommen, daß ältere Leute heiraten, etwa der alte Junggeselle heiratet seine Wirtschafterin, die ihm durch zwanzig Jahre den Haushalt geführt hat u. dgl. Diese Ehen können heute alle ohne Ausnahme für ungültig erklärt werden, weil immerwährendes Unvermögen vorliegt. Erst vor kurzem hat sich ein solcher Fall ereignet: Eine 55jährige Frau verheiratete sich; nach einigen Monaten hatte der Mann genug von ihr und ließ die Ehe nach § 60 für ungültig erklären, was ihm ohne weiteres bewilligt werden mußte.

Diese Unbilligkeit will der Entwurf beseitigen und schränkt daher die Anfechtungsmöglichkeit wegen Impotenz ein. Sie soll nur dann möglich sein, wenn es sich um einen anormalen Fall handelt, nicht dann, wenn sie auf natürliche Weise entstanden ist, d. h. auf das Alter des Ehegatten zurückzuführen ist. Aus diesem Grunde bestimmt der Entwurf, daß ein Ehegatte wegen geschlechtlichen Unvermögen des anderen Teiles die Ehe nicht anfechten darf, wenn sie ihm im Zeitpunkt der Eheschließung bekannt war oder den Umständen nach hätte bekannt sein müssen. Wenn also eine Frau einen Sechzigjährigen heiratet, so darf sie die Ehe nicht anfechten; denn entweder hat sie überhaupt positiv gewußt, daß ihr Gatte zeugungsunfähig ist oder aber sie hätte mit Rücksicht auf dessen Alter unschwer darauf kommen können, daß dies der Fall ist. Aber selbst anormale Impotenz wird nach dieser Bestimmung keinen Anfechtungsgrund mehr bilden, wenn sie dem anderen Teil im Zeitpunkt der Eheschließung bekannt war. Denn der Ehegatte hat zwar ein Recht auf den geschlechtlichen Verkehr, und wenn ein solcher nicht möglich ist, so muß ihm das Recht zugebilligt werden, die Aufhebung der Ehe, deren wesentlichste Voraussetzung nicht zutrifft, verlangen zu können. Hat er jedoch schon bei Eingehung der Ehe gewußt, daß ein solcher Geschlechtsverkehr ausgeschlossen ist, so darf er sich nachträglich nicht darüber beklagen. Dadurch, daß er trotz Kenntnis der Impotenz die Ehe geschlossen hat, hat er auf das Recht auf den Geschlechtsverkehr Verzicht geleistet; ein Anfechtungsrecht kann ihm daher nicht zugebilligt werden.

Artikel 7

Mit Artikel 7 beginnt der Entwurf die Reform der öffentlichen Ehehindernisse in der schon eingangs angedeuteten Richtung: Aufhebung der dispensablen Ehehindernisse. Als erste Reformarbeit sieht hiebei der Entwurf die Aufhebung der konfessionellen Ehehindernisse vor. Als solche sind im allgemeinen bürgerlichen Gesetzbuch selbst zwei genannt: das Ehehindernis der höheren Weihen und feierlichen Gelübde (§ 63) und der Religionsverschiedenheit (§ 64). Dafür, daß diese Ehehindernisse fallen, spricht ein dreifacher Grund: Es handelt sich um dispensable Ehehindernisse, die der Entwurf aus den in der Einleitung zu diesem Abschnitt angeführten Gründen aufheben will. Eine Belassung der konfessionellen Ehehindernisse widerspräche der Absicht des Entwurfes, ein interkonfessionelles Eherecht zu schaffen und endlich müssen diese Ehehindernisse im Interesse der Rechtsgleichheit mit Deutschland fallen, dem diese Ehehindernisse gänzlich unbekannt sind. Schon diese Gründe allein würden die Aufhebung der genannten Ehehindernisse rechtfertigen. Eine nähere Betrachtung zeigt aber, daß diese Ehehindernisse auch sonst aufgehoben zu werden verdienen.

Ziffer 1

§ 63 bestimmt, daß Geistliche, die die höheren Weihen empfangen haben, sowie Ordenspersonen, die die feierlichen Gelübde abgelegt haben, eine gültige Ehe nicht eingehen können. Eine solche Bestimmung erscheint schon deshalb bedenklich, weil sich dadurch der Staat in interne Angelegenheiten einer Religionsgesellschaft einmengt, obwohl Artikel 15 des Staatsgrundgesetzes vom 21. Dezember 1867 ausdrücklich bestimmt, daß jede Religionsgesellschaft ihre inneren Angelegenheiten selbst zu regeln hat. Die Bestimmung reicht aber ferner deshalb zu weit, weil das Ehehindernis nicht nur besteht, so lange der Pfarrer im Amte, bzw. der Mönch oder die Nonne im Kloster ist, sondern auch dann, wenn dieselben ausgetreten sind, ja selbst dann, wenn sie gar nicht mehr der katholischen Kirche angehören, währt das Ehehindernis noch weiter. Eine Einschränkung des Ehehindernisses erscheint also wenigstens auf die Dauer der Amtszeit, bzw. der Zugehörigkeit zum Orden zweckmäßig. Aber auch dann bedarf es nicht erst der Aufstellung eines staatlichen Ehehindernisses, da die Beschaffenheit des Klosterlebens, sowie des Pfarramtes und seiner Ausübung eine Eheschließung schon an und für sich unmöglich macht; ein besonderes gesetzliches Hindernis aufzustellen ist nicht nötig. Solange der Geistliche sein Pfarramt ausübt und ausüben will, wird er schon, um sein Amt nicht zu verlieren, eine Ehe nicht eingehen; aus dem gleichen Grunde wird der Mönch (die Nonne), so lange er dem Orden angehört und angehören will, eine Ehe nicht schließen, um nicht aus dem Orden ausgestoßen zu werden. Das Ehehindernis wird also erst dann von Bedeutung, wenn der Pfarrer sein Amt nicht mehr versieht, bzw. der Mönch aus dem Orden ausgetreten ist. Dann aber wäre es unbillig, ihn noch an der Eingehung einer Ehe zu verhindern, da eine solche mit seinem Stande und Amt keineswegs mehr im Widerspruch steht.

Ziffer 2

Noch unhaltbarer ist das Ehehindernis der Religionsverschiedenheit. Nach § 64 können Ehen zwischen Christen und Personen, die sich nicht zur christlichen Religion bekennen, also insbesondere Israeliten und Konfessionslosen nicht gültig eingegangen werden. Diese Bestimmung ist aus dem kanonischen Recht übernommen, aber in wesentlich verschärfter Form. Während nach kanonischem Recht eine Ehe zwischen Katholiken (dagegen nach § 64 überhaupt Christen) und Nichtchristen nur dann nicht eingegangen werden darf, wenn für den Glauben des katholischen Teiles eine Gefahr besteht, verbietet unser bürgerliches Gesetzbuch die Eingehung einer solchen Ehe überhaupt und wird so noch päpstlicher als der Papst. Die Bestimmung ist aber schon deshalb widersinnig, weil das Erfordernis der Religionsgleichheit nur im Augenblick der Eheschließung vorhanden sein muß. Ist aber die Ehe einmal geschlossen, so ist es später ohne weiteres möglich, daß der eine Teil sich zur christlichen Religion bekennt, der andere nicht. Eine Ehe zwischen Christen und Nichtchristen wird also dadurch in Wahrheit gar nicht gehindert; nur im Zeitpunkt der Eingehung der Ehe müssen sich beide Teile entweder zur christlichen oder nichtchristlichen Religion bekennen. Daher kommt es oft vor, daß der eine Ehegatte vor der Eheschließung zur Religion des anderen Ehegatten übertritt und gleich nach der Eheschließung wieder zu seinem alten Glauben zurückkehrt, wodurch das genannte Ehehindernis umgangen wird. Allein diese Erwägung wäre Grund genug, das genannte Ehehindernis aufzuheben. Eine Aufhebung erscheint aber auch schon deshalb gerechtfertigt, weil man nach heutiger Auffassung es wirklich nicht mehr als im öffentlichen Interesse liegend bezeichnen kann, daß Christen und Nichtchristen keine Ehe schließen.

Artikel 8

In Durchführung der Absicht des Entwurfes, die Ehehindernisse, soweit sie dispensabel sind, aufzuheben, befaßt sich der Entwurf auch mit dem Ehehindernis der Verwandtschaft. Dieses Ehehindernis wird selbstverständlich aufrecht erhalten. Eine Ehe zwischen nahen Verwandten muß sowohl aus sittlichen Gründen, als auch deshalb, um eine Degeneration der Nachkommenschaft, die bei Ehen zwischen nahen Verwandten häufig eintritt, zu verhindern, verboten bleiben. Das bürgerliche Gesetzbuch geht jedoch viel zu weit. Es erstreckt das Ehehindernis der Verwandtschaft bis auf den vierten Grad in der Seitenlinie. In diesem entfernten Grad wird jedoch die Gefahr einer Degeneration im allgemeinen nicht mehr zu erblicken sein; auch in moralischer Hinsicht erscheint uns heute eine solche Ehe nicht mehr verpönt. Es wird daher auch heute teilweise von dem Ehehindernis der Verwandtschaft dispensiert und so weit, als die Dispensationsmöglichkeit reicht, sieht der Entwurf die Aufhebung dieses Ehehindernisses vor.

Nach heute allgemein herrschender Ansicht ist dieses Ehehindernis bis zum zweiten Grad in der Seitenlinie indispensabel; im dritten und vierten Grad der Seitenlinie kann davon dispensiert werden. Eine solche Ansicht wird insbesondere dadurch bekräftigt, daß das Gesetz in dem für Juden geltenden Eherecht nur bis zum zweiten Grad Ehen unbedingt verbietet (§ 125 ABGB.), daß nur bis zum zweiten Grad Geschlechtsverkehr zwischen Verwandten gestraft wird (§ 501 StG.) und daß auch die modernen ausländischen Rechtsordnungen, so insbesondere das deutsche bürgerliche Gesetzbuch das Ehehindernis der Verwandtschaft nur bis zu diesem Grad reichen lassen. Aus diesem Grund läßt auch der Entwurf dieses Ehehindernis nur mehr im ersten und zweiten Grad bestehen. Verboten sind nur mehr Ehen zwischen Aszendenten und Deszendenten, sowie zwischen voll- und halbbürtigen Geschwistern. Im übrigen entfällt das Ehehindernis der Verwandtschaft, wie auch schon bisher von diesem Ehehindernis bis zu dieser Grenze dispensiert werden konnte und der Entwurf die Ehehindernisse, soweit sie dispensabel sind, aufgehoben sehen will. Im übrigen sollen ja nur Ehen zwischen Verwandten des engsten Verwandtenkreises unzulässig sein und dieser enge Kreis endet nach landläufiger Ansicht mit den Geschwistern. Die etwa auftauchende Besorgnis, ob nicht durch eine solche Einschränkung des Ehehindernisses der Verwandtschaft die Gefahr einer Degeneration entstehen kann, darf mit ruhigem Gewissen verneint werden. Es möge darauf verwiesen werden, daß Ehen zwischen Oheim und Nichte und umgekehrt auch nach geltendem Recht beschränkt zulässig sind, nämlich unter Juden, sowie im Fall einer Dispensation und daß eine Degenerationsgefahr nicht entstanden ist. Außerdem lehrt das Beispiel Deutschlands, welches die Ehe nur zwischen Aszendenten und Deszendenten und zwischen Geschwistern verbietet, daß die Zulassung von Ehen über den zweiten Grad der Seitenlinie hinaus unbedenklich ist. Niemand kann wohl behaupten, daß zufolge dieser gesetzlichen Bestimmung, die in ganz Deutschland schon drei Jahrzehnte in Kraft steht, eine rassische Minderwertigkeit des deutschen Volkes eingetreten ist.

Artikel 9

Reicht schon das Ehehindernis der Verwandtschaft nach geltendem Recht zu weit, so gilt dies noch viel mehr von dem Ehehindernis der Schwägerschaft. Nach geltendem Recht (§ 66) reicht dieses ebenfalls bis in den vierten Grad der Seitenlinie. Ein Ehegatte darf nicht nur nicht die Eltern und Geschwister des anderen Teiles heiraten, sondern nicht einmal den Cousin, bzw. die Cousine des anderen Teiles. Das Gesetz nimmt selbst in diesem Falle noch Schwägerschaft an, obwohl nach heutiger landläufiger Ansicht niemand mehr bei einem so entfernten Grade eine solche erblicken dürfte. Eine solche Bestimmung erscheint um so ungerechtfertigter, als die Ehe zwischen Verschwägerten nicht einmal aus eugenischen Rücksichten, sondern nur aus moralischen Erwägungen verboten ist.

Aus diesem Grunde haben die meisten modernen Gesetzbücher (deutsches bürgerliches Gesetzbuch, Schweizer Zivilgesetzbuch, Ungarisches Ehegesetz) das Ehehindernis der Schwägerschaft sogar noch weiter eingeschränkt, nämlich bis auf die Ehe zwischen Schwiegereltern und Schwiegerkindern, bzw. Stiefeltern und Stiefkindern. Dagegen ist sogar die Ehe zwischen Schwager und Schwägerin allgemein gestattet. Der Entwurf will hinter diesen Gesetzen, die zweifellos den heute allein richtigen Standpunkt verkörpern, nicht zurückbleiben und schlägt die gleichen Wege ein. Demnach soll in Zukunft auch in Österreich nur mehr die Ehe zwischen Schwiegereltern und Schwiegerkindern, sowie Stiefeltern und Stiefkindern verboten sein; im übrigen ist die Ehe zwischen Verschwägerten erlaubt.

Die Ansicht, daß eine solche Ehe zwischen Verschwägerten in der Seitenlinie etwas Unmoralisches bedeutet, dürfte heute kaum noch bestehen. Die Ansichten über die Grenzen des Sittlichen und Unsittlichen sind bei allen Völkern, die durch eine gemeinsame Kultur verbunden sind, fast die gleichen. Es ist nicht anzunehmen, daß gerade diese eine, heute in ganz Deutschland und der Schweiz geltende und in den Gesetzen dieser beiden Länder zum Ausdruck gebrachte Ansicht nicht auch in Österreich gelten sollte. Damit fällt aber jeder Grund weg, das Ehehindernis der Schwägerschaft noch in demselben Ausmaß wie bisher aufrecht zu halten. Was endlich den Einwand betrifft, daß durch Einführung der Bestimmung des Artikels 9 das bürgerliche Gesetzbuch mit dem Strafgesetzbuch in Widerspruch geraten würde, das im § 501 den Geschlechtsverkehr zwischen Verschwägerten straft, so kann dieser Einwand dadurch widerlegt werden, daß darauf Bedacht genommen wurde und durch Artikel 50, Z. 1, auch eine entsprechende Abänderung des § 501 StG. in Aussicht genommen ist.

Artikel 10

Um die Absicht, die dispensablen Ehehindernisse zu beseitigen, zu vollenden, müssen endlich noch zwei Ehehindernisse fallen, die der §§ 67 und 68. Eine Aufhebung dieser beiden Ehehindernisse ist schon deshalb gerechtfertigt, weil bei ihnen ein öffentliches Interesse so gut wie überhaupt nicht mehr vorhanden ist, sondern diese beiden Ehehindernisse nur als Strafe für die beiden Ehegatten gedacht sind. Eine solche durch das bürgerliche Gesetzbuch zu verhängende Strafe ist aber nicht gerechtfertigt; Aufgabe, zu strafen ist vielmehr Sache des Strafgesetzes, das auch tatsächlich in beiden Fällen eine Strafe verhängt. Unter solchen Umständen erscheint es aber unnotwendig, daß noch das bürgerliche Gesetzbuch eingreift.

Ziffer 1

Nach § 67 ABGB. ist eine Ehe zwischen zwei Personen verboten, die miteinander einen Ehebruch begangen haben. Der Ehebruch muß jedoch vor Abschluß der Ehe bewiesen sein. Schon darin ist die Unbilligkeit dieser Bestimmung gekennzeichnet, daß die Frage, ob ein Ehehindernis vorliegt, von dem Zufall abhängt, ob der Ehebruch erwiesen wurde oder nicht. Der Ehebruch gilt nämlich nur dann als erwiesen, wenn dies durch gerichtliches Urteil (im Ehetrennungs- oder einem Strafverfahren nach § 502 StG.) oder durch ein bei der politischen Behörde abgelegtes aktenmäßiges Geständnis zum Ausdruck kommt. Die Frage, ob der ehebrecherische Gatte mit dem Ehebrecher eine neue Ehe eingehen kann, hängt also nicht von objektiven, das öffentliche Interesse ins Auge fassenden Gesichtspunkten ab, sondern von dem anderen Ehegatten, ob dieser wegen des Ehebruches auf Scheidung oder Trennung klagt oder ein Strafverfahren nach § 502 StG. veranlaßt. Das Ehehindernis des Ehebruches erscheint dann sozusagen als Privatrache des betrogenen Teiles, der dadurch den anderen Ehegatten in dreifacher Weise strafen kann: dadurch, daß er wegen Ehebruches die Trennung erwirkt, daß er nach § 502 StG. eine gerichtliche Bestrafung wegen Übertretung des Ehebruches erwirkt und dadurch, daß er verhindert, daß der ehebrecherische Gatte mit dem Ehebrecher eine neue Ehe eingeht, und ihm so die Möglichkeit nimmt, sich eine neue Existenz zu gründen. Eine solche dreifache Strafe scheint zu hart. Aus diesen Erwägungen, daß das Ehehindernis des Ehebruches ohnehin dispensabel ist, daß es nur vom Zufall abhängt, ob der Ehebruch zum Ehehindernis wird oder nicht, daß dieses Ehehindernis nicht so sehr dem öffentlichen Interesse, als der Rachsucht des durch den Ehebruch betrogenen Ehegatten dient, endlich, daß es möglich ist, die Ehebrecher auf andere Weise, nämlich nach dem Strafgesetzbuch zu bestrafen, sieht der Entwurf die Aufhebung dieses Ehehindernisses vor.

Ziffer 2

Was von dem Ehehindernis des Ehebruches gesagt wurde, gilt noch mehr von dem des Gattenmordes. Nach § 68 ABGB. dürfen zwei Personen die Ehe nicht eingehen, wenn sie verabredet haben, sich zu heiraten und, um dies zu erreichen, einer von ihnen entweder dem eigenen Gatten oder dem Gatten des anderen, der der Ehe im Wege steht, nach dem Leben getrachtet hat. Der Entwurf hebt diese Bestimmung als veraltet und zwecklos auf. Die Strafe für den Mord und Mordversuch ist im Strafgesetzbuch enthalten. Wenn daher die Strafandrohung des Strafgesetzes, die auf den Mord gesetzt ist, nicht ausreicht, die Ehegatten von dem Verbrechen abzuhalten, so wird es die ohnehin dispensable Strafandrohung des bürgerlichen Gesetzbuches noch viel weniger vermögen, so daß sie schon deshalb zwecklos ist. Sind aber die Schuldigen auf ihrem Verbrechen ertappt und gestraft worden, so ist mit dem Vollzug der Strafe die Tat gesühnt. Es wäre daher unbillig, die Tat noch mit einer neuen Strafe auf dem Gebiete des Privatrechtes zu belegen. Auch dieses Ehehindernis dient nicht so sehr dem öffentlichen Interesse als vielmehr der Privatgenugtuung des Ehegatten, dem nach dem Leben getrachtet wurde. Aus diesem Grunde ist dieses Ehehindernis auch den neueren Gesetzen, so dem deutschen bürgerlichen und Schweizer Zivilgesetzbuch nicht mehr bekannt. Ihnen folgend hebt daher der Entwurf das Ehehindernis des § 68 auf. Als letzter Grund erscheint hiefür maßgebend, daß auch dieses Ehehindernis zu den dispensablen gerechnet wird, deren Aufhebung der Entwurf vorsieht, um nur mehr die indispensablen Ehehindernisse bestehen zu lassen.

Zweiter Abschnitt

Eheschließung

Auf dem Gebiete der Eheschließung sieht der Entwurf von grundsätzlichen Änderungen ab und trifft nur einige geringfügige Abänderungen, um gewisse Unklarheiten einzelner Bestimmungen, die im geltenden Recht nicht genügend deutlich zum Ausdruck gebracht wurden, zu beseitigen. Im übrigen beläßt jedoch der Entwurf den gegenwärtigen Zustand. Es bleibt demnach auch weiterhin die kirchliche Trauung in Österreich aufrecht und wird auf die von verschiedenen Seiten gemachten Vorschläge, die kirchliche Trauung durch die Ziviltrauung zu ersetzen, nicht eingegangen. Eine solche Änderung läge vielleicht nahe, da erst dadurch der Gedanke des interkonfessionellen Eherechtes vollkommen verwirklicht und die Rechtsangleichung mit Deutschland zur Gänze durchgeführt wäre. Diesen beiden, an sich vielleicht nicht unberechtigten Einwänden, die gegen die Beibehaltung der kirchlichen Trauung sprechen, müssen jedoch die nachstehenden stichhaltigen Erwägungen entgegengehalten werden.

Die kirchliche Trauung ist ein Institut, das in Österreich seit Jahrhunderten besteht und sich im allgemeinen durchaus bewährt hat und auch heute noch bewährt. Die Ersetzung der kirchlichen Trauung durch die Ziviltrauung müßte ganz gewiß niemals aus sachlichen Erwägungen geschehen, sondern ist eine reine Prinzipienfrage. Unter solchen Umständen hält es der Entwurf für unzweckmäßig, an diesem bewährten Zustand zu rütteln und ihn ohne äußere Notwendigkeit abzuändern. Es muß hierbei auch an gewisse Nachteile gedacht werden, die die Ziviltrauung mit sich bringen würde. Der eine wäre der, daß dadurch auf dem flachen Lande den Brautleuten gewisse Unannehmlichkeiten in den Weg gelegt werden würden; als Behörde, die bei der Ziviltrauung mitzuwirken hat, käme jedenfalls nur die politische Behörde erster Instanz (Bezirkshauptmannschaft) in Betracht; während sich nun fast in jedem Dorf eine Kirche befindet, müßten die Brautleute im Falle der Ziviltrauung den oft weiten Weg von ihrem Wohnsitz zum Sitz der politischen Behörde zurücklegen, was ihnen oftmals gewiß lästig erscheinen wird. Der zweite Nachteil der Ziviltrauung ist der, daß dann der Staat gezwungen wäre, zur Bewältigung der Agenden soundso viele neue Beamte anzustellen, was ihm Kosten verursachen würde, während andrerseits die Seelsorger, die heute diese Aufgaben besorgen, auch dann, wenn man ihnen diese Agenden wegnimmt, gleichwohl weiter in ihrem Amte belassen werden müßten.

Was nun den Einwand betrifft, daß bei Beibehaltung der kirchlichen Trauung das österreichische Eherecht von dem deutschen divergieren würde, so muß hierzu folgendes gesagt werden: Auf den ersten Blick erscheint der Unterschied wohl ein gewaltiger. Allein dieser Unterschied ist mehr oder minder doch nur ein theoretischer. Der Akt der Eheschließung ist eine reine Formalsache. Bei der Angleichung an das deutsche Recht hatte der Entwurf hauptsächlich darauf zu achten, daß die materiellrechtlichen Wirkungen der Ehe, also insbesonders die Frage der Auflösungsmöglichkeit in beiden Fällen die gleichen sind. Ob aber der formelle Akt, durch welchen die Ehe zustande kommt, vor dem Seelsorger oder dem Standesbeamten geschlossen wird, ist doch nur ein sekundäres Moment, das nicht so wesentlich ins Gewicht fällt. Es wird vielleicht einmal noch die Zeit kommen, wo sich Österreich auch in diesem Punkt an das deutsche Recht angleichen wird. Die Rechtsangleichungsbestrebungen gehen heute dahin, für Österreich und Deutschland ein gemeinsames Strafgesetzbuch zu schaffen. Sobald diese Arbeiten beendet sein werden, werden sicherlich die Rechtsangleichungsarbeiten auch auf dem Gebiete des Privatrechts einsetzen, um Österreich und Deutschland durch ein gleiches Recht zu einen und die Möglichkeit ist nicht ausgeschlossen, daß einmal Österreich und Deutschland ein gemeinsames bürgerliches Gesetzbuch haben werden. Dies wird wahrscheinlich oder auch ganz sicher noch einige Jahrzehnte dauern, aber vielleicht wird es doch einmal dazu kommen. Dann ist der Augenblick da, wo es darauf ankommt, daß das österreichische und deutsche Eherecht bis ins letzte Detail übereinstimmen und dann wird Österreich wahrscheinlich seinen bisherigen Standpunkt aufgeben müssen. Bis dahin ist aber noch ein weiter Weg und Österreich kann vorläufig sein jetziges System noch getrost beibehalten, da mit Rücksicht auf die heutigen Verhältnisse die Einführung der Ziviltrauung weder notwendig noch ratsam erscheint.

Was nun den Einwand betrifft, daß durch Beibehaltung der kirchlichen Trauung das System des interkonfessionellen Eherechts durchbrochen wird, so ist auch dieser Einwand nicht ganz stichhaltig. Wenn man das Wesen des interkonfessionellen Eherechts darin erblickt, daß es allem, was irgendwie mit dem religiösen Bekenntnis zusammenhängt, rechtliche Wirkung abspricht, dann allerdings wird man die kirchliche Trauung im Widerspruch mit dem interkonfessionellen Eherecht finden. Ein solches Recht, das auf das religiöse Bekenntnis und das, was damit zusammenhängt, in keiner wie immer gearteten Weise Bedacht nimmt, ist jedoch in Wahrheit kein interkonfessionelles Eherecht, sondern ein überkonfessionelles Eherecht. Zum Wesen des interkonfessionellen Eherechtes genügt es jedoch, daß nicht für die Angehörigen einer bestimmten Konfession Sondernormen bestehen, daß also z. B. der protestantische Pfarrer heiraten darf, der katholische nicht (§ 63 ABGB.), daß die katholische Ehe bei Lebzeiten der Ehegatten untrennbar ist, daß die protestantische Ehe durch gerichtliches Urteil gelöst wird, dagegen die israelitische Ehe durch den Scheidebrief usw. Vielmehr ist ein interkonfessionelles Eherecht schon dann gegeben, wenn für die Angehörigen sämtlicher Konfessionen die gleichen Vorschriften gelten; das religiöse Bekenntnis kann hierbei wohl eine Rolle spielen, nur darf das eine religiöse Bekenntnis keine andere Wirkung hervorbringen als das andere. Von diesem Standpunkt aus betrachtet, verträgt sich die kirchliche Trauung mit dem interkonfessionellen Eherecht, denn die Bestimmung, daß die Ehe vor dem ordentlichen Seelsorger geschlossen werden muß, gilt in gleicher Weise für alle Religionen, es mag sich um Katholiken, Protestanten oder Juden handeln, so daß dadurch zwar nicht das Prinzip des überkonfessionellen, wohl aber noch immer das des interkonfessionellen Eherechtes gewahrt wird.

Es möge an dieser Stelle noch zu einem Vorschlag Stellung genommen werden, der gelegentlich angeregt wurde. In dem Streit zwischen kirchlicher und Ziviltrauung haben gewisse Stimmen einen vermittelnden Standpunkt eingenommen und die Einführung der fakultativen Ziviltrauung vorgeschlagen, d. h. es ist den Ehegatten freigestellt, ob sie sich vor dem Seelsorger oder dem Standesbeamten trauen lassen wollen. Man meint, auf diese Weise beiden Standpunkten Rechnung zu tragen. Dieses System kommt jedoch nach Ansicht des Entwurfes für das österreichische Recht nicht in Betracht. Wenn Österreich das System der kirchlichen Trauung aufgibt und die Ziviltrauung einführt, so geschähe dies deshalb, um das System des inter- bzw. überkonfessionellen Eherechtes zu vervollständigen und um sich auch in diesem Punkt an das deutsche Recht anzugleichen. Keinem dieser beiden Ziele würde aber durch die fakultative Ziviltrauung entsprochen werden. Da in Deutschland die obligatorische Ziviltrauung gilt, so bestünde bei Einführung der fakultativen Ziviltrauung auch keine Rechtsgleichheit mit dem deutschen Recht, und das Prinzip des überkonfessionellen Eherechtes wäre damit auch nicht völlig zum Durchbruch gelangt, da dann die kirchliche Trauung und damit das religiöse Bekenntnis noch immer eine Rolle spielt. Österreich würde nur einen bewährten Standpunkt aufgeben und einen anderen einnehmen, für dessen Einführung jedoch jeder äußerer und innerer Grund fehlt. Und der vielgerühmte Vorzug der fakultativen Ziviltrauung, daß damit dem religiösen Empfinden der Ehegatten am besten Rechnung getragen würde, weil es ihnen dann freisteht, ob sie die Ehe vor ihrem Seelsorger oder dem staatlichen Organ schließen wollen, ist wohl richtig, trifft aber bei dem System der obligatorischen Ziviltrauung und dem der unbedingten kirchlichen Trauung genau so zu, bei der obligatorischen Ziviltrauung deshalb, weil es ja den Ehegatten freisteht, ihre vor dem Standesbeamten geschlossene Ehe auch kirchlich einsegnen zu lassen und wenn, wie es gegenwärtig in Österreich der Fall ist, die kirchliche Trauung für Konfessionsangehörige obligatorisch ist, so muß folgendes bedacht werden: Hat jemand eine solche Abneigung gegen die Kirche und die kirchlichen Organe, daß er es nicht einmal über sich bringen kann, an seinem Hochzeitstag in die Kirche zu gehen und sich dort trauen zu lassen, so steht es ihm ja frei, konfessionslos zu werden, in welchem Fall der Eingehung einer Zivilehe nichts im Wege steht. Für Österreich käme daher allenfalls (aus Rechtangleichungsgründen) die obligatorische Zivilehe, aber niemals die fakultative Ziviltrauung in Betracht, doch wird aus den früher angeführten Gründen das System der Notziviltrauung beibehalten, d. h. die Eheschließung ist grundsätzlich von dem Seelsorger vorzunehmen und die Eheschließung vor der politischen Behörde ist nur dann zulässig, wenn die kirchliche Trauung nicht möglich ist.

Artikel 11

Zum Abschluß der Ehe wird das Aufgebot und die feierliche Erklärung der Einwilligung in die Ehe, also die eigentliche Eheschließung gefordert, und zwar nach geltendem Recht beides bei sonstiger Nichtigkeit der Ehe. Im Gegensatz dazu sieht der Entwurf vor, daß als unbedingtes Erfordernis nur mehr die Eheschließung selbst bleibt; das Aufgebot *soll* zwar vorgenommen werden, ein Mangel des Aufgebotes macht jedoch die Ehe nicht mehr ungültig. Diese Bestimmung wird im Einklang mit dem deutschen bürgerlichen Gesetzbuch getroffen, das das Aufgebot ebenfalls nur als Soll-Vorschrift, nicht als Muß-Vorschrift aufstellt. Ja selbst das sonst so strenge kanonische Recht ist in dieser Hinsicht milder und knüpft an den Mangel des Aufgebotes ebenfalls nicht die Rechtsfolge der Nichtigkeit. Aber abgesehen davon erscheint die Nichtigkeit der Ehe als Folge des Fehlens des Aufgebotes nicht gerechtfertigt. Das Aufgebot ist eine Vorsichtsmaßregel, die verhindern soll, daß nichtige Ehen geschlossen werden, da durch die öffentliche Bekanntmachung der bevorstehenden Eheschließung die Leute veranlaßt werden sollen, allfällige, dieser Ehe entgegenstehende Hindernisse bekanntzugeben. Es wäre aber geradezu verkehrt, wenn eine Bestimmung, die die Eingehung nichtiger Ehen verhindern soll, unter Umständen selbst die Nichtigkeit der Ehe, als deren Schutz sie gedacht ist, bewirken sollte.

Zudem muß noch der seltsamen Stellung gedacht werden, die das Aufgebot im geltenden Recht einnimmt. Gänzliches Fehlen des Aufgebotes (teilweises Fehlen nicht) macht die Ehe ungültig. Dieser Nichtigkeitsgrund ist aber von Amts wegen nicht wahrzunehmen, sondern nur auf Antrag desjenigen, „der dadurch in seinen Rechten gekränkt worden ist". Wer damit gemeint ist, ist gänzlich unklar. Allenfalls kämen die Ehegatten in Betracht, aber das ist auch zweifelhaft, da nicht ersichtlich ist, wieso ein Mangel des Aufgebotes die Ehegatten in ihren Rechten kränken kann; überdies hat nur der schuldlose Teil das Recht, die Ehe anzufechten; wenn aber die Ehegatten in Kenntnis waren, daß ein Aufgebot nicht vorgenommen wurde, so sind sie nicht schuldlos und in aller Regel werden die Ehegatten doch wissen, ob sie aufgeboten wurden oder nicht. Die dem Fehlen des Aufgebotes entspringende Ungültigkeit der Ehe kann daher fast niemals geltend gemacht werden und damit herrscht im geltenden Recht ohnedies schon tatsächlich der Zustand, wie ihn der Entwurf vorsieht, so daß der Entwurf nur mehr diesen tatsächlichen Zustand im Wortlaut des Gesetzes selbst verankern würde. — Nach anderer Ansicht ist auch der Mangel des Aufgebotes und die dadurch verursachte Ungültigkeit der Ehe von Amts wegen wahrzunehmen. Obwohl diese Ansicht vielleicht im Geiste des gegenwärtigen Gesetzes liegt, so widerspricht sie doch direkt dem Wortlaut des Gesetzes. Zu diesem Streit will der Entwurf im Interesse der Rechtssicherheit Stellung nehmen und trifft hierbei die Bestimmung, die für die Gültigkeit der Ehe günstiger ist, daß also das Fehlen des Aufgebotes der Gültigkeit der Ehe nicht schadet.

Diesen Standpunkt, daß das Aufgebot nur eine Soll-Vorschrift ist, will der Entwurf schon an der Spitze der Bestimmungen über die Eheschließung zum Ausdruck bringen und ändert daher den § 69 ABGB. entsprechend um.

Artikel 12

Artikel 12 führt den schon im § 69 in der Fassung des Artikel 11 angedeuteten Grundsatz, daß der Mangel des Aufgebotes die Ehe nicht mehr ungültig macht, weiter aus, indem er diesen Standpunkt nochmals ausdrücklich erklärt. Der Seelsorger hat demnach, sofern vom Aufgebot nicht Dispens erteilt wurde, dasselbe vorzunehmen und eine Eheschließung soferne die Brautleute nicht aufgeboten wurden, nicht vorzunehmen, sondern dieselbe den Brautleuten zu verweigern. Sollte aber gleichwohl, etwa infolge eines Versehens, das Aufgebot unterblieben sein, so ist die Ehe deshalb noch nicht ungültig.

Artikel 13

Die Bestimmungen über das Aufgebot, die Eheschließung und die Führung der Trauungsbücher sind gegenwärtig im bürgerlichen Gesetzbuch zweimal enthalten: für Christen in den §§ 69 bis 82 und für Israeliten in den §§ 126 bis 128. Diese letztgenannten Bestimmungen sind jedoch lediglich eine Wiederholung der §§ 69 bis 82; sie sind bereits vollkommen durch die §§ 69 bis 82 gedeckt, so daß, auch wenn die §§ 126 bis 128 aufgehoben würden, dadurch an den Bestimmungen, die für die Eingehung von israelitischen Ehen gelten, nichts geändert würde, da dann nur die §§ 69 bis 82 unmittelbar zur Anwendung kommen würden, die genau dasselbe bestimmen wie die §§ 126 bis 128. Aus technischen Gründen hebt der Entwurf die §§ 126 bis 128 auf (da an die Stelle der durch Artikel 34 aufgehobenen §§ 123 bis 136 die neuen Bestimmungen der Artikel 35 bis 40 treten) und unterstellt die Eingehung israelitischer Ehen unmittelbar den Bestimmungen der §§ 69 bis 82, was, wie gesagt, automatisch eintritt, wenn die für Israeliten geltenden Sonderbestimmungen der §§ 126 bis 128 aufgehoben werden. Um jedoch keinen Zweifel darüber entstehen zu lassen, daß die Bestimmungen der §§ 69 bis 82 (nach dem Entwurf auch §§ 83 und 84) auf die Eingehung mosaischer Ehen Anwendung finden, wird in den §§ 69 bis 82 selbst ein Hinweis darauf erteilt, indem im § 75, der von der Eheschließung handelt, ausdrücklich betont wird, daß unter dem Ausdruck: „Seelsorger" auch der Rabbiner zu verstehen ist.

Artikel 14

Mit Artikel 14 will der Entwurf einen im geltenden Recht äußerst unklar ausgedrückten Rechtssatz klar feststellen. Es handelt sich hierbei um die Rechtswirkungen der ungültigen, besser gesagt, der nichtigen Ehe. Die nichtige Ehe ist ungültig, also als nicht bestehend anzusehen. In seiner vollsten Bedeutung genommen, würde das bedeuten, daß eine solche Ehe von Anfang an keine rechtlichen Folgen hervorbringen würde. Es dürfte sich daher jedermann auf diese Ungültigkeit berufen; ein Rechtsanspruch, der die Ehe zur Voraussetzung hat, etwa ein Anspruch auf ein gesetzliches Erbrecht, auf das Heiratsgut, ein Rechtsanspruch aus einer Handlung, die der Ehemann kraft seiner gesetzlichen Vertretungsbefugnis für seine Frau vorgenommen hat, könnte daher jederzeit mit der Einwendung bestritten werden, daß die Ehe als ungültig, der auf ihr basierende Anspruch als nicht bestehend anzusehen sei. Sobald die Ehe durch gerichtliches Urteil für ungültig erklärt wurde, ist diese Konsequenz auch völlig einleuchtend, da durch dieses Urteil die Ehe beseitigt wird. Eigentlich aber müßte dieser Zustand auch schon vor der Ungültigerklärung eintreten, wenn man sich streng an den Satz hält, daß die ungültige Ehe als nicht bestehend anzusehen ist. Das bedeutet aber eine Unmöglichkeit; fast alle Rechtsordnungen, darunter auch die deutsche und österreichische, haben diese Schlußfolgerung verworfen. Während nämlich andere Rechtsverhältnisse, etwa ein Kaufvertrag, in der Regel nur eine oder doch wenige Rechtswirkungen zeitigen, die sich gewöhnlich auf die Kontrahenten beschränken, spielt die Ehe in den verschiedensten Fällen eine rechtliche Voraussetzung und erstreckt ihren Wirkungskreis auf die verschiedensten Personen. Um nur einige Beispiele herauszugreifen: Die Ehe spielt im Prozeßrecht eine Frage für die Ausschließung eines Richters, der Ehegatte ist im Strafverfahren zur Ergreifung eines Rechtsmittels berechtigt, im Strafrecht spielt sie eine Frage für den Tatbestand der Bigamie, sie wirkt bei verschiedenen Delikten strafschärfend oder strafmildernd; fast unübersehbar sind aber ihre Wirkungen auf dem Gebiete des Privatrechts: aus der Ehe entsteht dem Ehegatten ein gesetzliches Erbrecht, die Ehelichkeit der Kinder hängt von der Gültigkeit der Ehe ab, Liegenschaftsveräußerungen unter Ehegatten bedürfen nicht der Genehmigung der Grundverkehrskommission, auf Grund der Ehe hat der Mann die Verwaltungsbefugnis über das freie Vermögen der Frau, der Frau steht die Befugnis zu, den Mann innerhalb des Rahmens der Führung des Haushalts durch Rechtsgeschäfte zu verpflichten (Schlüsselgewalt), der Anspruch des Ehemanns auf Herausgabe des Heiratsgutes setzt Bestand der Ehe voraus u. a. mehr.

Könnte nun in all diesen Fällen jederzeit nach Belieben die Ungültigkeit der Ehe geltend gemacht werden, so wäre ein unhaltbarer Zustand die Folge. Die Ungültigkeit einer Ehe würde sich, wie gesagt, zwischen den verschiedensten Parteien, vor den verschiedensten Gerichten äußern. Sie müßte natürlich bewiesen werden; bei jedem neuen Streit müßte die Frage von neuem aufgerollt werden und es könnte der Fall sein, daß, wenn der Beweis der Ungültigkeit vor verschiedenen Gerichten angetreten wird, das eine Gericht die Ungültigkeit für erwiesen, das andere Gericht sie für nicht erwiesen erachtet (es könnte sich allenfalls auch um eine verschiedene rechtliche Beurteilung handeln), so daß dieselbe Ehe von dem einen Gericht für gültig, von dem anderen für ungültig erklärt wird.

Dadurch aber, daß ein Gericht die Gültigkeit bzw. die Ungültigkeit der Ehe annimmt, wird der Zustand nicht etwa endgültig bereinigt, da das Urteil nur unter den Prozeßparteien wirkt und es sich in jedem Fall um neue Personen handelt. Und andererseits würde dadurch die Absicht des Gesetzgebers, die Ungültigerklärung einer Ehe in bestimmter Form erfolgen zu lassen, illusorisch werden. Nach geltendem Recht besteht für die Ungültigerklärung der Ehe wegen der Bedeutung, die einer solchen Ungültigerklärung zukommt, ein ganz bestimmtes Verfahren; über die Ungültigkeit der Ehe hat ein Senat des Gerichtshofes erster Instanz zu urteilen, er hat von Amts wegen zu erforschen, was für die Gültigkeit und Ungültigkeit der Ehe spricht und es ist dem Verfahren ein Ehebandsverteidiger zuzuziehen. Wenn aber die Ungültigkeit einer Ehe jederzeit geltend gemacht werden kann, so kommen nicht nur die Senate des Gerichtshofes erster Instanz, sondern die verschiedensten Gerichte in die Lage, über die Gültigkeit der Ehe zu urteilen, und zwar je nach dem Fall, in dem die Gültigkeit oder Ungültigkeit der Ehe eine Rolle spielt, einmal die Strafgerichte, ein anderes Mal die Bezirksgerichte der Einzelrichter des Zivillandesgerichtes, mit einem Worte: Gerichte, die weder sachlich noch örtlich zuständig sind.

Aus diesem Grunde müssen der Geltendmachung der Nichtigkeit einer Ehe Schranken gesetzt werden. Nur das Gericht, dem diese Aufgabe vom Gesetze besonders übertragen ist, darf über die Gültigkeit oder Ungültigkeit der Ehe entscheiden, das sind die Senate der Gerichtshöfe erster Instanz für Zivilrechtssachen. Sie haben — und zwar ein für allemal — die Gültigkeit der Ehe zu überprüfen und die Ehe gegebenenfalls für ungültig zu erklären; ihr Urteil wirkt dann für und gegen jeden Dritten. Andere Gerichte sind zur Überprüfung der Gültigkeit einer Ehe nicht befugt. Daraus ergibt sich aber dann folgendes Resultat: Da über die Gültigkeit einer Ehe nur im Nichtigkeitsverfahren entschieden werden darf und im übrigen aus den oben erwähnten Gründen eine Überprüfung der Gültigkeit unstatthaft ist, so hat die Ehe bis zu der im Nichtigkeitsverfahren erfolgten Ungültigerklärung als gültig zu gelten. Damit soll nicht gesagt sein, daß die nichtige Ehe bis zur Ungültigerklärung tatsächlich gültig ist, wie dies etwa bei der anfechtbaren Ehe der Fall ist; desgleichen kann jedermann bei dem zuständigen Gericht den Antrag auf Ungültigerklärung der Ehe stellen. In einem anderen Verfahren hat jedoch der Richter die Ehe als gültig hinzunehmen und dieselbe, sowie die daraus entspringenden Folgen so zu behandeln, als wäre die Ehe gültig.[1]

Doch auch in dieser Richtung darf man nicht zu weit gehen. Dem

[1] Die Möglichkeit, das Verfahren zu unterbrechen und die amtswegige Überprüfung der Gültigkeit der Ehe zu veranlassen, wird dadurch nicht berührt.

Richter darf nicht jedes Überprüfungsrecht der Ehe genommen werden, sonst könnte es dazu kommen, daß jedermann, dem dies aus irgendeinem Grunde gefällt, die Behauptung aufstellen könnte, er sei mit einer bestimmten Person verheiratet und der Richter müßte mangels eines Überprüfungsrechtes eine solche Behauptung hinnehmen und ihr Glauben schenken, auch dann, wenn es zu einer Eheschließung überhaupt nicht gekommen ist. Die Bestimmung, daß die Gültigkeit einer Ehe in einem anderen Verfahren als einem Nichtigkeitsverfahren nicht überprüft werden darf, ist für jenen Fall gedacht, daß zwei Personen eine Ehe geschlossen haben, diese Ehe jedoch aus irgendeinem Grund ungültig ist. Die Bestimmung soll aber nicht bezwecken, daß jede Behauptung, daß zwischen zwei Personen eine Ehe vorliege, blind hingenommen werden muß. Aus diesem Grund ist es erforderlich, daß ein äußerer Tatbestand vorliegt, der auf das Bestehen einer Ehe hindeutet; es muß die Ehe wenigstens scheinbar bestehen (sogenannte Scheinehe); es genügt jedoch nicht, daß die bloße Behauptung aufgestellt wird, daß eine Ehe bestehe, wenn das Bestehen dieser Ehe aus nichts erkennbar ist. Der Richter hat daher in jedem Verfahren das Recht und die Pflicht, eine Ehe formell, also dahin zu überprüfen, ob sie zustande gekommen ist; das materielle Prüfungsrecht, wie die Ehe zustande gekommen ist, ob gültig oder ungültig, bleibt dem Nichtigkeitsverfahren vorbehalten.

Dies ist der Rechtszustand, wie er im deutschen bürgerlichen Gesetzbuch (§ 1329) und auch in unserem geltenden Recht besteht. In unserem geltenden Recht besteht jedoch ein Mangel: es fehlt die positive Norm im Gesetz, die dies anordnet. Daß die Ungültigkeit einer Ehe vor ihrer Ungültigerklärung nicht geltend gemacht werden darf, ist nur aus zwei Bestimmungen zu entnehmen, aus § 94, Satz 2, und dem Hofdekret vom 27. Juni 1837;[1] in diesen beiden Gesetzen ist angeordnet, daß unter gewissen Voraussetzungen eine Ungültigerklärung nicht stattzufinden

---

[1] Es könnten noch allenfalls die Bestimmungen der §§ 97 und 99 ABGB. herangezogen werden, was aber wohl bedenklich ist. Denn es ist fraglich, ob § 97 dahin auszulegen ist, daß in einem anderen Verfahren als dem Ungültigkeitsverfahren die Gültigkeit der Ehe nicht überprüft werden darf; vielmehr dürfte § 97 nur als rein prozeßrechtliche Formalvorschrift für das Ungültigkeitsverfahren selbst gedacht sein. — § 99 wiederum redet zwar von einer Vermutung der Gültigkeit der Ehe, erklärt aber diese Vermutung selbst für widerleglich und enthält auch keine Bestimmung darüber, daß die Widerlegung dieser Vermutung nur im Ungültigkeitsverfahren erfolgen darf.

Auch § 1458 kommt nicht in Betracht, da er nur von der gutgläubigen Ehe redet; was zu geschehen hat, wenn beide Ehegatten bösgläubig sind, ist nicht gesagt. Ferner bestimmt § 1458 nur, daß der gutgläubige Ehegatte zu schützen ist; es fehlt eine Bestimmung, was zu geschehen hat, wenn die Gültigkeit der Ehe Voraussetzung einer Wirkung ist, die sich nicht auf den gutgläubigen Ehegatten bezieht oder wenn die vermeintliche Gültigkeit der Ehe dem gutgläubigen Ehegatten geradezu zum Nachteil gereicht.

hat. Daraus läßt sich schließen, daß vorher die Ungültigkeit einer Ehe nicht geltend gemacht werden kann, denn wäre dies möglich, so bedürfte es nicht einer besonderen Ungültigerklärung. Die ausdrückliche Norm fehlt jedoch, es fehlt jede genauere Regelung, wann ein solcher äußerer Tatbestand, der auf das Bestehen der Ehe schließen läßt, gegeben ist, welches seine genaueren Wirkungen sind u. dgl. Diesem Mangel will der Entwurf abhelfen und regelt daher die diesbezüglichen Voraussetzungen genau und spricht diesen, von Theorie und Praxis zwar allgemein anerkannten, aber nirgendwo im Gesetz ausdrücklich gesagten Grundsatz expressis verbis aus.

§ 83

Wie gesagt, soll die sogenannte Scheinehe geschützt werden, d. i. die Ehe, die zwar tatsächlich zustande gekommen ist, aber ungültig. Voraussetzung wäre daher eigentlich die Eheschließung. Doch auch hier könnten noch Zweifel über die Behandlung der Ehe entstehen, da auch der Beweis, daß eine Eheschließung stattgefunden hat, nicht immer einwandfrei erbracht werden kann. Die obenerwähnten Mißstände, daß die Gültigkeit der Ehe von verschiedenen Gerichten zu überprüfen ist, daß das eine Gericht die Ehe für gültig, das andere für ungültig ansieht, sind damit noch nicht völlig beseitigt. Der Entwurf wählt daher ein anderes Mittel, das das Bestehen oder Nichtbestehen der Ehe einwandfrei nachweist, das ist die Eintragung im Eheregister. Ist eine Ehe im amtlichen Eheregister eingetragen, so ist anzunehmen, daß eine Eheschließung auch stattgefunden hat. Dadurch wird außerdem dem Richter erspart, den Akt der Eheschließung materiell zu überprüfen, ob etwa die Ehe vor dem zuständigen Seelsorger geschlossen wurde u. dgl., Angelegenheiten, deren Überprüfung ebenfalls dem Nichtigkeitsverfahren vorbehalten ist, da sonst die erwähnten abweichenden Entscheidungen verschiedener Gerichte ebenfalls entstehen könnten. Vielmehr genügt es, daß der Richter in einem anderen Verfahren auch den Akt der Eheschließung nur formell dahin überprüft, ob die äußere Form gewahrt wurde. Zu dieser Überprüfung genügt es, daß sich der Richter davon überzeugt, daß die Ehe im Eheregister eingetragen ist, da dann angenommen werden muß, daß die äußere Form gewahrt wurde. Der Beweis, ob diese Eintragung erfolgt ist, kann jederzeit einwandfrei erbracht werden. Gleichwohl ist auch der Akt der Eheschließung nicht belanglos. Zur Eingehung der Ehe ist nur der Akt der Eheschließung erforderlich; die Eintragung in das Eheregister ist zur Gültigkeit des Aktes nicht wesentlich. Wenn daher zwar der Akt der Eheschließung erfolgt ist, eine Eintragung aber aus Versehen unterblieben ist, so kann der Bestand der Ehe auch dadurch nachgewiesen werden, daß bewiesen wird, daß eine Eheschließung stattgefunden hat, da ja der Nachweis der Eintragung in das Eheregister nur als Beweiserleichterung für den Nachweis des Eheschließungsaktes gedacht ist. Kann daher die Eintragung in das Eheregister nicht erwiesen werden, so kann der Nachweis, daß die Ehe geschlossen wurde, auch in anderer Form, eben durch den Nachweis des Eheschließungsaktes erbracht werden. Kann allerdings der Eheschließungsakt weder durch die Eintragung im Eheregister noch sonst nachgewiesen werden, ist also anzunehmen, daß er überhaupt nicht stattgefunden hat, dann allerdings kann die Ehe auch in einem anderen Verfahren nicht als gültig behandelt werden, da dann jeder äußere Anhaltspunkt, daß eine Ehe vorliegt, fehlt. Es handelt sich in diesem Falle nicht um eine Scheinehe, sondern es ist nicht einmal ein eheähnlicher Zustand vorhanden; es liegt eine Nicht-Ehe vor. Einer solchen Nicht-Ehe können dann auch keine rechtlichen Wirkungen zugeschrieben werden; sie ist einfach nicht vorhanden.

Das Verbot, daß die Ungültigkeit einer Scheinehe vor der erfolgten Ungültigerklärung nicht beachtet werden darf, ist in die Form einer Vermutung eingekleidet; die Ehe wird bis zu ihrer Ungültigerklärung als gültig angesehen; betont muß nochmals werden, daß diese Gültigkeit keine tatsächliche, wie bei der anfechtbaren Ehe, sondern nur eine scheinbare ist. Die Vermutung der Ungültigkeit ist bis zur erfolgten Ungültigerklärung jedoch unwiderlegbar. Im wesentlichen sagt damit der Entwurf dasselbe wie das deutsche bürgerliche Gesetzbuch, welches erklärt, daß bis dahin die Nichtigkeit der Ehe nicht geltend gemacht werden darf (§ 1329); der Entwurf ist jedoch deutlicher als das deutsche bürgerliche Gesetzbuch, da er auch auf die Folgen hinweist, die aus dem Verbot der Geltendmachung entstehen, daß nämlich die Ehe als gültig zu behandeln ist.

Artikel 15

Im Interesse der Richtigkeit des Eheregisters ist es erforderlich, in demselben auch spätere Vorgänge, die den Bestand der Ehe betreffen, ersichtlich zu machen. Aus diesem Grund bestimmt der gegenwärtige § 122, daß im Fall einer Ungültigerklärung oder Trennung der Ehe das Matrikenorgan vom Gericht von Amts wegen zu verständigen ist und daß die Ungültigerklärung, bzw. Trennung der Ehe im Eheregister anzumerken ist. Diese Bestimmung wird unberührt gelassen; die Änderungen und die damit verbundene Neufassung des Schlusses des zweiten Hauptstückes macht es jedoch notwendig, diesen Paragraph an eine andere Stelle zu setzen. Aus diesem Grund wird dieser Paragraph unter die Bestimmungen über das Eheregister aufgenommen, wohin er eigentlich gehört.

Dritter Abschnitt

Dispensation

Artikel 16

Das ganze gegenwärtige Chaos auf dem Gebiete des Eherechtes ist aus den unklaren Bestimmungen über die Dispensation entstanden. Das bürgerliche Gesetzbuch erklärt, daß es lösliche und unlösliche Ehehindernisse gibt; von den löslichen Ehehindernissen könne dispensiert werden, von den unlöslichen nicht; welches Ehehindernis aber löslich, welches unlöslich ist, das ist nicht gesagt. Daraus entstand der Eherechtswirrsal, denn die Verwaltungsbehörden erklärten, das Ehehindernis des Ehebandes sei löslich, der Oberste Gerichtshof erklärte, es sei unlöslich. Wenn nun auch diese, gerade aktuelle Meinungsdifferenz durch den Entwurf beseitigt werden würde, da der Entwurf die Trennbarkeit auch katholischer Ehen zuläßt, so wäre damit noch nicht die Gewähr geboten, daß nicht nächstens ein neuer Streit entsteht, indem bei einem anderen Ehehindernis die Verwaltungsbehörden wiederum der Ansicht sein könnten, es sei ein lösliches Hindernis, während die Gerichte einen anderen Standpunkt einnehmen. Der so beigelegte Streit könnte morgen bei einem anderen Ehehindernis entstehen und das so unerfreuliche Schauspiel eines Konfliktes zwischen den Zivilgerichten einerseits, Verwaltungsbehörden und Verfassungsgerichtshof andererseits würde von neuem beginnen. Um dies zu vermeiden, gibt es nur ein Mittel: eine neue klare Fassung des unzulänglichen Dispensationsrechtes. Es müssen daher die gegenwärtigen Bestimmungen über die Dispensation aufgehoben und durch neue ersetzt werden.

Artikel 17

Zu denjenigen Vorschriften, von denen dispensiert werden kann, gehört nach geltendem Recht das Aufgebot. Der Entwurf übernimmt diese Bestimmung und behandelt diese bisher durch die §§ 83, 85, 86 und das Gesetz vom 4. Juli 1872 geregelte Materie in dem neuen § 85. Die Frage, wer zur Erteilung der Nachsicht vom Aufgebot berechtigt ist, war ursprünglich in der Weise geregelt, daß grundsätzlich die Nachsicht vom Aufgebot nach § 83 von der Landesbehörde zu erteilen war, bei wichtigen Umständen konnte das Kreisamt die zweite und dritte Verkündigung nachsehen und bei dringenden Umständen vom Aufgebot auch gänzlich dispensieren; bei bestätigter naher Todesgefahr war auch die Ortsobrigkeit zur Dispenserteilung befugt. Durch § 1 des Gesetzes vom 4. Juli 1872 wurden diejenigen Fälle, in denen neben der Landesbehörde auch das Kreisamt dispensieren konnte, der Landesbehörde überhaupt entzogen und der politischen Behörde erster Instanz zugewiesen, so daß gegenwärtig folgender Rechtszustand herrscht: die teilweise Nachsicht vom Aufgebot steht der Bezirksbehörde zu; die gänzliche Nachsicht vom

Aufgebot steht, wenn es sich um wichtige Umstände handelt, der Landesbehörde zu, wenn es sich um dringende Umstände handelt, der Bezirksbehörde; die Dispensationsbefugnis der Gemeindebehörde bei bestätigter naher Todesgefahr ist unberührt geblieben.

Der Entwurf ändert diesen Zustand insoferne, als er die Befugnis der Dispenserteilung von allen drei Verkündigungen nicht nur bei dringenden, sondern auch bei wichtigen Umständen der politischen Behörde erster Instanz zuweist, so daß diese in jedem Fall zur Erteilung der Nachsicht vom Aufgebot befugt ist. Maßgebend hiefür ist die Erwägung, daß die Dispensation vom Aufgebot in der Regel den Zweck hat, zu ermöglichen, daß die Eheschließung möglichst rasch vorgenommen werden kann; es ist daher zweckmäßig, daß auch die Dispensation möglichst rasch erteilt wird. Es ist nun offensichtlich, daß die Dispenserteilung rascher vor sich geht, wenn die Bezirksbehörde angegangen wird, als wenn sich die Brautleute erst an die Landesbehörde wenden müssen. Dazu kommt die Erwägung, daß es oft schwer ist, zwischen „wichtigen“ Umständen, in welchem Falle die Landesbehörde zur Dispenserteilung zuständig ist, und „dringenden“ Umständen, in welchem Falle die Bezirksbehörde zuständig ist, zu unterscheiden. Es könnte vorkommen, daß sich die Brautleute wegen der Nachsicht vom Aufgebot an die Bezirksbehörde wenden, diese aber die Nachsicht verweigert, weil nach ihrer Ansicht, nicht dringende, sondern nur wichtige Umstände vorliegen. Die Brautleute müßten dann neuerlich bei der Landesbehörde ansuchen und es würde durch all diese Umstände ein solcher Zeitverlust eintreten, daß, wenn dann auch schließlich die Nachsicht vom Aufgebot erteilt wird, diese doch nicht mehr ihren Zweck erfüllt. Der Entwurf erteilt daher die Befugnis zur Dispenserteilung vom Aufgebot zur Gänze der politischen Behörde erster Instanz. Die Dispensationsbefugnis der Gemeindebehörde bei naher bestätigter Todesgefahr, sowie die Bestimmung, daß die Brautleute im Falle einer Nachsicht vom Aufgebot eidlich beteuern müssen, daß ihnen kein ihrer Ehe entgegenstehendes Hindernis bekannt sei, bleibt unberührt.

Artikel 18

Die Bestimmung des § 87 (nach dem Entwurf § 86), daß die Nachsicht vom Aufgebot zu erteilen ist, wenn zwei Personen die Ehe eingehen wollen, von denen allgemein vermutet wird, daß sie schon miteinander verehelicht sind, bleibt unberührt. Da die Erteilung der Nachsicht vom Aufgebot nach dem Entwurf nicht mehr der Landesbehörde, sondern der Behörde erster Instanz zusteht, so wird der zweite Satz dieses Paragraphen entsprechend abgeändert.

Artikel 19

Artikel 19 nimmt zu der Möglichkeit einer Dispensation überhaupt

Stellung und regelt damit die umstrittene Frage, wann dispensiert werden kann und wann nicht. In welcher Weise diese Stellungnahme erfolgen muß, ist schon durch die Bestimmungen des ersten Abschnittes angedeutet. Der Entwurf hebt die dispensablen Ehehindernisse auf und läßt nur die indispensablen bestehen. Daraus ergibt sich, daß eine Dispensation nicht möglich ist. Eine Ausnahme besteht nur dann, wenn das Gesetz eine Dispensation im konkreten Fall ausdrücklich zuläßt. Da bei den im bürgerlichen Gesetzbuch aufgezählten, durch den Entwurf noch belassenen Ehehindernissen eine solche ausdrückliche Bestimmung fehlt, so ergibt sich, daß von Ehehindernissen überhaupt nicht dispensiert werden kann, wodurch die Absicht des Entwurfes erfüllt wird. Eine Dispensation wäre demnach überhaupt nur mehr bei Eheverboten möglich, und, da auch hier die Bestimmung des neuen § 87 Anwendung findet, daß eine Dispensation nur mehr möglich ist, wenn es das Gesetz ausdrücklich gestattet, so kommen nur mehr folgende dispensable Vorschriften in Betracht: das Aufgebot, die Wartezeit der Frau nach Auflösung ihrer früheren Ehe, das Eheverbot für Militärpersonen und für effektive Konsularbeamte. Die Frage, wer in diesen Fällen dispensieren kann, ist in jedem einzelnen Falle, und zwar in jedem Fall anders geregelt, so daß der Entwurf eine generelle Bestimmung nicht zu treffen braucht, da eine solche sowohl unmöglich als überflüssig ist.

Vierter Abschnitt

Konvalidation einer ungültigen Ehe

Artikel 20

Wenn aus einem Versehen durch Nichtbeobachtung einer Vorschrift eine ungültige Ehe geschlossen wurde, so soll dieses Versehen den Ehegatten nicht schaden, wenn bei Beobachtung der vernachlässigten Vorschrift eine gültige Ehe hätte zustande kommen können; vielmehr soll den Ehegatten, wenn sie auf der Ehe noch bestehen, Gelegenheit gegeben werden, den Fehler gut zu machen und die Ungültigkeit ihrer Ehe so zu beheben (sog. Konvalidation der Ehe).

Ein solches Versehen, das die Ungültigkeit der Ehe bewirkt, kann nach geltendem Recht dadurch geschehen, daß von einem Ehehindernis vor Abschluß der Ehe nicht Dispens erlangt wurde; in diesem Falle bestimmt der gegenwärtige § 88 ABGB., daß nach erlangter Dispensation ohne Wiederholung des Aufgebotes eine neuerliche Trauung stattzufinden hat; ist diese Vorschrift beobachtet worden, so ist eine solche Ehe so zu betrachten, als wäre sie ursprünglich gültig geschlossen worden. Eine solche Konvalidation der Ehe ist aber nach den Bestimmungen des Entwurfes nicht mehr möglich, da es eine Dispensation von Ehehindernissen nicht mehr gibt. Wohl aber ist es möglich, daß eine Ehe deshalb ungültig ist, weil die Form bei der Eheschließung nicht genau gewahrt wurde, z. B. deshalb, weil keine Zeugen zugegen waren. In diesem Falle ist die Form der Eheschließung verfehlt worden, die Ehe daher ungültig. Hier kann jedoch die Ungültigkeit der Ehe dadurch behoben werden, daß die Eheschließung nachgetragen wird; eine Wiederholung des Aufgebotes ist dabei nicht notwendig, da ja nur die Eheschließung selbst, nicht auch das Aufgebot nicht in gehöriger Form stattgefunden hat. An Stelle der ersten verfehlten tritt dann die zweite ordnungsmäßige Form der Eheschließung, welche die erste ersetzt. Dadurch wird das unterlaufene Versehen, das den Ehegatten nicht schaden soll, getilgt und die Ehe so betrachtet, als wäre sie schon ursprünglich in gesetzmäßiger Form, also gültig abgeschlossen worden.

Ist die Ehe aber aus einem anderen Grunde, also zufolge eines Ehehindernisses ungültig, so kann eine Konvalidation in dieser Form nicht erfolgen. Eine Dispensation von Ehehindernissen findet nicht mehr statt; eine neuerliche Eheschließung mit rückwirkender Kraft, auch wenn sie zu einer Zeit stattfindet, da das Ehehindernis schon erloschen ist, ist daher nicht möglich; man kann die Ehe nicht so betrachten, als wäre sie ursprünglich gültig geschlossen worden, da ja ursprünglich infolge des vorliegenden Ehehindernisses die Ehe gar nicht gültig zustandekommen konnte, mithin auch eine Fiktion der ursprünglichen Gültigkeit unmöglich ist. Ist das Ehehindernis weggefallen, dann können die Ehegatten selbstverständlich eine neue Ehe eingehen, datierend vom Zeitpunkt der zweiten Eheschließung. Diese neue Ehe steht jedoch in keinem Zusammenhang mit der seinerzeitigen ungültigen Ehe, da das ursprünglich vorliegende Ehehindernis, mithin auch die ursprünglich vorliegende Ungültigkeit unbehebbar ist.

Fünfter Abschnitt

Ungültigkeitserklärung

Die Änderung der Bestimmungen über die Ehehindernisse, sowie die Neugestaltung des Anfechtungsrechtes machen es notwendig, auch das Ungültigkeitsverfahren diesen geänderten Bestimmungen anzupassen. Insbesonders ist dies für das Anfechtungsverfahren erforderlich; infolge der Angleichung der Anfechtungsgründe an das deutsche bürgerliche Recht erscheint es notwendig, auch die Bestimmungen über die Geltendmachung des Anfechtungsrechtes an das deutsche Recht anzupassen. Diese Bestimmungen bilden sozusagen einen Nachtrag zu den Bestimmungen des ersten Abschnittes über die Ungültigkeit und Anfechtbarkeit der Ehe. Erst der erste und fünfte Abschnitt zusammen führen die vom Entwurf angestrebte Reform völlig durch.

Artikel 21

Die Reformen, die der Entwurf trifft, erstrecken sich hauptsächlich auf eine Ausgestaltung und nähere Regelung des Anfechtungsrechtes; insbesonders werden hiebei einige Lücken des geltenden Rechtes geschlossen. Das geltende Recht, obwohl es der Anfechtbarkeit einer Ehe ungünstiger gesinnt ist als der Entwurf, setzt anderseits der Geltendmachung der Anfechtbarkeit, woferne eine solche doch gegeben ist, viel zu weite Schranken. Mit Rücksicht auf die Vermehrung der Anfechtungsgründe, wie sie durch Artikel 3 bis 5 vorgesehen ist, wäre es bedenklich, die Geltendmachung der Anfechtbarkeit in demselben weitgehenden Ausmaß wie bisher zuzulassen, da dann eine Anfechtung allzuleicht möglich wäre. In Würdigung dieser Umstände werden durch die neuen §§ 95 und 96 der Anfechtungsmöglichkeit einige Schranken auferlegt, Schranken, die, abgesehen von den genannten Erwägungen, auch sonst aus Billigkeitsgründen wünschenswert sind. Um Raum für diese neuen Bestimmungen zu gewinnen, werden dabei die Bestimmungen der gegenwärtigen §§ 95 und 96 zu § 94 dazugezogen; an Stelle der beiden aufgehobenen Paragraphe treten dann die neuen Bestimmungen des Entwurfes. Hinsichtlich der aufgehobenen und neuen Bestimmungen läßt sich also folgendes sagen: der neue § 94 entspricht dem alten § 94, jedoch erweitert um die bisherigen §§ 95 und 96 und das Hofdekret vom 27. Juni 1837; die bisherigen §§ 95 und 96, die die Frage regeln, wer zur Anfechtung einer Ehe berechtigt ist, sind durch den neuen § 94, Abs. 2, ersetzt; ausgenommen ist hievon der zweite Halbsatz des § 96, Satz 1, der erst im neuen § 95, Z. 2, berücksichtigt wird. Die bisherigen Bestimmungen sind demnach nicht tatsächlich aufgehoben; es wird ihr Inhalt nur in anderer Form gebracht. Neben den neuen § 94, der eine Zusammenfassung der jetzigen §§ 94 bis 96 ist, treten dann als Ergänzung zum neuen Anfechtungsrecht die neuen § 95 (Erlöschen des Anfechtungsrechtes) und § 96 (Befristung des Anfechtungsrechtes).

§ 94

Die Ungültigerklärung einer Ehe kann wegen Nichtigkeit und wegen Anfechtbarkeit erfolgen. Den ersten Fall behandelt der erste, den zweiten der zweite Absatz.

Absatz 1: Nichtigkeit

Die Nichtigkeit der Ehe kann darin beruhen, daß sie nicht in gehöriger Form geschlossen wurde, daher wegen formaler Mängel nicht gültig zustandekommen konnte, oder daß sie entgegen staatlichem Verbot, also bei Vorliegen eines öffentlichen Ehehindernisses geschlossen wurde und daher zufolge des Ehehindernisses ungültig ist. In beiden

Fällen ist die Ehe nichtig, da sie im ersten Falle nicht gültig zustandekommen konnte, im zweiten Falle nicht gültig zustandekommen durfte. Der Bestand einer solchen Ehe widerstreitet dem öffentlichen Interesse, die Ehe ist daher von vornherein ungültig; nach Artikel 14 (§ 83) darf diese Ungültigkeit allerdings bis zur Ungültigerklärung durch gerichtliches Urteil nicht geltend gemacht werden; eine solche Ungültigerklärung kann aber jederzeit erfolgen und ist, da die Öffentlichkeit ein Interesse an der Beseitigung der trotz staatlichen Verbotes geschlossenen Ehe hat, von Amts wegen vorzunehmen.

Dieser Standpunkt des geltenden Rechtes wird auch vom Entwurf übernommen und im neuen § 94, Abs. 1, zum Ausdruck gebracht. Wie das geltende Recht, so zählt auch der Entwurf die Gründe, aus denen die Nichtigkeit der Ehe eintritt, taxativ auf. Die Nichtigkeit der Ehe tritt wegen formaler Mängel bei der Eheschließung (§ 75 ABGB.) und wegen Vorliegen eines Ehehindernisses ein. Nach Umwandlung des Ehehindernisses des § 56 in einen Anfechtungsgrund und Aufhebung der Ehehindernisse der §§ 63, 64, 67, 68 und 119 (Art. 7, 10 und 32) bleiben als solche Ehehindernisse noch übrig: das Ehehindernis des Ehebandes (§ 62) der Blutsverwandtschaft (§ 65) und Schwägerschaft (§ 66), die beiden letzteren in der durch den Entwurf (Art. 8 und 9) modifizierten Form. Als neuer Nichtigkeitsgrund wird noch die mangelnde persönliche Ehefähigkeit (§ 48: Unmündigkeit, volle Entmündigung, völlige geistige Umnachtung) angeführt. Ein Nichtigkeitsgrund muß darin deshalb erblickt werden, weil der eine Ehegatte in diesem Falle gar nicht fähig war, eine gültige Ehe zu schließen; infolge dieser Unfähigkeit konnte er auch nicht gültig die Einwilligung zur Ehe erklären, so daß die Ehe schon deshalb ungültig ist; außerdem liegt zweifellos ein öffentliches Interesse vor, daß die im § 48 genannten Personen, also Unmündige und Geisteskranke keine Ehe schließen, die Ungültigerklärung der Ehe ist daher auch aus diesem Grunde geboten.

Ist die Ehe aus einem dieser fünf Gründe nichtig, so ist, da ihr Bestand dem öffentlichen Interesse widerstreitet, von Amts wegen ihre Gültigkeit, bzw. Ungültigkeit zu untersuchen und nötigenfalls die Ungültigerklärung der Ehe auszusprechen, sobald an der Gültigkeit der Ehe Zweifel entstehen und dies dem Gericht zur Kenntnis gelangt. In Übereinstimmung mit dem geltenden Recht wird jedoch eine Einschränkung gemacht: um die Ehegatten und dritte beteiligte Personen zu schonen, soll die amtswegige Ungültigerklärung möglichst nur dann erfolgen, wenn dies unumgänglich notwendig ist. Dies ist aber nur so lange der Fall, als die Ehe noch besteht; das Interesse der Öffentlichkeit geht nur auf Beseitigung des durch die nichtige Ehe geschaffenen widerrechtlichen Zustandes; sobald dieser widerrechtliche Zustand schon dadurch beseitigt ist, daß die Ehe bereits durch den Tod oder durch Trennung gelöst ist, ist die amtswegige Überprüfung der Gültigkeit der Ehe im öffentlichen Interesse nicht mehr erforderlich; sie kann entfallen. Aus diesem Grunde bestimmt das Hofdekret vom 27. Juni 1837, daß nach Auflösung der Ehe ein Nichtigkeitsverfahren nur mehr einzuleiten ist: auf Antrag eines daran privatrechtlichen Interessierten, auf Antrag des Strafrichters, wenn von der Gültigkeit oder Ungültigkeit der Ehe im Strafverfahren Schuld oder Unschuld eines Angeklagten davon abhängt, sowie auf Antrag einer Verwaltungsbehörde, wenn die Ungültigerklärung der Ehe im Interesse der öffentlichen Verwaltung liegt. In diesen drei Fällen liegt zwar nicht mehr ein öffentliches Interesse an der Beseitigung des durch die Ehe geschaffenen widerrechtlichen Zustandes vor, aber es ist gleichwohl ein berechtigtes Interesse an der Ungültigerklärung der Ehe vorhanden, das anerkannt und geschützt werden muß. — Der Inhalt dieses Hofdekretes wird vom Entwurf unberührt gelassen; der Entwurf nimmt jedoch dieses Hofdekret in den Text des bürgerlichen Gesetzbuches selbst auf, da er will, daß alle wichtigen Bestimmungen womöglich im bürgerlichen Gesetzbuch selbst stehen sollen; anläßlich der Neufassung des § 94 wird daher auch dieses Hofdekret berücksichtigt und sein Inhalt in das bürgerliche Gesetzbuch aufgenommen, das Hofdekret selbst aber aufgehoben.[1]

Absatz 2: Anfechtbarkeit

Der zweite Absatz des § 94 befaßt sich mit der anfechtbaren Ehe. Ihr Wesen liegt darin, daß ihr Bestand dem öffentlichen Interesse nicht widerspricht, sondern nur dem Privatinteresse einer bestimmten Person, der deshalb das Recht erteilt wird, die Ungültigerklärung der Ehe zu verlangen. Daher ist das Ungültigkeitsverfahren auch nicht von Amts wegen vorzunehmen, sondern nur auf Antrag des hiezu Berechtigten. Fühlt sich der Anfechtungsberechtigte durch den Bestand der Ehe in seinen Rechten nicht verletzt oder besser gesagt: verzichtet er auf das Recht, die Ungültigerklärung der Ehe zu verlangen, dann bleibt die Ehe gültig, und zwar so lange, bis das Anfechtungsrecht geltend gemacht wird. Der Entwurf wählt diesen Standpunkt an Stelle desjenigen des geltenden Rechtes, welches den Anfechtungsgrund als privates Ehehindernis auffaßt und daher auch die anfechtbare Ehe als ungültig behandelt, jedoch mit der Einschränkung, daß diese Ungültigkeit nicht von jedermann geltend gemacht werden kann. Dagegen ist dem Entwurf aus den in der Einleitung zum ersten Abschnitt angeführten Gründen der Begriff des privaten Ehehindernisses nicht mehr bekannt; demzufolge faßt der Entwurf die anfechtbare Ehe auch nicht mehr als ungültig, sondern zunächst als gültig auf, allerdings ist diese Gültigkeit bedingt durch den Willen des Anfechtungsberechtigten; macht dieser von seinem

[1] Siehe auch die Begründung zu Artikel 49, Z. 1.

Rechte Gebrauch, dann wird die Ehe von Anfang an als ungültig angesehen; solange die Anfechtungsklage jedoch nicht erhoben und ihr rechtskräftig stattgegeben wurde, ist die Ehe gültig. Dieser Standpunkt wird durch Absatz 2 Satz 2 zum Ausdruck gebracht. Der Unterschied gegenüber dem geltenden Recht ist allerdings mehr ein theoretischer; in der praktischen Wirkung laufen das geltende Recht und der Entwurf auf dasselbe hinaus.

Des weiteren regelt der zweite Absatz, wie schon eingangs erwähnt, die bisher in den §§ 95 und 96 behandelte Frage, wer zur Anfechtung der Ehe berechtigt ist, ebenso wie der erste Absatz die Frage behandelt, wer zur Einleitung des Nichtigkeitsverfahrens berechtigt ist. Während das geltende Recht diese Frage so regelt, daß es alle diejenigen Personen aufzählt, die zur Anfechtung nicht berechtigt sind, schlägt der Entwurf den entgegengesetzten Weg ein: er zählt taxativ diejenigen Personen auf, die berechtigt sind, einen Anfechtungsgrund geltend zu machen. Dadurch erübrigen sich die bisherigen §§ 95 und 96.

Die Anfechtungsgründe lassen sich in zwei Gruppen einteilen: in die Anfechtungsgründe der §§ 55 bis 60, in denen die Ehe wegen des Willenmangels eines der Ehegatten (Zwang, Irrtum, Furcht) anfechtbar ist[1] und in die Anfechtungsgründe der §§ 49 bis 51, in denen die Ehe deshalb anfechtbar ist, weil ein in seiner Handlungsfähigkeit Beschränkter (Minderjähriger, Pflegebefohlener) eine Ehe ohne Einwilligung seines gesetzlichen Vertreters geschlossen hat. In den Fällen der ersten Kategorie (§§ 55 bis 60) ist selbstverständlich der gezwungene, irrende oder getäuschte Ehegatte derjenige, der durch den Bestand der Ehe in seinen Rechten verletzt wird und demnach derjenige, der anfechtungsberechtigt ist. Dem anderen Ehegatten steht in diesen Fällen ein Anfechtungsrecht nicht mehr zu, da er die Ehe aus freiem Willen und so geschlossen hat, wie er sich dieselbe vorstellte.[2] In denjenigen Fällen, in denen die Ehe wegen mangelnder Einwilligung des gesetzlichen Vertreters anfechtbar ist, ist zur Anfechtung zunächst der gesetzliche Vertreter berechtigt, da es dessen Aufgabe ist, den Minderjährigen oder Pflegebefohlenen, nötigenfalls selbst gegen dessen Willen, vor ihm unvorteilhaften Rechtshandlungen, im besonderen Falle der Eingehung einer Ehe, zu schützen. Dieses Recht ist jedoch nicht ein persönliches Recht, sondern steht ihm nur in seiner Eigenschaft als Vertreter zu: das Recht erlischt daher, sobald seine Vertretungsbefugnis endet, denn nur so lange hat er die Interessen des Minderjährigen (Pflegebefohlenen) zu wahren und nur zum Zwecke der Wahrung dieser Interessen wird ihm das Anfechtungsrecht gewährt. Auch diese Bestimmung ist nicht neu, sondern nur dem geltenden Recht (§ 96,

[1] Auch der Anfechtungsgrund der Impotenz nach § 60 ABGB erscheint in der Fassung des Art. 6 nur mehr als ein besonderer Fall eines Irrtums.

[2] Siehe im übrigen die Ausführungen zur Art. 1 und 3, Z. 1.

Satz 2) entnommen. Neu dagegen ist die Bestimmung, daß auch der in seiner Handlungsfähigkeit beschränkte Ehegatte ein Anfechtungsrecht hat. Nach geltendem Recht schließt dies § 95 ausdrücklich aus und entzieht dem beschränkt handlungsfähigen Ehegatten, der eigenmächtig eine Ehe geschlossen hat, zur Strafe dafür das Anfechtungsrecht. Allein es muß bedacht werden, daß die Bestimmung, die dem Minderjährigen (Pflegebefohlenen) die eigenmächtige Eingehung einer Ehe untersagt, getroffen wurde, gerade um ihn vor unüberlegten Handlungen zu schützen, deren Tragweite er nicht einzusehen vermag. Wenn er nun eigenmächtig eine Ehe geschlossen hat, so muß er gleichwohl vor den Folgen, die er zufolge seiner noch nicht voll entwickelten (Minderjähriger) oder getrübten (Pflegebefohlener) Einsichtsfähigkeit gar nicht beurteilen konnte, geschützt werden und es muß verhindert werden, daß er für einen unüberlegten Leichtsinn, für den er moralisch wegen seiner Jugend oder seines geistigen Zustandes gar nicht zur Verantwortung gezogen werden kann, sein ganzes Leben lang büßen muß. Deshalb gibt der Entwurf nach Vorbild des deutschen bürgerlichen Gesetzbuches in diesem Falle auch dem Ehegatten selbst ein Anfechtungsrecht.

§ 95

Ziffer 1

Durch die Anfechtung soll dem Anfechtungsberechtigten ermöglicht werden, aus einer Ehe, die er gegen seinen wahren Willen oder unüberlegt geschlossen hat, wieder herauszukommen. Diesem Interesse, das auf Ungültigerklärung der Ehe gerichtet ist, steht jedoch das Interesse des anderen Ehegatten gegenüber, das die Gültigkeit der Ehe verlangt; ebenso können auch dritte Personen ein rechtliches, oder doch wenigstens ideelles Interesse daran haben, daß die Ehe gültig bleibt, z. B. die aus der Ehe entstammenden Kinder, für die es, wenn auch ihre Ehelichkeit durch die Anfechtung der Ehe nicht berührt wird, doch jedenfalls angenehmer ist, wenn die Ehe, aus der sie entstammen, gültig bleibt. Um all diesen Interessen möglichst gerecht zu werden und auch dritte Personen nach Tunlichkeit zu schonen, soll daher die Ehe nur dann für ungültig erklärt werden, wenn ein anderes Mittel, um den Anfechtungsberechtigten zu befriedigen, nicht möglich ist. Nun soll, wie gesagt, dem Anfechtungsberechtigten durch die Anfechtung die Möglichkeit geboten werden, aus der Ehe herauszukommen; kann er dies auf andere Weise erreichen, dann bedarf es der Anfechtung nicht. Das ist dann der Fall, wenn die Ehe ohnedies schon aufgelöst ist; er braucht dann nicht erst besonders aus der Ehe herauszukommen, denn dies ist ihm schon dadurch ermöglicht, daß die Ehe nicht mehr besteht. Es wird daher aus dem deutschen Recht die Bestimmung übernommen, daß die Anfechtung der Ehe ausgeschlossen ist, sobald die Ehe aus welchem Grunde immer aufgelöst wird, es mag die Lösung durch den Tod oder durch gerichtliche Trennung erfolgen. Ebenso ist die Anfechtung aber auch nach Ausspruch der Scheidung ausgeschlossen, denn in diesem Falle kann gemäß Artikel 32 (§ 119) der anfechtungsberechtigte Ehegatte jederzeit verlangen, daß die Scheidung in eine Trennung umgewandelt wird; auch hier ist ihm also mühelos die Möglichkeit geboten, aus der Ehe herauszukommen und eine Ungültigerklärung kann zur Schonung dritter Personen unterbleiben.

Eine Ausnahme gilt jedoch dann, wenn die Ehe durch den Tod des Anfechtungsberechtigten zu einer Zeit gelöst wird, da die Anfechtungsklage bereits erhoben war. Zweck dieser Bestimmung ist der: Durch Erhebung der Anfechtungsklage hat der anfechtungsberechtigte Ehegatte deutlich genug zu verstehen gegeben, daß er sich durch den Bestand dieser Ehe in seinen Rechten verletzt fühle, daß er die Ungültigerklärung der Ehe verlange und dem anderen Teil die durch die Ehe erworbenen Rechte entziehen wolle. Es soll dann nicht von dem Zufall abhängig gemacht werden, ob der Anfechtungsberechtigte den Ausgang des Prozesses noch erlebt. Insbesonders soll die Fortführung des Anfechtungsprozesses nach dem Tode des Berechtigten folgendes bezwecken: bliebe in diesem Falle die Ehe gültig, so würden dem überlebenden Ehegatten durch den Tod des Anfechtungsberechtigten erbrechtliche Ansprüche entstehen. Durch Erhebung der Anfechtungsklage hat aber der Erblasser zum Ausdruck gebracht, daß er die Wirkungen der Ehe rückgängig machen, mithin dem anderen Ehegatten auch seine erbrechtlichen Ansprüche entziehen wolle; sowohl zur Wahrung des Willens des Erblassers als im Interesse der übrigen Erben ist es daher wichtig, diesen Prozeß zu Ende zu führen. Ebenso wie § 759, Abs. 2, in der Fassung der ersten Teilnovelle gestattet, daß in diesem Falle ein Scheidungs- oder Trennungsprozeß noch nach dem Tode des Klägers fortgesetzt werden darf, muß dann das gleiche auch für die Fortsetzung eines Anfechtungsprozesses gelten, um Klarheit über das Bestehen oder Nichtbestehen von erbrechtlichen Ansprüchen des überlebenden Ehegatten zu schaffen.

Ziffer 2

Wie jedes Privatrecht, so ist auch das Anfechtungsrecht ein verzichtbares Recht; es ist daher möglich, daß das Anfechtungsrecht durch Verzicht verloren geht. Einen solchen Verzicht, verbunden mit dem Verlust des Anfechtungsrechtes erblickt das geltende Recht darin, daß der Anfechtungsberechtigte nach Kenntnis des Anfechtungsgrundes die Ehe, d. h. den geschlechtlichen Verkehr fortsetzt.

Diese Bestimmung, die Ehe auf diese Weise gegen eine Anfechtung sichern zu wollen, erreicht jedoch nicht ganz den gewünschten Zweck. Sie setzt wie gesagt voraus, daß der Anfechtungsberechtigte nach Kenntnis des Anfechtungsgrundes mit dem anderen Ehegatten den geschlechtlichen Verkehr fortsetzt; sie kann daher nicht zu dem gewünschten Erfolg führen, wenn zur Zeit der Kenntnis des Anfechtungsgrundes ein geschlechtlicher Verkehr zwischen den Ehegatten nicht mehr besteht und versagt überdies gänzlich, wenn nicht ein Ehegatte, sondern ein Dritter (gesetzlicher Vertreter) der Anfechtungsberechtigte ist.

Um auch in solchen Fällen die Möglichkeit zu gewähren, die Anfechtbarkeit der Ehe zu beheben — was oft im Interesse der Beteiligten gelegen ist, um ihnen Sicherheit darüber zu verschaffen, ob ihre Ehe weiter bestehen wird oder nicht — setzt der Entwurf an Stelle der Fortsetzung des geschlechtlichen Verkehrs, wodurch nach geltendem Recht auf das Anfechtungsrecht verzichtet wird, nach Vorbild des deutschen Rechtes die Bestätigung der Ehe. Die Anfechtbarkeit beruht, wie in den Ausführungen zu § 94, Abs. 2, erwähnt, auf einem Willensmangel; wird dieser mangelnde Willen nachträglich beigebracht, so muß die Anfechtbarkeit wegfallen. Diese nachträgliche Beibringung des mangelnden Willens erfolgt in Form der Bestätigung der Ehe, also dadurch, daß der Anfechtungsberechtigte erklärt, die Ehe genehmigen, bzw. fortführen zu wollen. Dadurch wird es auch in solchen Fällen ermöglicht, die Anfechtbarkeit der Ehe zu beheben, wo ein geschlechtlicher Verkehr zwischen den Ehegatten nicht mehr besteht.

Unter einer solchen Bestätigung ist vor allem der ausdrückliche Verzicht auf das Anfechtungsrecht zu verstehen. Doch muß dieser Verzicht nicht gerade expressis verbis erfolgen, sondern ein Verzicht liegt auch dann vor, wenn der Anfechtungsberechtigte nach Kenntnis des Anfechtungsgrundes die Ehe gleichwohl gutheißt, d. h. wenn er sie eben bestätigt; deshalb wählt der Entwurf an Stelle des Wortes: „Verzicht“, das Wort: „Bestätigung“. Eine solche Bestätigung kann ebenfalls ausdrücklich oder durch entsprechende konkludente Handlungen erfolgen, die den Bestätigungswillen zum Ausdruck bringen. Wann dies der Fall ist, bleibt der Beurteilung des Richters überlassen; nur hält es der Entwurf dabei für notwendig, davor zu warnen, eine ganz bestimmte Handlung allzu leichtfertig als Bestätigung der Ehe aufzufassen, nämlich die Fortsetzung des geschlechtlichen Verkehrs. Da nach geltendem Recht diese Fortsetzung schlechthin das Mittel ist, wodurch das Anfechtungsrecht verloren geht, so liegt die Gefahr nahe, daß bei einer oberflächlichen Interpretation des Ausdrucks: „Bestätigung“ jede Fortsetzung des geschlechtlichen Verkehres schlechthin als Bestätigung der Ehe aufgefaßt wird. Eine solche schablonenhafte Interpretation, die zu befürchten ist, soll vermieden werden; die Fortsetzung des geschlechtlichen Verkehrs nach Kenntnis des Anfechtungsgrundes kann und wird wohl auch in der Regel als Bestätigung der Ehe aufzufassen sein, doch muß dies nicht unbedingt der Fall sein. Auf diese Möglichkeit soll durch den Nachsatz zu Ziffer 2 hingewiesen werden, daß Fortsetzung des geschlechtlichen Verkehrs nicht unbedingt eine Bestätigung der Ehe sein muß.

§ 96

Mit § 96 will der Entwurf eine empfindliche Lücke des geltenden Rechtes schließen. Das geltende Recht läßt zwar das Anfechtungsrecht durch Fortsetzung der Ehe erlöschen, es befristet jedoch im übrigen die Anfechtungsklage nicht. Soferne es nur nach Kenntnis des Anfechtungsgrundes nicht zum geschlechtlichen Verkehr zwischen den Ehegatten kommt, kann der Ehegatte die Ehe jederzeit anfechten, auch nach zehn Jahren, nach zwanzig Jahren nach Kenntnis des Anfechtungsgrundes. Auch § 95 des Entwurfes, der das Anfechtungsrecht durch Bestätigung erlöschen läßt, bietet dagegen noch keine wirksame Abhilfe, denn eine solche Bestätigung der Ehe setzt voraus, daß der Anfechtungsberechtigte dazu bereit ist; bestätigt er aber die Ehe nicht, dann ist eine Abhilfe nicht möglich.

Dadurch entsteht aber ein ganz unmöglicher Zustand. Der nicht anfechtungsberechtigte Ehegatte ist ständig in Ungewißheit darüber, wie lange seine Ehe noch weiter besteht, wie lange nicht; der Anfechtungsberechtigte seinerseits ist in die Lage versetzt, die Ehe so lange fortsetzen zu können, als es ihm beliebt, es darf nur zu keinem geschlechtlichen Verkehr kommen; paßt es ihm aber nicht mehr, dann greift er ganz einfach auf einen vielleicht Jahre zurückliegenden Anfechtungsgrund und ficht die Ehe an. Aber der Anfechtungsberechtigte kann auch noch Ärgeres tun; es ist ihm in die Hand gegeben, durch Drohung auf den anderen Ehegatten ständig einen Druck auszuüben, indem er ihn nötigt, in allem seinen Willen zu tun, widrigenfalls er die Ehe anfechten werde. Ein solcher Zustand muß verhindert werden. Der Entwurf beschränkt daher die Geltendmachung des Anfechtungsrechtes mit einer Frist und bemißt diese Frist nach Vorbild des deutschen bürgerlichen Gesetzbuches mit sechs Monaten. Diese Frist ist lang genug bemessen, daß sich der Anfechtungsberechtigte innerhalb derselben darüber ins Reine kommen kann, ob er die Ehe fortsetzen will oder nicht.

Abweichend vom deutschen bürgerlichen Gesetzbuch, das nur diese Frist von sechs Monaten kennt, setzt der Entwurf aber noch eine zweite Frist fest. Nach deutschem Recht ist die Anfechtungsklage insoferne befristet, als sie sechs Monate nach Kenntnis des Grundes erfolgen muß. Es kann jedoch, wenn nur diese Frist gewahrt wird, ohne Rücksicht auf den Zeitraum geklagt werden, der seit der Eingehung der Ehe verstrichen ist. Wenn also der Anfechtungsberechtigte erst zwanzig Jahre nach Eingehung der Ehe von dem Anfechtungsgrund erfährt, dann kann er auch noch zwanzig Jahre nach Eingehung der Ehe dieselbe anfechten. Diese schon oft bemängelte Bestimmung des deutschen bürgerlichen Gesetzbuches ist sehr hart. Eine bereits Jahrzehnte dauernde Ehe kann so plötzlich auf Grund von Tatsachen, die sich vor zwanzig Jahren oder noch länger ereignet haben, angefochten werden. Dies erscheint unbillig, um so mehr, als die Anfechtungsklage nach so langer Zeit für gewöhnlich nicht mehr deshalb erhoben wird, weil der Anfechtungsberechtigte, wenn er damals von dem Anfechtungsgrunde gewußt hätte, seinerzeit die Ehe nicht eingegangen wäre, sondern deshalb, weil der Anfechtungsberechtigte im Verlauf der Zeit seiner Ehe überdrüssig geworden ist und nun den Anfechtungsgrund als willkommene Gelegenheit begrüßt, um seine Ehe los zu werden. Ein solches Vorgehen soll verhindert werden. Deshalb setzt der Entwurf noch eine zweite Frist fest. Die Anfechtungsklage muß zwar sechs Monate nach erlangter Kenntnis, außerdem aber überhaupt zehn Jahre nach Eingehung der Ehe erhoben werden.

Das Anfechtungsrecht wird hiebei durch Klage geltend gemacht. Hiebei wird aus dem geltenden Recht, das in diesem Punkt auch mit dem deutschen Recht übereinstimmt, die Bestimmung übernommen, daß Ehegatten, die in ihrer Handlungsfähigkeit beschränkt sind, im Anfechtungsverfahren prozeßfähig sind, und daher auch ohne Genehmigung ihres gesetzlichen Vertreters die Klage erheben dürfen.

Die beiden Fristen für die Anfechtungsklage laufen jedoch nicht, solange dem Anfechtungsberechtigten vernünftigerweise nicht zugemutet werden kann, die Klage zu erheben. Das ist insbesonders der Fall, solange ein Nichtigkeitsverfahren im Gange ist. Solange nämlich ein amtswegiges Verfahren läuft, das auf die Ungültigerklärung der Ehe gerichtet ist, hat der Anfechtungsberechtigte keinen Anlaß, seinerseits noch auf Anfechtung zu klagen, denn mehr als das, worauf das Nichtigkeitsverfahren gerichtet ist, nämlich die Ungültigerklärung der Ehe, kann er mit seiner Anfechtungsklage auch nicht erreichen. Der Anfechtungsberechtigte wird daher vernünftigerweise nur dann klagen, wenn das Nichtigkeitsverfahren ergebnislos verlaufen ist. Damit ihm aber nicht unterdessen sein Klagerecht verjährt, muß der Fristablauf für die Anfechtungsklage auf die Dauer des Nichtigkeitsverfahrens gehemmt werden.

Ähnlich ist es bei einer Trennung oder Scheidung. Der Anfechtungsberechtigte wird es vielleicht vorziehen, an Stelle der Anfechtung der Ehe sich scheiden oder trennen zu lassen (woferne ein Scheidungs- oder Trennungsgrund gegeben ist), weil dies für ihn günstiger ist, z. B. deshalb, weil er dadurch Alimente oder Schadenersatz wegen Auflösung der Ehepakte bekommt. Auch Schonung und Rücksicht für den anderen Teil kann den Anfechtungsberechtigten veranlassen, nicht auf Ungültigerklärung der Ehe zu dringen, sondern zunächst zu versuchen, auf andere Weise, also durch Scheidung oder Trennung aus der Ehe herauszukommen. Wenn daher dem Ehegatten sowohl das Recht auf Anfechtung als auf Trennung (Scheidung) zusteht, so soll er in die Lage versetzt werden, auch beide Rechte geltend zu machen. Er kann jedoch nicht zu gleicher

Zeit auf Scheidung (Trennung) und auf Anfechtung klagen, sondern er muß zuerst das eine versuchen; hat er damit keinen Erfolg, dann soll es ihm möglich sein, auch das andere Mittel, in diesem Falle die Anfechtung zu versuchen. Damit ihm aber die Anfechtungsklage in der Zeit, in der der Scheidungs- oder Trennungsprozeß läuft, nicht verjährt, so muß der Lauf der Anfechtungsfrist auf die Dauer des anderen Prozesses gehemmt werden.

Dasselbe gilt von der einverständlichen Scheidung und Trennung. Hier wird der Fall für gewöhnlich so liegen, daß der Anfechtungsberechtigte aus Schonung für den anderen Teil diesem vorschlägt, anstatt der Ungültigerklärung lieber in eine freiwillige Scheidung oder Trennung einzuwilligen. Kommt dann ein solches Einverständnis bei der Trennung oder Scheidung nicht zustande, dann soll dies dem Anfechtungsberechtigten nicht dadurch schaden, daß inzwischen die Frist für die Anfechtungsklage verstrichen ist.

Artikel 22

Der gegenwärtige § 98, der bestimmt, daß, wenn bei einer nichtigen Ehe der Nichtigkeitsgrund durch Dispensation gehoben werden kann, der Richter dahin wirken soll, daß die Ehegatten von dem Ehehindernis Dispens erlangen und eine neue Eheschließung vornehmen, wird dadurch hinfällig, daß der Entwurf eine Dispensation von Ehehindernissen nicht mehr kennt. Dieser Paragraph wird daher aufgehoben; an seine Stelle treten jedoch einige neue Bestimmungen für das Anfechtungsverfahren, die mit Rücksicht auf das geänderte Anfechtungsrecht notwendig werden.

§ 98

Das geltende Recht faßt den Anfechtungsgrund als Ehehindernis, daher das Anfechtungsverfahren als eine Abart des Nichtigkeitsverfahrens auf. Mit der Änderung des materiellen Anfechtungsrechtes muß daher auch das Anfechtungsverfahren neu geregelt werden. Nun ähnelt das Anfechtungsverfahren dem Nichtigkeitsverfahren insoweit, als beide Verfahrensarten auf dasselbe Ziel gerichtet sind, nämlich auf Ungültigerklärung der Ehe. Der Entwurf läßt daher in Übereinstimmung mit dem geltenden Recht für das Anfechtungsverfahren grundsätzlich die gleichen Vorschriften gelten wie für das Nichtigkeitsverfahren. Es wird also auch hier ein Verteidiger des Ehebandes bestellt und der Richter hat die Pflicht, von Amts wegen zu erforschen, ob eine Anfechtungsklage begründet ist oder nicht, und zwar deshalb, weil das Gesetz, das an der Gültigkeit der Ehe interessiert ist, die Ungültigerklärung der Ehe im Gegensatz zur Scheidung nur aus ganz bestimmten Gründen zuläßt und verhindern will, daß die Ehegatten, die ihre Ehe ungültig erklärt haben wollen, im Einverständnis miteinander unter Vorspiegelung falscher Tatsachen Scheinprozesse führen.

In einem Punkt glaubt jedoch der Entwurf, für das Anfechtungsverfahren eine Bestimmung treffen zu müssen, die von den für das Nichtigkeitsverfahren geltenden Bestimmungen abweicht. Während nämlich zufolge § 99 ABGB. im Nichtigkeitsverfahren das Beweismittel der Parteienvernehmung und des Parteieneides unzulässig ist, soll im Anfechtungsverfahren die Möglichkeit dieser Beweismittel bestehen. Ehehindernisse können nämlich ausnahmslos bewiesen werden, ohne die Aussage der Ehegatten in Anspruch nehmen zu müssen; dagegen ist dies bei den Anfechtungsgründen, wie sie der Entwurf vorsieht, nicht immer möglich. Ob sich ein Ehegatte über wesentliche persönliche Eigenschaften des anderen Teiles im Irrtum befunden hat, werden andere Personen oft nicht wissen. Ebenso, wenn der eine Ehegatte den anderen bei Eingehung der Ehe über wesentliche Umstände getäuscht hat, so wird eine solche Täuschung in der Regel auch nicht vor anderen Personen, sondern unter vier Augen stattgefunden haben und nur die Ehegatten selbst können darüber Auskunft geben, ob und in welchem Umfang eine Täuschung erfolgt ist. Würde man hier den Beweis durch Parteienvernehmung ausschließen, so würden in der Regel die wegen Irrtums erhobenen Anfechtungsklagen — und das werden gewöhnlich die häufigsten sein — niemals bewiesen werden können. Das Anfechtungsrecht des Klägers würde damit in der Regel illusorisch werden, da es dem Kläger nicht gelingen könnte, seine Angaben zu beweisen. Aus diesen Gründen will der Entwurf das Beweismittel der Parteienvernehmung im Anfechtungsverfahren wenigstens im beschränkten Maße zulassen. Eine solche Beschränkung ist schon durch die Vorschriften der Zivilprozeßordnung gegeben, da der Beweis durch Parteienvernehmung auch sonst nur dann zulässig ist, wenn die behaupteten Tatsachen anders nicht bewiesen werden können. Zu einer Parteienvernehmung wird es demnach auch im Anfechtungsverfahren nur dann kommen, wenn andere Beweismittel, oder auch der Beweis, daß die in der Klage angeführten Tatsachen nicht der Wahrheit entsprechen, unmöglich sind. Eine zweite Beschränkung ist durch den Entwurf selbst gegeben. Der Beweis durch Parteienvernehmung ist zwar möglich, die Parteien dürfen jedoch nicht durch Geständnis Tatsachen außer Beweis setzen. Die Vorschrift des § 266 ZPO., daß Tatsachen, die vom Gegner ausdrücklich zugestanden werden, als erwiesen zu gelten haben, findet im Anfechtungsverfahren keine Anwendung, denn dies würde sich damit, daß der Richter unabhängig von dem, was die Parteien vorbringen, die Wahrheit zu erforschen hat, nicht vertragen. Wenn daher die in der Anfechtungsklage angeführten Tatsachen vom Prozeßgegner auch ausdrücklich zugestanden werden, so kann der Richter diesen Aussagen zwar Glauben schenken, muß es aber nicht tun, sondern hat allein nach den Grundsätzen der freien Beweiswürdigung vorzugehen.

Sechster Abschnitt

Ehetrennung und Scheidung

Das Scheidungs- und Trennungsrecht, das in Österreich, abgesehen vom Burgenland, gegenwärtig in Kraft steht, ist durch folgendes charakterisiert: es kennt zwei Möglichkeiten der Aufhebung einer Ehe: die Trennung, die das Band der Ehe und die damit verbundenen Wirkungen gänzlich aufhebt und die Scheidung von Tisch und Bett; letztere ist dadurch gekennzeichnet, daß zwar die mit der Ehe verbundenen Pflichten, die den Ehegatten gegenseitig obliegen (Pflicht zum geschlechtlichen Verkehr, Pflicht zum gemeinschaftlichen Leben usw.), erlöschen; das Band der Ehe besteht jedoch weiter, die Ehegatten können daher keine neue Ehe eingehen; die Scheidung von Tisch und Bett ist also, wie schon ihr Name sagt, nicht eine Auflösung der Ehe als solche, sondern vielmehr nur eine Aufhebung der ehelichen Gemeinschaft. Wie in ihren Wirkungen, so unterscheiden sich nach geltendem Recht Trennung und Scheidung auch in ihren Voraussetzungen. Die Scheidung ist noch aus anderen Gründen zulässig als die Trennung, jene wird in einem anderen Verfahren ausgesprochen als diese. Der Hauptunterschied besteht aber darin, daß das Scheidungsrecht für sämtliche Ehen aller Konfessionen das gleiche ist; dagegen gilt nicht dasselbe für die Trennung. Diese ist, je nach der Konfession, der die beiden Ehegatten angehören, oder zur Zeit der Eheschließung angehört haben, verschieden. Für Katholiken ist sie überhaupt nicht möglich, für Juden nur im beiderseitigen Einverständnis oder wegen Ehebruch der Frau, für akatholische Christen ist sie auch aus anderen, im Gesetz aufgezählten Gründen möglich; den letzteren gleichgestellt sind die Konfessionslosen, so daß wir also in Österreich gegenwärtig drei bzw. vier verschiedene, nach Konfessionen geordnete Eherechte haben; dazu kommt als fünftes das burgenländische.

Demgegenüber sieht der Entwurf folgende Änderungen vor: Die Auflösungsmöglichkeit sämtlicher Ehen ohne Rücksicht auf die Konfession der Ehegatten wird einheitlich geregelt, und zwar in der Weise, daß eine gänzliche Auflösung der Ehe (Ehetrennung) für jede Ehe, ohne Rücksicht auf das religiöse Bekenntnis der Ehegatten bei Vorliegen von wichtigen, im Gesetz aufgezählten Gründen möglich ist. Neben dieser gänzlichen Auflösung des Ehebandes, also der Trennung, behält der Entwurf die Scheidung bei, bei welcher die eheliche Gemeinschaft, sowie die sonstigen, durch die Ehe begründeten Pflichten erlöschen, bei welcher jedoch das Band der Ehe weiterbesteht, so daß keiner der Ehegatten eine neue Ehe eingehen kann. Die Gründe, aus denen eine solche Scheidung verlangt werden kann, sind die gleichen wie bei der Trennung: es obliegt den Ehegatten, welchen der beiden Wege sie wählen wollen. Auch sonst wird die Scheidung in ihren Voraussetzungen und Wirkungen, sowie in prozeßrechtlicher Hinsicht der Trennung völlig gleichgestellt. Der einzige Unterschied ist, daß bei der Scheidung das Band der Ehe weiterbesteht, so daß die Ehegatten keine neue Ehe eingehen können, während bei der Trennung auch das Eheband erloschen ist. Die beiden wesentlichen Änderungen des Entwurfes sind also: die Schaffung eines interkonfessionellen Trennungsrechtes, verbunden mit der grundsätzlichen Auflösungsmöglichkeit jeder Ehe und die rechtlich gleichartige Behandlung von Trennung und Scheidung.

Die Gründe für eine solche Änderung zu nennen, kann sich der Entwurf füglich ersparen. Der Zustand, der auf Grund der Bestimmung eingerissen ist, daß das Band einer katholischen Ehe nur durch den Tod gelöst werden kann, spricht eine bessere Sprache, führt die Notwendigkeit einer Reform des Eheauflösungsrechtes deutlicher, dringlicher vor Augen, als es Worte vermöchten. Dispensehen, Konflikt zwischen Zivilgerichten und Verfassungsgerichtshof, die unzähligen illegitimen Verhältnisse und die aus ihnen entstandenen unehelichen Kinder — das sind die Folgen. Jedes weitere Wort erübrigt sich.

Nur ein Einwand, der immer wieder angeführt wird, verdient, daß man ihm besondere Beachtung schenkt. Es wird behauptet, daß, wenn man die gänzliche Auflösung des Ehebandes gestattet, die Institution der Ehe als solche und damit die Grundlagen für Staat und Familie herabgesetzt und erschüttert werden. Es ist unbegreiflich, wieso gerade diese Behauptung aufgestellt werden kann. Mit der Scheidung wird die eheliche Gemeinschaft aufgehoben und diese, nicht das formelle unsichtbare Band der Ehe bilden die Voraussetzung für die Familie. Sobald die Ehegatten nicht mehr zusammenleben und jede Beziehung zwischen ihnen aufgehört hat, ist die Ehe praktisch erloschen; als Grundlage für die Familie, für den Staat kommt sie nicht mehr in Betracht. Das Aufrechterhalten des Ehebandes ist nur eine juristische Konstruktion, nichts weiter; eine andere Wirkung hat die Ehe nicht mehr. Wird dagegen das Band der Ehe gänzlich getrennt, so wird die Möglichkeit geschaffen, daß der getrennte Ehegatte sich wieder verheiratet, also eine neue Familie gründet und so eine neue gesunde Grundlage für Staat und Gesellschaft schafft. Im Interesse der Öffentlichkeit liegt es also nicht, daß die Ehegatten, wenn ihre eheliche Gemeinschaft aufgehoben wird, nunmehr im Zölibat leben. Dadurch verhindert der Staat nur, daß neue Familien auf gesunder Basis entstehen und beraubt sich so selbst wichtiger Stützpunkte. Aber nicht nur das: gerade die Unlösbarkeit des Ehebandes hat dazu geführt, daß die Institution der Ehe erschüttert und herabgesetzt wird. Fast in jedem lebt der Hang nach einem Heim und Familie. Und wenn es dem Ehegatten, dessen frühere Ehe zufolge einer Scheidung aufgehört hat zu bestehen, versagt ist, eine neue Familie auf legitime Weise gründen zu können, dann macht er es eben auf illegitime Art. Die

Folgen davon verspüren wir heute am eigenen Leib: Lebensgemeinschaft, Kameradschaftsehe, freie Ehe, wilde Ehe und wie diese Gebilde alle heißen mögen, sie erfreuen sich heute in Österreich einer derartigen Beliebtheit, daß jeder, dem an der Aufrechterhaltung des hohen ethischen Wesens der Ehe liegt, geradezu erschrecken muß. Die Gesellschaft hat sich mit diesen Erscheinungen abgefunden; sie sieht die Notwendigkeit ein, den illegitimen Weg zu betreten, wenn der legitime Weg verschlossen bleibt und anerkennt diese illegitimen Verhältnisse neben der Ehe. Ja selbst in unserem Rechtssystem beginnt sich diese Erscheinung einzuleben; die Judikatur schreibt diesen illegitimen Verhältnissen sogar schon beschränkte rechtliche Wirkung zu. Es ist einleuchtend, daß, wenn diese illegitimen Verhältnisse neben die gesetzliche Ehe treten und für gleichwertig mit ihr erklärt werden, für die letztere ein schwerer moralischer Schaden entsteht. Dazu kommt, daß diese illegitimen Verbindungen wegen des Mangels jeglicher Verpflichtung, sowie wegen der jederzeitigen Auflösungsmöglichkeit schon an und für sich sehr verlockend sind. Kommt nun noch dazu, daß die Ehe unauflöslich ist, so werden es sehr viele vorziehen, auf die Eingehung der Ehe zu verzichten und statt dessen die viel bequemere Lebensgemeinschaft zu wählen, wie es heute bei uns tatsächlich der Fall ist. Nicht die Auflöslichkeit des Ehebandes, sondern gerade seine Unauflöslichkeit hat dazu geführt, daß die Institution der Ehe erschüttert wurde und bedenklich in Mißkredit geraten ist.

Was den Einwand betrifft, daß durch Zulassung der Lösbarkeit auch jener Ehen, die nach den Religionsbegriffen der Ehegatten unlösbar sind, das religiöse Bekenntnis der Ehegatten nicht genügend berücksichtigt werde, so ist auch dieser Einwand nicht begründet. Dadurch, daß neben der völligen Auflösung des Ehebandes, wie sie die Trennung darstellt, auch die Scheidung zugelassen wird, ist auch jenen Ehegatten die Möglichkeit der Aufhebung ihrer ehelichen Gemeinschaft geboten, deren Religionsbegriffe die völlige Lösung einer Ehe nicht zulassen. Die Trennung ist nur für solche gedacht, deren Religion entweder die völlige Lösung des Ehebandes zuläßt, oder die sich nicht an die Vorschriften ihrer Religion halten wollen.

Aus diesen Ausführungen heraus versteht sich die zweite Maßnahme, die der Entwurf trifft, daß Scheidung und Trennung in ihren Voraussetzungen einander gleichgestellt werden, von selbst. Das geltende Recht nimmt den Standpunkt ein, daß bei der Scheidung die Ehe doch noch gewissermaßen weiterbesteht und läßt daher auch dort, wo eine Trennung grundsätzlich möglich ist, die Scheidung viel leichter zu als die Trennung. Wie oben gezeigt wurde, ist diese Ansicht nicht gerechtfertigt. Es ist zweifelsohne richtig, daß der Staat an dem Bestehen einer Ehe ein Interesse hat und daß daher die Auflösung einer Ehe nur aus schwerwiegenden Gründen zugelassen werden soll. Allein, wie oben gezeigt wurde, geht das Interesse der Öffentlichkeit nicht dahin, daß die Ehe juristisch, in den Augen des Gesetzes besteht, sondern dahin, daß die Ehe tatsächlich besteht, d. h., daß die Ehegatten auch wirklich miteinander in Gemeinschaft leben, daß sie dieselbe Wohnung, derselbe Haushalt vereint, mit einem Wort: daß sie wirklich eine Familie bilden, denn nicht die Ehe als solche, sondern die durch sie begründete Familie ist das staatserhaltende Element. Wenn daher die Ehe geschieden, das Familienleben somit zerstört ist, kommt die Ehe für das öffentliche Interesse nicht mehr in Betracht. Für die Öffentlichkeit kommt daher nur in Betracht, daß die eheliche Gemeinschaft nicht ungerechtfertigterweise, sondern nur aus triftigen Gründen aufgehoben wird. Da aber die eheliche Gemeinschaft nicht nur durch die Trennung, sondern auch durch die Scheidung aufgehoben wird, so ist jeder Lösungsgrund nur darauf zu prüfen, ob er eine Aufhebung der ehelichen Gemeinschaft rechtfertigt. Ist dies nicht der Fall, so muß nicht nur die Trennung, sondern auch die Scheidung versagt bleiben; ist es aber der Fall, so kann nicht nur die Scheidung, sondern auch die Trennung bewilligt werden, denn in beiden Fällen wird das öffentliche Interesse in gleicher Weise berührt: die Familie wird zerstört. Was dann nach Aufhebung dieser ehelichen Gemeinschaft noch weiter geschieht, ob das Eheband formell noch weiter besteht oder nicht, ist Angelegenheit der Ehegatten. Ob sie bei Vorliegen eines gerechtfertigten Lösungsgrundes nur die Scheidung oder auch die Trennung verlangen, bleibt ihnen überlassen. Die Scheidung erscheint nur mehr als eine Abart der Trennung, für jene gedacht, denen ihre Religion die völlige Lösung des Ehebandes verbietet und die sich an die Vorschriften dieser Religion halten wollen. In beiden Fällen muß aber der gleiche gerechtfertigte Grund vorliegen, der es infolge seiner Wichtigkeit gestattet, daß das öffentliche Interesse durch Aufhebung dieser Ehe verletzt wird.

Der Entwurf setzt daher nach Vorbild des deutschen bürgerlichen Gesetzbuches für Trennung und Scheidung die gleichen Bedingungen fest: wo eine Scheidung zulässig ist, dort ist auch die Trennung möglich und umgekehrt. Die Folge einer solchen Maßnahme ist, daß die Scheidung gegenüber dem geltenden Recht erschwert wird. Das geltende Recht läßt die Scheidung ziemlich leicht zu, da es der Ansicht ist, daß bei der Scheidung gewissermaßen die Ehe noch immer weiterbesteht. Daß diese Ansicht mit Hinblick auf das öffentliche Interesse nicht richtig ist, wurde soeben gezeigt. Auch durch die Scheidung wird das öffentliche Interesse verletzt. Nun ist aber, mit Rücksicht auf diese irrige Ansicht, die Scheidung nach geltendem Recht viel zu leicht möglich. Der Entwurf läßt daher auch die Scheidung nur mehr aus qualifizierten Gründen zu, und zwar aus den gleichen Gründen wie die Trennung. Die weitere Folge ist, daß, wie die Voraussetzungen, so auch die Wirkungen der Scheidung und Trennung die gleichen sind, und zwar sowohl in familienrechtlicher als in vermögensrechtlicher Hinsicht. Der einzige Unterschied ist nur der, daß bei der Scheidung das Eheband weiterbesteht. Da aber die Frage, ob das Eheband weiterbesteht oder nicht, nur vom Willen der Ehegatten abhängt, da unter den gleichen Voraussetzungen Scheidung oder Trennung erreicht werden kann, so ergibt sich die weitere Folge, daß es den Ehegatten nach dem bewährten Vorbild des deutschen bürgerlichen Gesetzbuches ermöglicht wird, die Scheidung in eine Trennung umzuwandeln (Artikel 32, § 119), wenn der Wille der Ehegatten nicht mehr auf Aufrechterhaltung des Ehebandes gerichtet ist. Die letzte Konsequenz, die sich daraus ergibt, ist, daß Scheidung und Trennung auch in prozeßrechtlicher Hinsicht gleich behandelt werden. Diese Änderungen werden durch die folgenden Abschnitte durchgeführt, und zwar die Gleichstellung von Scheidung und Trennung in ihren Voraussetzungen und familienrechtlichen Wirkungen durch diesen Abschnitt, die Gleichstellung hinsichtlich der vermögensrechtlichen Wirkungen durch den siebenten und elften Abschnitt und die prozessuale Gleichstellung durch den ersten Abschnitt des zweiten Teiles.

Artikel 23

Der Entwurf behält das Institut der einverständlichen Scheidung bei und dehnt es, der Tendenz, Scheidung und Trennung gleichzustellen, entsprechend auch auf die einverständliche Trennung aus. Zur Rechtfertigung einer solchen Maßnahme möge folgendes dienen: Das Institut der einverständlichen Scheidung ist von verschiedener Seite heftig bekämpft worden. Es wird insbesonders darauf hingewiesen, daß, wenn das Gesetz einerseits auf dem Standpunkt steht, daß eine Scheidung nur aus triftigen Gründen erfolgen soll, es diesem Standpunkt widerspricht, wenn andrerseits eine Scheidung schon dann zugelassen wird, wenn es beide Ehegatten übereinstimmend verlangen, also ohne daß ein triftiger Grund vorliegen muß. Es wird hierbei insbesonders auf das deutsche bürgerliche Gesetzbuch hingewiesen, das für jede Scheidung verlangt, daß eine vom Richter festzustellende Zerrüttung vorliegen muß, die überdies von einem der Ehegatten verschuldet sein muß. Nach deutschem Recht kann also die Scheidung nur bei verschuldeter Zerrüttung ausgesprochen werden. Dieser letzte Einwand ist um so bedenklicher, als ja gerade der Entwurf eine Angleichung an das deutsche Recht erzielen will.

Gleichwohl hat sich der Entwurf entschlossen, die einverständliche Scheidung beizubehalten, weil die Gründe, die dafür sprechen, noch schwerwiegender sind als diejenigen, die dagegen sprechen. Zunächst könnte dafür angeführt werden, daß der Entwurf damit den gegenwärtigen Rechtszustand übernimmt, der sich bei der Bevölkerung allgemeiner Beliebtheit erfreut. Noch schwerwiegender ist jedoch folgende Erwägung: Das öffentliche Interesse hat an dem Fortbestehen einer Ehe kein Interesse mehr, wenn dieselbe so zerrüttet ist, daß sie nicht mehr geeignet ist, eine taugliche Grundlage für ein Familienleben abzugeben; daher kann in solchen Fällen die Scheidung gestattet werden. Nun wird zwar eine solche Zerrüttung der Ehe häufig durch Verschulden eines der Ehegatten herbeigeführt; dies muß jedoch notwendigerweise nicht der Fall sein. Muß denn wirklich ein Verschulden vorliegen, damit die Ehegatten einander entfremdet werden? Verschiedene Charaktere, verschiedene Neigungen, verschiedene Lebensgewohnheiten, gegenseitige Enttäuschungen, wirtschaftliche Notlage und andere Momente, im Anfang oft winzig klein, später zu riesigen Dimensionen anwachsend, können dazu führen, daß die Ehegatten einander schließlich so entfremdet werden, daß ihre Ehe in Wahrheit keine Ehe mehr ist. Ist das ein Verschulden zu nennen? Man heiratet oft verhältnismäßig schnell, das Verlöbnis dauert oft nur kurze Zeit und ist kaum dazu geeignet, daß die Ehegatten gegenseitig ihr wahres Wesen kennen lernen. Erst im Laufe der Jahre, im ständigen Beisammensein in der Ehe tritt dies zu Tage. Dann erst zeigt es sich, ob die Eheschließung ein Treffer oder eine Niete war. Und wie leicht kann es da vorkommen, daß es sich herausstellt, daß die Ehe verfehlt war, daß die Ehegatten absolut nicht zueinander passen. Hier muß es eine Lösungsmöglichkeit geben. Was hat es für einen Sinn, Mann und Frau zu zwingen, im gleichen Zimmer zu schlafen, am gleichen Tisch zu essen, wenn sie einander so fremd, so gleichgültig geworden sind, wie die Person, neben der man in der Straßenbahn sitzt? Die einzige Lösung ist: Fort mit dieser Ehe! Die Ehe ist das Fundament der Gesellschaft. Aber eine verfaulte Stütze ist keine Stütze. Sie bewirkt nur, daß, wenn sie morsch zusammenbricht, das, was sie gestützt hat, mit ihr fällt. Diese Ehegatten, die zueinander nicht getaugt haben, können später noch eine glückliche andere Ehe schließen; zwingt man sie aber, zusammenzuleben, so wird aus dieser Ehe nie etwas werden.

Darum genügt es nicht, eine Scheidung nur dann zuzulassen, wenn einer der Ehegatten daran schuldtragend ist. Das deutsche bürgerliche Gesetzbuch aus dem Jahre 1900 hat zwar noch diesen Fehler gemacht; allein schon sieben Jahre später hat das Schweizer Zivilgesetzbuch eingesehen, daß es unzulänglich wäre, zur Scheidung immer ein Verschulden zu fordern. Das Schweizer Zivilgesetzbuch läßt daher eine Scheidung auch bei tiefer Zerrüttung der Ehe zu. Diese tiefe Zerrüttung kommt der einverständlichen Scheidung schon ziemlich nahe, da auch bei ihr ein Verschulden nicht mehr unbedingt erforderlich ist. Allein dieser Bestimmung haften noch zwei Mängel an. Nach Schweizer Recht kann ein Ehegatte wegen tiefer Zerrüttung des ehelichen Verhältnisses auf Scheidung klagen. Diese tiefe Zerrüttung ist nachzuweisen, sie muß auch für andere Personen erkennbar sein (objektive Zerrüttung), darf nicht nur nach Ansicht der klagenden Ehegatten bestehen (subjektive Zerrüttung). Die Frage, wann eine solche objektive Zerrüttung vorliegt, ist aber unendlich schwer zu beantworten. Wie schon aus dem Vorhergehenden ersichtlich, lassen sich die unverschuldeten Zerrüttungsmomente, im Gegensatz zu den verschuldeten, nicht in bestimmten, typischen Formen zusammenfassen, so daß man in jedem Fall sofort klar sagen könnte: hier ist ein Scheidungsgrund gegeben, hier nicht. Zerrüttung ist ein psychisches Moment. Um beurteilen zu können, ob eine solche tiefe Zerrüttung vorliegt, müßte der Richter also genauestens die Charaktere der Ehegatten, die ganze Geschichte des Verlaufs der Ehe in allen ihren Einzelheiten und Details kennen. lernen; dazu würde nicht allein die Aussage der Ehegatten genügen, die wahrscheinlich gefärbt wäre, sondern es müßten, streng genommen, alle Personen vernommen werden, die über diese Ehe Auskunft geben könnten, das wären so ziemlich alle Personen, mit denen die Ehegatten überhaupt verkehrt haben. Es ist einleuchtend, daß solche tiefgehende Forschungen, die, um ein richtiges Urteil zu ermöglichen, das Innerste des Seelenlebens der beiden Ehegatten aufdecken müßten, in einer oft nur wenige Stunden dauernden Verhandlung nicht möglich sind. Der Richter müßte also eigentlich jede, auf tiefe Zerrüttung gegründete Scheidungsklage abweisen, da die tiefe Zerrüttung nicht genügend nachgewiesen werden kann, oder aber — da sonst dieser Scheidungsgrund illusorisch werden würde — er wird den umgekehrten Weg einschlagen: Er wird sich damit begnügen, die in der Klageschrift angeführten Gründe auf ihr Vorhandensein zu überprüfen und wird, da natürlich immer einige Gründe für eine Zerrüttung angeführt und in der Klageschrift entsprechend aufgebauscht werden können, die Scheidung fast immer aussprechen. Das Resultat ist dann das gleiche wie schon bisher: Sobald die Scheidung beantragt wird, wird sie auch ausgesprochen werden; der Unterschied zum geltenden Recht wäre nur der, daß nach geltendem Recht der bloße Antrag genügt, während dann dafür auch einige Gründe angeführt werden müßten, indem tiefe Zerrüttung vorgeschützt werden müßte, was, wie gesagt, immer möglich ist, denn irgendeinen Anlaß werden die Ehegatten ja doch gehabt haben, wenn sie die Scheidung verlangen; wenn sie gut und glücklich miteinander gelebt haben, werden sie es nicht tun. — Daß einer solchen Scheidung wegen Zerrüttung immer stattgegeben werden würde, beweist folgendes: Nach heutigem Recht können sich akatholische Ehegatten wegen unüberwindlicher Abneigung trennen lassen; diese unüberwindliche Abneigung muß laut Entscheidung des Obersten Gerichtshofs bewiesen werden; auch muß dem Ansuchen nicht sofort stattgegeben werden, sondern der Richter soll, wenn nach seiner Ansicht noch Aussicht auf Wiedervereinigung vorhanden ist, es zuerst mit einer Scheidung versuchen. In Wahrheit wird aber heute jedem Trennungsbegehren wegen unüberwindlicher Abneigung stattgegeben, so, als wäre es überhaupt eine einverständliche Trennung. — Es läßt sich mit fast hundertprozentiger Gewißheit voraussagen, daß genau dasselbe der Fall wäre, wenn die einverständliche Scheidung durch eine Scheidung wegen tiefer Zerrüttung ersetzt würde; da ist es schon besser, lieber offen und ehrlich zu bekennen, daß man auch eine einverständliche Scheidung zuläßt; man erspart dadurch nur dem Gericht und den Ehegatten Arbeit und Kosten.

Der zweite Mangel, der dem Schweizer Recht zukommt, ist der, daß eine Scheidung wegen unverschuldeter tiefer Zerrüttung auch gegen den Willen des beklagten Ehegatten möglich ist. Auch das ist ein Fehler: Unter Zerrüttung ist eine gegenseitige Entfremdung der Ehegatten zu verstehen. Eine solche Entfremdung, also Zerrüttung, ist aber dann nicht anzunehmen, wenn der eine Ehegatte noch den Willen bezeigt, die Ehe fortzusetzen. Erst dann wird man hoffnungslose Zerrüttung annehmen können, wenn beide Ehegatten übereinstimmend davon überzeugt sind. Damit ist aber wieder gesagt, daß nicht tiefe Zerrüttung, sondern nur eine einverständliche Scheidung der einzig mögliche Weg ist.

Was nun endlich den Einwand betrifft, daß durch Beibehaltung der einverständlichen Scheidung die Rechtsgleichheit mit dem Deutschen Reiche nicht hergestellt wird, so ist dieser Einwand zwar gegenwärtig noch richtig, wird aber in voraussichtlich kurzer Zeit unbegründet sein. Im allgemeinen ist das österreichische Eherecht hinter dem deutschen zurück, in diesem Punkt ist es ihm aber voraus. Deutschland hat die Unhaltbarkeit seines bisherigen Standpunktes, die Scheidung nur aus Verschulden zuzulassen, schon eingesehen. In den beiden letzten Jahren (seit 1928) haben im Ausschuß des deutschen Reichstages für Rechtspflege Aktionen eingesetzt, dahingehend, daß die Scheidung auch ohne Verschulden eines der Ehegatten zulässig sein soll. Der Ausschuß hat auch bereits einen entsprechenden Beschluß in dieser Richtung gefaßt; die Scheidung soll auch bei unverschuldeter Zerrüttung möglich sein. Mit Rücksicht darauf, daß eine so einschneidende Reform Zeit braucht, ist dieser Beschluß des Ausschusses zwar noch nicht zum Gesetz erhoben worden; es ist jedoch zu erwarten, daß dies in absehbarer Zeit geschehen wird. Jedenfalls sind damit die Bahnen vorgezeichnet, in denen sich die deutsche Ehegesetzgebung bewegen wird. Die Gesetzgebung verläßt zunächst zögernd ihren jetzigen Standpunkt und will neben der verschuldeten auch die unverschuldete Zerrüttung als Scheidungsgrund gelten lassen, die allerdings noch gerichtlich erwiesen werden muß. Dabei wird es jedenfalls nicht bleiben; auf die Übelstände, die daraus entstehen würden, wurde bereits von maßgebenden Persönlichkeiten hingewiesen; der nächste Schritt wird dann der sein, daß die deutsche Ehegesetzgebung über die unverschuldete Zerrüttung, wie sie das Schweizer Recht kennt, zum Standpunkt des österreichischen Rechtes, nämlich der einverständlichen Scheidung gelangt. Man kann ruhig sagen, daß dieses Endziel der Bewegung in der deutschen Ehegesetzgebung schon heute vorgezeichnet ist, woferne es überhaupt zu einer solchen Bewegung kommt; daß dies aber der Fall ist, davon kann sich jedermann in den Zeitungen überzeugen, die von dieser Aktion, die derzeit im Gange ist, berichten. Österreich braucht sich also in diesem Punkte nicht an Deutschland anzugleichen, da in einigen Jahren das Entgegengesetzte eintreten wird: Deutschland ist im Begriff, sich in diesem Punkt an das österreichische Recht anzugleichen.

Endlich aber spricht für die Beibehaltung der einverständlichen Scheidung noch ein Grund. Das geltende Recht und ihm folgend der Entwurf verlangen für die freiwillige Scheidung das Einverständnis beider Ehegatten. Liegt aber ein solches Einverständnis vor, dann ist es den Ehegatten möglich, eine Scheidung auch dort zu erzwingen, wo sie sonst versagt ist. Sie könnten zunächst einmal einen gesetzlichen Scheidungsgrund vortäuschen; das ist aber nicht einmal notwendig. Hegen beide Ehegatten den festen Entschluß, sich scheiden zu lassen, dann können sie im geheimen Einverständnis miteinander Scheidungsgründe schaffen. Es braucht nur einer von ihnen einen Ehebruch zu begehen, was z. B. für den Mann ein Kinderspiel ist, da er sich jederzeit zu diesem Zweck von der Straße eine Prostituierte nehmen kann. Oder der eine Ehegatte fügt dem andern Teil empfindliche Kränkungen zu oder mißhandelt ihn, natürlich in beiderseitigem Einverständnis und der andere Teil klagt dann auf Scheidung. Noch einfacher, wenngleich etwas länger dauernd, ist es, böswilliges Verlassen zu konstruieren; der eine Teil verläßt den anderen „böswillig" und dieser klagt dann nach einiger Zeit auf Scheidung. Einem solchen Vorgehen gegenüber ist der Gesetzgeber machtlos; ein solcher Zustand bringt aber außer seiner Verlogenheit, die dadurch hervorgerufen wird, noch zwei Übel mit sich: Es wird dann die Ehe aus dem „Verschulden" des einen Ehegatten geschieden und diesem infolge seines Verschuldens, welches der Richter annehmen muß, da er die Wahrheit nicht weiß und nicht wissen kann, Verpflichtungen auferlegt, was ungerecht ist, da ja in Wirklichkeit der verurteilte Ehegatte nicht aus bösem Willen, sondern im Einverständnis mit dem anderen Teil gehandelt hat. Außerdem wird es aber in solchen Fällen dem Richter nie mehr gelingen, die Ehegatten zu versöhnen. Denn damit ein richterlicher Versöhnungsversuch gelingen soll, ist Voraussetzung, daß der Richter die wahre Ursache der Scheidung weiß; wenn aber die Ehegatten die wahren Gründe nicht nennen dürfen, sondern fingierte vorschützen müssen, so wird der Richter diesen wahren Grund niemals erfahren. Dagegen bringt die einverständliche Scheidung folgende Vorteile mit sich: Wenn die Ehegatten wissen, daß ihnen die Scheidung auf jeden Fall bewilligt werden muß, so werden sie auch nicht anstehen, die wahren Gründe ihres Vorhabens zu nennen. Dadurch ist dem Richter die Möglichkeit gegeben, die Ehegatten davon zu überzeugen, daß diese Gründe nicht so schwerwiegend sind und kann dadurch vielleicht noch eine Versöhnung bewirkt werden. Außerdem findet in diesem Fall die Regelung der vermögensrechtlichen Auseinandersetzung und Unterhaltspflicht in gerechter Weise statt, da es bekannt ist, daß keiner der Ehegatten an der Scheidung schuldtragend ist und daher auch keinem in der Meinung, er sei schuldig, ungerechtfertigte Verpflichtungen wegen dieses angeblichen Verschuldens aufgebürdet werden können.

Der Entwurf behält daher die einverständliche Scheidung bei und läßt unter denselben Voraussetzungen auch eine einverständliche Trennung zu. Als Begründung hierfür kann ebenfalls angeführt werden, daß damit der gegenwärtige Rechtszustand übernommen wird, nach welchem für Israeliten überhaupt eine einverständliche Trennung möglich ist und für Nicht-Juden, soferne eine Trennung überhaupt gestattet ist, zwar nicht eine einverständliche Trennung, aber doch als Surrogat hierfür die Trennung aus gegenseitiger unüberwindlicher Abneigung gestattet ist, die in ihrem Wesen der einverständlichen Trennung entspricht. Es entspricht dies ferner den Tendenzen des Entwurfes, der aus den in der Einleitung zu diesem Abschnitt angeführten Gründen Scheidung und Trennung gleich behandelt sehen will. Dies ist aber schon deshalb notwendig, weil nach den Bestimmungen des Entwurfes eine Scheidung in eine Trennung umgewandelt werden kann und es daher wenig Sinn hätte, wenn man eine einverständliche Trennung von vornherein nicht zulassen, dann aber gestatten würde, daß die einverständliche Scheidung in eine Trennung umgewandelt wird.

Für die einverständliche Trennung gelten dieselben Verfahrensvorschriften wie für die einverständliche Scheidung, da in beiden Fällen die gleichen materiell rechtlichen Voraussetzungen gelten und in beiden Fällen auch dasselbe Maß von Vorsicht anzuwenden, bzw. nicht anzuwenden ist, da die Öffentlichkeit von der einverständlichen Scheidung und Trennung in gleicher Weise berührt wird. Es werden daher die für die einverständliche Scheidung geltenden Vorschriften derart erweitert, daß sie auch für die Trennung gelten und dies schon in der Überschrift angedeutet.

Artikel 24

Der § 103 ABGB., welcher bestimmt, daß die Scheidung von Tisch und Bett den Ehegatten auf ihr übereinstimmendes Verlangen hin gestattet werden muß, wird dahin abgeändert, daß dies auch von der Trennung gilt.

Artikel 25

Der einverständlichen Scheidung (nach dem Entwurf auch der Trennung) hat ein Versöhnungsversuch voranzugehen. Dieser Versöhnungsversuch ist nach Vorschrift des § 104 ABGB. zu drei verschiedenen Malen vom Pfarrer der Ehegatten vorzunehmen. Durch das Gesetz vom 31. Dezember 1868, RGBl. Nr. 3 für 1869, wurde diese Bestimmung dahin abgeändert, daß der Versöhnungsversuch auch vom Gericht vorgenommen werden kann. In weiterer Ausführung dieser Vorschriften erklärt der Entwurf, daß der Versöhnungsversuch überhaupt immer vom Gericht vorzunehmen ist, und zwar deshalb, weil es sich gezeigt hat, daß, seitdem auch die Gerichte Versöhnungsversuche vornehmen können, die Ehegatten sich für gewöhnlich nicht mehr an den Seelsorger, sondern an das Gericht wenden, so daß die Versöhnungsversuche auch schon heute fast durchwegs durch das Gericht vorgenommen werden und die Bestimmung, daß auch der Seelsorger Versöhnungsversuche vornehmen kann, heute so ziemlich bedeutungslos ist.

Ziffer 1

Da § 104 nach der Absicht des Entwurfes nicht mehr nur für die Scheidung, sondern auch für die Trennung zu gelten hat, so wird sein Wortlaut, der gegenwärtig nur von der Scheidung spricht, dahin abgeändert, daß er auch für die Trennung gilt.

Ziffer 2 und 3

Da die Aufgabe des Pfarrers, den Versöhnungsversuch vorzunehmen, zur Gänze dem Gericht übertragen wird, so wird der Wortlaut des § 104, der vom Pfarrer spricht, entsprechend abgeändert.

Ziffer 4

Siehe Begründung zu Z. 1.

Ziffer 5

Nach Vorschrift des § 104 muß der Versöhnungsversuch, wenn er dem Seelsorger obliegt, zu drei verschiedenen Malen gemacht werden. Obliegt der Versöhnungsversuch jedoch dem Gericht, so ist er laut Vorschrift des Bundesgesetzes vom 23. Juni 1921, BGBl. Nr. 344, nur einmal vorzunehmen. Da nun der § 104 dahin abgeändert wird, daß der Versöhnungsversuch überhaupt nicht mehr dem Seelsorger, sondern nur dem Gericht obliegt, so hat auch die Vorschrift des § 104, Satz 3, zu entfallen, wonach der Versöhnungsversuch dreimal vorzunehmen ist.

Ziffer 6

Wenn der vom Seelsorger vorzunehmende Versöhnungsversuch mißlingt, so hat er den Ehegatten ein schriftliches Zeugnis darüber auszustellen, damit dem Gerichte der Nachweis erbracht werden kann, daß der Versöhnungsversuch vorgenommen wurde. Diese Vorschrift (§ 104, Satz 4) wird überflüssig, sobald der Versöhnungsversuch nicht mehr dem Seelsorger, sondern dem Gericht obliegt, das die Scheidung vornimmt, da dieses Gericht dann ohnedies weiß, daß ein Versöhnungsversuch stattgefunden hat.

Artikel 26

Die Ehe äußert nicht nur familienrechtliche, sondern auch vermögensrechtliche Wirkungen. Wird die Ehe gelöst, so müssen auch diese vermögensrechtlichen Verhältnisse auf irgendeine Art bereinigt werden. Erfolgt die Trennung (oder Scheidung) nicht einverständlich, so muß es das Gesetz übernehmen, diese Fragen zu bereinigen, da, wenn über die Scheidung (Trennung) kein Einverständnis zu erzielen war, in der Regel auch über die vermögensrechtliche Auseinandersetzung kein Einverständnis zu erzielen sein wird. Das Gesetz regelt diese vermögensrechtliche Auseinandersetzung in der Weise, daß es dem schuldigen Ehegatten Verpflichtungen auferlegt (Unterhaltspflicht, Schadenersatzpflicht für das Erlöschen der Ehepakte), um den schuldlosen Teil für die Vorteile, die er bisher aus der nunmehr geschiedenen (getrennten) Ehe hatte, zu entschädigen. Anders liegt der Fall bei der einverständlichen Scheidung (Trennung). Da keiner der Ehegatten an der Scheidung schuldtragend ist, so können auch keinem von beiden Verpflichtungen auferlegt werden; dies wäre schon deshalb ungerechtfertigt, weil beide Ehegatten freiwillig auf die Ehe und die damit verbundenen Vorteile verzichten; es können daher auch keinem gegen den andern irgendwelche Rechte entstehen. Zudem wäre eine Regelung durch das Gesetz schon deshalb sehr schwierig und oft unbillig, weil die Regelung dieser vermögensrechtlichen Auseinandersetzung von den Umständen abhängt, unter denen die Scheidung (Trennung) erfolgt, die aber in verschiedenen Fällen verschieden sein können. Es kann sein, daß eine einverständliche Scheidung oder Trennung deshalb erfolgte, weil die Ehegatten eingesehen haben, daß sie nicht zueinander paßten; es kann sein, daß der eine Ehegatte aus der Ehe herauskommen wollte und der andere Teil nur auf seine Bitte gegen eine entsprechende Entschädigung zugestimmt hat, es kann aber auch sein, daß sich der eine Ehegatte eines gesetzlichen Scheidungsgrundes schuldig gemacht hat, daß aber, damit die Sache nicht in die Öffentlichkeit dringt, nicht die gerichtliche Klage erhoben, sondern statt dessen der stillere Weg einer einverständlichen Scheidung beschritten wurde usw. In all diesen Fällen sind die Voraussetzungen andere und die Regelung der vermögensrechtlichen Auseinandersetzung wird mit Rücksicht auf die Schuldmomente, die dabei mitspielen, verschieden ausfallen.

Das Gesetz kann also die Regelung dieser vermögensrechtlichen Fragen nicht selbst in die Hand nehmen, da diese wahrscheinlich im einzelnen Fall unbillig ausfallen würde. Anderseits muß aber doch irgendeine

Regelung erfolgen, einerseits deshalb, weil gewisse Probleme, z. B. das Schicksal der Ehepakte, in irgendeiner Weise gelöst werden müssen, anderseits deshalb, weil es oft auch nicht dem Willen der Ehegatten entsprechen würde, wenn nach der Scheidung (Trennung) jede Verpflichtung wegfiele. Um diesen Umständen gerecht zu werden, wählt der Entwurf folgenden Weg: Eine Regelung der vermögensrechtlichen Fragen muß wohl erfolgen; das Gesetz entscheidet aber nicht selbst, sondern zwingt die Ehegatten, sich darüber zu vergleichen. Da die beiden Ehegatten die Ehe freiwillig aufgeben, so ist auch keiner verpflichtet, dem anderen etwas zu leisten; es ist den Ehegatten volle Vertragsfreiheit eingeräumt. Jeder muß selbst wissen, wieviel ihm die Scheidung wert ist, wie groß für ihn die daraus entstehenden Vor- und Nachteile sind. Sie können auch auf alle gegenseitigen Ansprüche verzichten, in irgendeiner Weise müssen sie sich aber einigen. Das Einverständnis muß sich nicht nur auf die Scheidung (Trennung) selbst, sondern auch auf alle Nebenumstände erstrekken. Die Ehegatten müssen daher anläßlich der Scheidung (Trennung) einen solchen Vergleich errichten, in dem alle die strittigen Punkte bereinigt sind.

Eine solche Bestimmung ist bereits dem geltenden Recht bekannt. Der gegenwärtige § 105 enthält die Bestimmung, daß die Ehegatten dem Gericht bestätigen müssen, daß sie „über die Bedingungen in Absicht auf Vermögen und Unterhalt miteinander verstanden sind". Diese Bestimmung hat jedoch einen Fehler. Es ist nicht dafür gesorgt, daß die Ehegatten sich über diese Punkte wirklich einigen; sie müssen dem Gericht nur bestätigen, daß sie über diese Punkte einig sind. Es kommt daher manchmal vor, daß die Ehegatten, um die Scheidung rasch zu bewirken, vor Gericht erklären, daß sie sich geeinigt haben, während ein solcher Vergleich in Wirklichkeit nicht erfolgt ist. Um diese Übelstände zu beseitigen, ändert der Entwurf die Bestimmungen des geltenden Rechtes dahin ab, daß es nicht genügt, wenn die Ehegatten dem Gericht bestätigen, daß sie einen solchen Vergleich getroffen haben. Vielmehr muß dieser Vergleich (der Entwurf nennt ihn Trennungsvergleich, bzw. Scheidungsvergleich) vor Gericht selbst getroffen werden. Eine solche Bestimmung bietet den Vorteil, daß das Gericht nicht mehr hintergangen werden kann, außerdem kann der Richter den Ehegatten bei der Abschließung ihres Vergleiches mit seinem Rat behilflich sein und, wenn Uneinigkeiten dabei entstehen, als Vermittler wirken. Die Ehegatten müssen hierbei zwei verschiedene Vereinbarungen treffen. Die erste bezieht sich, wie gesagt, auf die Auseinandersetzung des Vermögens, und die Regelung der Unterhaltspflicht (der sogenannte Trennungs-, bzw. Scheidungsvergleich); er wird vor dem Scheidungsrichter geschlossen; daneben ist aber, wenn die Ehegatten gemeinsame Kinder haben, noch ein zweiter Vergleich zu treffen, in welchem Pflege und Erziehung dieser Kinder geregelt werden. Er wird nicht vor dem Scheidungsrichter, sondern vor dem Vormundschaftsrichter getroffen und bedarf dessen Genehmigung; dem Scheidungsrichter ist nur der Nachweis zu erbringen, daß eine solche Vereinbarung getroffen wurde und die Genehmigung des Vormundschaftsrichters erhalten hat. Diese beiden Verträge werden deshalb getrennt behandelt, weil sie auch in der Folge ein verschiedenes Schicksal haben. Der Scheidungsvergleich ist nicht mit Genehmigung, sondern nur unter Kontrolle des Gerichtes zu schließen; er bleibt auch in der Folge unberührt. Dagegen bedarf die Vereinbarung über die Kinder der gerichtlichen Genehmigung und kann außerdem nach § 142 ABGB., der vom Entwurf unberührt gelassen wird, vom Gericht im Interesse der Kinder bei Änderung der Verhältnisse jederzeit abgeändert werden (§ 142, Abs. 2); aus diesen Gründen werden diese beiden Vereinbarungen gleich anfangs auseinandergehalten. Die Bestimmung des Entwurfes, daß sich die Ehegatten auch über das Schicksal ihrer Kinder vergleichen müssen, ist insofern neu, als nach geltendem Recht die Ehegatten es auch dem Gericht überlassen können, über das Schicksal der Kinder zu bestimmen. Bekanntermaßen spielt jedoch gerade die Frage, wem die Kinder gehören sollen, in der Regel die größte Rolle. Die Zustimmung zur Scheidung wird oft von der Bedingung abhängig gemacht, daß auf die Kinder verzichtet wird. Der Entwurf will daher nicht, daß die Ehegatten gerade in diesem Punkt uneinig auseinandergehen und zwingt sie, die Kinderfrage zunächst selbst zu regeln. Nur dann, wenn es sich zeigt, daß diese Vereinbarung zum Nachteil der Kinder ausschlägt, soll das Gericht das Recht haben, selbst zu bestimmen.

Was nun den Vertrag über die vermögensrechtliche Auseinandersetzung betrifft, so regelt ihn der Entwurf genauer und zählt die wichtigsten Punkte auf, über die sich die Ehegatten unbedingt einigen müssen. Es handelt sich hierbei insbesonders um vier Punkte, mit denen sich die Ehegatten befassen müssen, wobei es ihnen allerdings überlassen bleibt, in welcher Weise sie diese Punkte regeln. Sie müssen sich nur unbedingt damit befassen, damit sie nicht darauf vergessen.

Diese vier Punkte sind:

1. Wenn Ehepakte bestehen, so müssen sich die Ehegatten darüber einigen, ob sie diese Ehepakte weiter aufrecht lassen oder abändern oder aufheben wollen;
2. wenn die Ehegatten gemeinsames Vermögen haben, sei es auf Grund von Ehepakten, z. B. einer Gütergemeinschaft, sei es auf andere Weise, z. B. die Ehegatten haben gemeinsam etwas geerbt oder sie haben sich gemeinsam eine Wohnungseinrichtung gekauft usw., so müssen sie bestimmen, ob die Vermögensgemeinschaft fortgesetzt oder aufgehoben werden soll, im letzteren Fall auch, in welcher Art die Auseinandersetzung erfolgen soll;

3. und 4. es muß endlich eine Vereinbarung darüber getroffen werden, ob der eine Ehegatte dem anderen nach Auflösung der Ehe eine Zuwendung zu machen hat. Eine solche Zuwendung kann in zweierlei Art geschehen: der eine Ehegatte gibt dem anderen als Abfertigung eine gewisse Summe, zahlbar auf einmal oder in Raten oder aber, der eine Ehegatte verspricht dem anderen, auf bestimmte oder unbestimmte Zeit für seinen Unterhalt zu sorgen. Die Ehegatten müssen sich mit beiden Möglichkeiten befassen, wenngleich in der Regel nur die eine Zuwendungsart zur Anwendung kommen wird, vielleicht auch keine von beiden. Um die befristete Unterhaltspflicht von der in Teilbeträgen zu zahlenden Abfindungssumme zu unterscheiden, mit der sie große Ähnlichkeit hat, von der sie aber rechtlich verschieden ist (da z. B. die Alimente unter Umständen erhöht oder herabgesetzt werden können, da die Unterhaltspflicht unter Umständen erlöschen oder außer Wirksamkeit treten kann), so muß bei jeder Zuwendung bestimmt werden, ob die Zuwendung als Abfindungssumme oder als Unterhaltsrente gedacht ist.

Dies sind die wesentlichsten Punkte, über die eine Einigung unbedingt zu erfolgen hat; selbstverständlich können daneben noch andere Punkte geregelt werden, z. B. ob die Frau den Namen des Mannes ablegen muß u. dgl. Jedenfalls aber müssen in dem Scheidungs- (Trennungs-) Vergleich alle strittigen Punkte geregelt werden; ein weiterer Vorbehalt ist unzulässig. Deshalb bestimmt der Entwurf, daß jeder Scheidungs- (Trennungs-) Vergleich die Bestimmung enthalten muß, daß auf alle anderen Ansprüche, soweit sie aus der Ehe entspringen, endgültig und ohne Vorbehalt Verzicht geleistet wird. Durch diese Bestimmung soll auf die Ehegatten ein nachhaltiger Druck ausgeübt werden, auch wirklich alle wesentlichen Punkte zu bereinigen, da sie diese Ansprüche sonst verlieren.

In welcher Weise sich die Ehegatten über die im Scheidungsvergleich aufgezählten Punkte einigen, ist ihnen anheimgestellt; in irgendeiner Weise muß es geschehen, über das „Wie“ haben sie selbst zu bestimmen. Nur insofern eine Unterhaltspflicht vereinbart wird, finden auf sie die Bestimmungen über die gesetzliche Unterhaltspflicht Anwendung, da den Ehegatten nicht zugemutet werden kann, die Durchführung dieser Unterhaltspflicht bis ins kleinste Detail zu regeln. Über den genaueren Umfang, in welchem diese gesetzlichen Bestimmungen Anwendung finden, ist in den Bestimmungen über die Unterhaltspflicht (Artikel 35, § 130) genauer bestimmt, auf welchen Paragraphen verwiesen wird.

Artikel 27

Sobald die Vereinbarungen über das Schicksal der Kinder und die vermögensrechtliche Auseinandersetzung getroffen sind, kann die Scheidung oder Trennung vollzogen werden. Der Entwurf übernimmt dabei aus dem geltenden Recht (§ 105 ABGB.) die Bestimmung, daß zu diesem Zweck die Ehegatten persönlich vorzuladen sind. So wie bei der Eheschließung, so müssen die Ehegatten auch bei der Scheidung oder Trennung gleichzeitig anwesend sein und persönlich die Erklärung abgeben, daß sie in die Trennung (Scheidung) einwilligen. Eine solche Bestimmung soll den Zweck verfolgen, daß den Ehegatten der Ernst der Lage nochmals eindringlich vor Augen geführt werden soll. Wenn die Ehegatten sehen, daß es nun mit der Trennung (Scheidung) Ernst wird, so werden sie vielleicht doch noch im letzten Augenblick bedenklich werden und von ihrem Vorhaben zurücktreten, während bei dem seinerzeitigen Versöhnungsversuch die Scheidung ja doch noch nicht unmittelbar bevorstand. Deshalb müssen die Ehegatten ihren Willen zur Scheidung oder Trennung persönlich bestätigen, und zwar bei gleich zeitiger Anwesenheit, um so doch noch im letzten Augenblick die Möglichkeit zu einer Versöhnung zu schaffen.

Artikel 28

Durch die Einschaltung des neuen § 106 rückt der bisherige § 106 um eine Stelle weiter und wird § 107. Die Bestimmung, die er enthält, daß ein in seiner Handlungsfähigkeit beschränkter Ehegatte in die Scheidung zwar selbst einwilligen kann, aber zum Abschluß des Scheidungsvergleiches die Zustimmung seines gesetzlichen Vertreters braucht, wird beibehalten. Da diese Bestimmung in Hinkunft auch für die Trennung gelten soll, so wird der Wortlaut dieses Paragraphen entsprechend erweitert.

Artikel 29

Die Reformen, die der Entwurf auf dem Gebiet der nicht einverständlichen Trennung und Scheidung durchführen will, sind schon in der Einleitung zu diesem Abschnitt angedeutet und begründet. Es sollen für Trennung und Scheidung die gleichen Voraussetzungen geschaffen werden; dies gilt sowohl von der Art der Geltendmachung eines solchen Grundes (über die unser gegenwärtiges Recht fast überhaupt keine Bestimmung enthält), als insbesonders auch von den Gründen, aus denen eine Trennung oder Scheidung verlangt werden kann. Der Entwurf dehnt hierbei weder die Scheidungsgründe (§ 109 ABGB.) auf die Trennung aus, noch umgekehrt die Trennungsgründe (§ 115 ABGB.) auf die Scheidung, sondern schafft überhaupt neue Gründe, die sowohl für die Scheidung als für die Trennung gelten (§§ 109 und 110 des Entwurfes). Die Gründe hierfür sind die, daß die Scheidungsgründe des geltenden Rechtes zu weitgehend, die Trennungsgründe zu eng sind. Das geltende Recht steht auf dem Standpunkt, daß die Scheidung die Regel, die Trennung die Ausnahme ist. Daher wird die Trennung nur aus besonders qualifizierten Gründen zugelassen; gewisse Scheidungsgründe sind als Trennungsgründe nicht anerkannt, weil sie zwar genügend schwerwiegend erscheinen, um eine Aufhebung der ehelichen Gemeinschaft zu rechtfertigen, aber doch nicht als so qualifiziert, daß eine Trennung zulässig wäre. Da der Entwurf auf dem Standpunkt steht, daß ein Trennungsgrund nicht auf seine besondere Qualifiziertheit, sondern nur dahin zu überprüfen ist, ob er schwerwiegend genug ist, um eine Aufhebung der ehelichen Gemeinschaft zu rechtfertigen, so werden diese Gründe auch als Trennungsgründe anerkannt. Anderseits sind nach geltendem Recht auch andere, nicht so schwerwiegende Tatsachen als Scheidungsgründe zugelassen, weil das geltende Recht der Ansicht ist, daß bei der Scheidung die Ehe doch noch gewissermaßen weiterbesteht. Wie in der Einleitung zu diesem Abschnitt ausgeführt wurde, erlischt aber das öffentliche Interesse an einer Ehe schon dann, wenn diese geschieden wird. Es darf also auch die Scheidung nur aus qualifizierten Gründen zugelassen werden, weshalb einige Tatbestände, die bisher als Scheidungsgründe galten, vom Entwurf fallen gelassen werden.

Es mußte daher zu einer Neuregelung des Scheidungs- und Trennungsrechtes geschritten werden. Neben der Neuregelung der nach dem Entwurf gemeinsam für die Scheidung und Trennung geltenden Gründe wurde auch die Art der Geltendmachung dieser Gründe genauer geregelt, da im geltenden Recht diesbezügliche Bestimmungen fehlen.

Es werden daher die gegenwärtigen Bestimmungen, die von der Scheidung und Trennung handeln (§§ 107 bis 111 und 115), aufgehoben und durch neue ersetzt. Hinsichtlich der aufgehobenen Paragraphen wäre zu sagen: der geltende § 107, der bestimmt, daß es vor der Verhandlung über die Scheidungsklage zu einem Versöhnungsversuch zu kommen hat und daß der Richter dem gefährdeten Teil auch schon vor rechtskräftiger Beendigung des Prozesses einen abgesonderten Wohnsitz bewilligen kann, ist in dem neuen § 108 (Abs. 2 und 3) berücksichtigt. Der geltende § 108, der bestimmt, daß bei Streitigkeiten über die vermögensrechtliche Auseinandersetzung anläßlich der Scheidung nach denselben Vorschriften vorzugehen ist wie bei der Trennung (§ 117 ABGB.), wird durch entsprechende Erweiterung des genannten § 117 (nach dem Entwurf § 116) berücksichtigt. An Stelle des geltenden § 109, der die Gründe aufzählt, aus denen eine Scheidung verlangt werden kann, treten die neuen §§ 109 und 110. Der geltende § 110, der von der Art der Wiedervereinigung geschiedener Ehegatten handelt, wird durch Artikel 33 des Entwurfes berücksichtigt. § 111, der bestimmt, daß das Band einer katholischen Ehe unlösbar ist, entfällt natürlich. §§ 112 bis 114 handeln nicht von der Scheidung, sondern von der Todeserklärung und werden an anderer Stelle (Achter Abschnitt, Artikel 36) berücksichtigt. § 115, Satz 1, der bestimmt, daß nur Akatholiken die Trennung des Ehebandes erwirken können, entfällt; § 115, Satz 2, der die einzelnen Trennungsgründe aufzählt, ist in den neuen §§ 109 und 110 berücksichtigt; § 115, Satz 3, der über das Verfahren anläßlich der Trennung handelt, wird durch Artikel 52 und 53 berücksichtigt und geändert. An Stelle dieser aufgehobenen Bestimmungen treten die neuen Vorschriften des Entwurfs.

§ 108

Absatz 1, Satz 1

Ohne Einverständnis darf die Scheidung oder Trennung nur aus triftigen Gründen verlangt werden, da sonst die Aufhebung der Ehe sowohl dem öffentlichen Interesse als dem Interesse des anderen Ehegatten widersprechen würde. Um daher die Scheidung (Trennung) nicht aus jedem, also auch aus einem geringfügigen Grund zuzulassen, sind diese wichtigen Gründe im Gesetz selbst, und zwar taxativ aufgezählt („Aus den im Gesetz aufgezählten Gründen und nur aus diesen kann ein Ehegatte die Trennung der Ehe ... verlangen"). Der Entwurf setzt sich damit in Widerspruch zum geltenden Recht, welches einige der Scheidungsgründe beispielsweise aufzählt und dann erklärt, daß auch aus anderen, im Gesetz nicht aufgezählten Gründen die Scheidung verlangt werden kann. Der Widerspruch ist jedoch nur ein scheinbarer. Theorie und Rechtsprechung stehen auf dem Standpunkt, daß eine im Gesetz nicht aufgezählte Tatsache nur dann einen Scheidungsgrund bildet, wenn sie auf ein Verschulden des Beklagten zurückzuführen ist; beruht jedoch eine Tatsache nicht auf dem Verschulden des Beklagten (z. B. unheilbare Krankheit), so bildet sie nur dann einen Scheidungsgrund, wenn sie im Gesetz ausdrücklich aufgezählt ist. Etwas anderes wird durch den Entwurf auch nicht bestimmt. Denn obgleich § 108 erklärt, daß die Scheidungs- und Trennungsgründe im Gesetz taxativ aufgezählt sind, so wird dieser Grundsatz doch durch § 109, Z. 5 und 6, durchbrochen, die nicht bestimmte konkrete Tatbestände als Scheidungsgründe aufzählen, sondern allgemein erklären, daß eine Trennung oder Scheidung auch wegen schwerer Verletzung der ehelichen Pflichten, ehrlosem oder unsittlichem Verhalten möglich ist, worunter ja so ziemlich alle Gründe fallen, die auf ein Verschulden des beklagten Ehegatten zurückzuführen sind. In voller Strenge kommt also der Grundsatz, daß eine Scheidung (Trennung) nur aus den im Gesetz aufgezählten Gründen möglich ist, nur dort zur Anwendung, wo die als Scheidungsgrund angegebene Tatsache nicht auf das Verschulden des Beklagten zurückzuführen ist. Dadurch kommt aber der Entwurf, obwohl anscheinend ausdrücklich das Gegenteil gesagt ist, zu demselben Standpunkt wie das geltende Recht, ein Standpunkt, der übrigens auch vom deutschen Recht geteilt wird, nur daß jetzt ausdrücklich gesagt ist, daß eine Scheidung und Trennung ohne Verschulden des anderen Teiles nur aus den im Gesetz aufgezählten Gründen möglich ist, während eine solche ausdrückliche Bestimmung im geltenden Recht fehlt und daher gelegentlich Anlaß zu Streitigkeiten gegeben hat.

Außer dieser Bestimmung enthält § 108, Satz 1, in Übereinstimmung mit dem geltenden österreichischen und deutschen bürgerlichen Recht noch die Bestimmung, daß minderjährige und pflegebefohlene Ehegatten im Scheidungs- und Trennungsprozeß prozeßfähig sind, daher ohne Genehmigung ihres gesetzlichen Vertreters klagen können, und zwar deshalb, weil die Entscheidung, ob sie die Ehe aufheben oder fortsetzen wollen, sie höchstpersönlich und nur sie betrifft, so daß diese Entscheidung auch ihnen allein überlassen bleiben muß.

Absatz 1, Satz 2

Sobald ein Grund eintritt, der zur Klage berechtigt, steht es dem Berechtigten frei, nach seiner Wahl die Trennung oder Scheidung zu verlangen. Wird jedoch nicht auf Trennung, sondern auf Scheidung geklagt, so kann der andere Teil verlangen, daß nicht auf Scheidung, sondern auf Trennung erkannt werde. Diese, aus dem deutschen bürgerlichen Gesetzbuch übernommene Bestimmung verfolgt zwei Zwecke: Es ist möglich, daß der Klageberechtigte nur deshalb nicht die Trennung, sondern die Scheidung verlangt, um dem anderen Teil eine Bosheit anzutun und ihn so zu verhindern, eine neue Ehe einzugehen, während der Kläger selbst aus irgendwelchen Gründen eine neue Ehe nicht mehr eingehen will oder kann. Durch Absatz 1, Satz 2, wird hier dem Beklagten die Möglichkeit gegeben, diese Bosheit zu hintertreiben, indem er bewirken kann, daß, wenn nur auf Scheidung geklagt wird, gleichwohl auf Trennung erkannt wird. Zugleich hat aber diese Bestimmung noch einen anderen Zweck: der Entwurf gibt im Artikel 32 (§ 119) jedem der beiden Ehegatten das Recht, auf Grund der ausgesprochenen Scheidung die Trennung zu verlangen. Wenn nun der Beklagte schon bei Beginn des Prozesses die Absicht hat, die Trennung der geschiedenen Ehe zu verlangen, so hätte es keinen Sinn, zuerst auf Scheidung zu erkennen und dann sofort im nachhinein die Trennung auszusprechen. Vielmehr wird der Antrag, wenn er schon vor der rechtskräftigen Beendigung des Prozesses gestellt wird, in der Weise berücksichtigt, daß gar nicht erst auf Scheidung, sondern gleich auf Trennung erkannt wird, wodurch derselbe Effekt erzielt wird, als wenn zuerst im streitigen Verfahren die Scheidung und dann erst in einem besonderen außerstreitigen Verfahren die Trennung ausgesprochen werden würde.

Absatz 2

Aus dem geltenden Recht wird die Bestimmung übernommen, daß das Gericht vor der Verhandlung mit den Ehegatten einen Versöhnungsversuch vorzunehmen hat.

Absatz 3

Solange der Klage auf Scheidung oder Trennung nicht rechtskräftig stattgegeben ist, besteht die Ehe weiter; die Ehegatten sind also weiter verpflichtet, miteinander zu leben. Ein solches weiteres Zusammenleben kann aber dem klagenden Ehegatten nicht zugemutet werden, wenn er dadurch Gefahren ausgesetzt ist, z. B. deshalb, weil ihm der andere Teil nach dem Leben trachtet oder ihn mißhandelt. Müßte in einem solchen Fall der klagende Ehegatte mit dem anderen Teil so lange beisammen leben, bis der Prozeß rechtskräftig entschieden wird, was gewöhnlich mehrere Monate dauert, so könnte unter Umständen für ihn ein schwerer Schaden entstehen, z. B. dadurch, daß der andere Teil seine Lebensnachstellungen fortsetzt, ihm weitere Mißhandlungen zufügt usw. Das geltende Recht und ihm folgend der Entwurf bestimmen daher, daß, wenn der eine Teil durch das Weiterdauern der ehelichen Gemeinschaft gefährdet wäre, der Richter ihm schon vor der Entscheidung einen abgesonderten Wohnsitz bewilligen kann, und zwar einen standesgemäßen, d. h. der Ehemann wird verurteilt, der Frau bis zum Ausgang des Prozesses provisorisch den standesgemäßen Unterhalt zu verabreichen, da dem gefährdeten Teil, der außerstande ist, allein seinen Unterhalt zu bestreiten, damit noch nicht gedient wäre, wenn ihm erlaubt wird, einen abgesonderten Wohnsitz zu haben.

§ 109

In den nun folgenden §§ 109 und 110 sind die Gründe aufgezählt, aus denen ein Ehegatte Trennung der Ehe oder Scheidung von Tisch und Bett verlangen kann. Der Entwurf steht hierbei in Übereinstimmung mit dem geltenden Recht und dem deutschen bürgerlichen Gesetzbuch auf dem Standpunkt, daß die Scheidung[1] grundsätzlich nur auf Grund solcher Tatsachen verlangt werden kann, die auf einem Verschulden des anderen Teiles beruhen. In gewissen Ausnahmsfällen kann jedoch — wieder in Übereinstimmung mit dem geltenden und deutschen bürgerlichen Recht — auch aus Gründen die Scheidung verlangt werden, die nicht auf einem Verschulden des anderen Teiles beruhen. Die Systematik des Entwurfs ist dabei die, daß im § 109 diejenigen Gründe aufgezählt sind, die auf ein Verschulden des anderen Teiles zurückzuführen sind, im § 110 diejenigen, bei denen das nicht der Fall ist.

Was die im § 109 geregelte Scheidung aus Verschulden anbelangt, so muß hierbei von folgenden Erwägungen ausgegangen werden: Wenn eine Scheidung verlangt wird, so kommt es hierbei zu einem Konflikt zwischen dem öffentlichen Interesse, welches die Fortsetzung der Ehe verlangt, und dem privaten Interesse desjenigen Ehegatten, der die Scheidung verlangt. Um jedem dieser beiden Interessen gerecht zu werden, muß geprüft werden, welches Interesse im konkreten Fall das stärkere

[1] Im folgenden wird in den Ausführungen zu § 109 bis 115 der Einfachheit halber immer nur von Scheidung gesprochen. Es gilt jedoch all das Gesagte auch von der Trennung.

ist; hierbei wird das Privatinteresse des Ehegatten dann das stärkere sein, wenn das eheliche Verhältnis so zerrüttet ist, daß ihm billigerweise nicht mehr zugemutet werden kann, die Ehe fortzusetzen. In diesem Stadium der Ehe erlischt aber auch das öffentliche Interesse an ihr, denn wenn die Ehe wirklich so zerrüttet ist, dann ist sie nicht mehr geeignet, die Grundlage für ein gesundes Familienleben abzugeben. Daraus ergibt sich folgender Schluß: Die Scheidung ist in allen Fällen und nur in den Fällen zulässig, in denen ein Ehegatte durch sein Verschulden eine so tiefe Zerrüttung der Ehe herbeigeführt hat, daß dem anderen Teil nicht mehr zugemutet werden kann, die Ehe fortzusetzen.

Soweit gehen das geltende Recht und der Entwurf zusammen und beide sind sich noch in einem weiteren Punkte einig: die Fälle, durch die eine solche Zerrüttung der Ehe bewirkt werden kann, sind so zahlreich, daß es unmöglich ist, sie alle namentlich aufzuzählen. Daraus ziehen aber das geltende Recht und der Entwurf ganz verschiedene Konsequenzen. Das geltende Recht glaubt, diesem Zustand am besten Rechnung zu tragen, wenn es kasuistisch möglichst viele Scheidungsgründe aufzählt, um schließlich doch bekennen zu müssen, daß es außerdem noch andere Scheidungsgründe gibt. Diesen Weg hält der Entwurf für verfehlt. Zerrüttung ist ein psychisches Moment; ob eine Handlung eine Zerrüttung der Ehe bewirkt, hängt nicht so sehr von der Handlung als solcher ab, sondern von den Umständen, unter denen sie geschieht, von der Person der Ehegatten, unter denen sie sich ereignet, von den sonstigen Verhältnissen, in denen die Ehegatten leben usw. Es wäre verfehlt, die einzelnen, eine Zerrüttung der Ehe bewirkenden Handlungen in Tatbestandskategorien einzuschachteln und zu erklären: diese Handlung bewirkt eine Zerrüttung der Ehe, diese nicht. Solche schablonenhaft aufgestellten Tatbestände können zwar im einzelnen Fall gerecht sein, oft kann es aber vorkommen, daß sie gerade das Verkehrte treffen und im einzelnen Fall unbillig werden. So kann z. B. zweifelsohne ehrloses Verhalten des einen Teiles die Ehe auf das schwerste zerrütten. Das geltende Recht sucht dem in der Weise gerecht zu werden, daß es die Verurteilung wegen Verbrechens als Scheidungsgrund erklärt. Das kann im einzelnen Fall zweifellos richtig sein, gleichwohl ist diese Bestimmung einerseits zu eng, andrerseits zu weit. Es kann einerseits auch ein Verbrechen aus achtbaren Motiven begangen werden, andrerseits kann auch ein Vergehen oder eine Übertretung von so ehrloser Gesinnung zeugen, daß dem anderen Teil nicht zugemutet werden kann, die Ehe fortzusetzen.

Außerdem wird durch Aufstellung solcher Tatbestandschablonen die eingehende Überprüfung, ob die Ehe durch diese Handlungen wirklich zerrüttet wurde oder nicht, verhindert, da der Richter, wenn ein im Gesetz aufgezählter Scheidungsgrund gegeben ist, die Scheidung auf jeden Fall aussprechen muß, ohne Rücksicht darauf, ob die Ehe auch wirklich so zerrüttet ist, daß die Scheidung gerechtfertigt erscheint, so daß es oft zu ungerechtfertigten Scheidungen kommt.

Der Entwurf unterläßt es daher, möglichst viel Scheidungsgründe aufzuzählen, da ja, wie auch das geltende Recht zugibt, doch nicht alle Verschuldensfälle erschöpfend behandelt werden könnten. Vielmehr wird ein allgemein gehaltener Scheidungstatbestand aufgestellt: eine Ehe kann geschieden werden, wenn der andere Teil durch schwere Verletzung der durch die Ehe begründeten Pflichten, durch ehrloses oder unsittliches Verhalten eine so tiefe Zerrüttung der Ehe herbeigeführt hat, daß dem anderen Teil unter solchen Umständen nicht mehr zugemutet werden kann, die Ehe fortzusetzen. Wann dies der Fall ist, hat der Richter unter eingehendster Berücksichtigung der einzelnen Handlung, der Wirkungen, die sie nach sich gezogen hat, der Personen der Ehegatten sowie der sonstigen Umstände zu beurteilen. An Stelle der oberflächlichen Überprüfung, ob der Tatbestand eines Paragraphen gegeben ist, tritt die Pflicht des Richters, die betreffende Ehe eingehendst dahin zu überprüfen, ob sie wirklich durch das Verhalten des schuldigen Ehegatten so zerrüttet wurde, daß sie geschieden zu werden verdient, denn nur dann ist sowohl im Interesse der Öffentlichkeit als des schuldigen Ehegatten die Scheidung gerechtfertigt und zulässig.

Neben diesem allgemeinen Tatbestand nennt der Entwurf nur mehr sehr wenige besondere Fälle; zwei davon, nämlich Ehebruch und Gefährdung an Leib und Leben deshalb, weil hier nach Ansicht des Entwurfes in keinem Fall dem anderen Ehegatten noch zugemutet werden kann, die Ehe fortzusetzen, zwei davon, nämlich böswilliges Verlassen und empfindliche Kränkungen nicht so sehr deshalb, weil sie sich nicht auch unter den allgemeinen Scheidungstatbestand subsumieren ließen, sondern deshalb, weil hier eine besondere Regelung eingreifen soll, da der Entwurf in diesen Fällen die Scheidung nicht so leicht zulassen will, sondern nur unter gewissen Kautelen. Der Entwurf kennt daher folgende Scheidungsgründe, die auf einem Verschulden eines der Ehegatten beruhen: Ehebruch, böswilliges Verlassen, Gefährdung an Leib und Leben und empfindliche Kränkungen. Daneben tritt dann der allgemeine Scheidungstatbestand: Verletzung der durch die Ehe begründeten Pflichten, ehrloses und unsittliches Verhalten, wenn dadurch eine solche Zerrüttung der Ehe herbeigeführt wurde, daß dem anderen Teil nicht mehr zugemutet werden kann, die Ehe fortzusetzen. Unter diesen Tatbestand fallen dann alle Tatsachen, soweit sie nicht schon sonst im Gesetz genannt sind.

Ziffer 1: Ehebruch

Die Ehegatten sind zur ehelichen Treue verpflichtet. Eine schwere Verletzung dieser Pflicht läßt eine Scheidung gerechtfertigt erscheinen.

In Übereinstimmung mit dem geltenden Recht, und man kann wohl sagen, allen Rechtsordnungen der Welt wird daher die schwerste Verletzung der ehelichen Treue besonders genannt, nämlich der Ehebruch. Daß hier eine Scheidung erfolgen kann, ist nach geltender moralischer Anschauung so selbstverständlich, daß eine weitere Begründung füglich erspart bleiben kann.

Damit, daß der Ehebruch besonders aufgezählt wird, soll nicht gesagt sein, daß nicht auch eine andere Verletzung der ehelichen Treue einen Scheidungsgrund bilden kann. Diese anderen Verletzungen der ehelichen Treue sind jedoch genügend durch § 109, Z. 5 und 6, gedeckt und können als Verletzung der durch die Ehe begründeten Pflichten einen Scheidungsgrund bilden, wobei dann aber der Richter im einzelnen Fall zu beurteilen hat, ob dadurch die Ehe zerrüttet wurde. Dagegen wird der Ehebruch deshalb besonders aufgezählt, weil er eine so schwere Verletzung der ehelichen Treue darstellt, daß er in jedem Fall einen Scheidungsgrund bilden wird.

Ziffer 2: Böswilliges Verlassen

Die Ehegatten sind verpflichtet, in Gemeinschaft zu leben. Bricht daher ein Ehegatte diese Verpflichtung, so kann eine solche Verletzung der durch die Ehe begründeten Pflicht einen Scheidungsgrund bilden, da gerade die eheliche Gemeinschaft eine der wesentlichsten Wirkungen der Ehe ist. Schon das geltende Recht bestimmt daher, daß ein Ehegatte die Scheidung verlangen kann, wenn ihn der andere Teil boshaft verlassen hat. Der Entwurf übernimmt diesen, auch dem deutschen Recht bekannten Scheidungsgrund, gestaltet ihn jedoch weiter aus, da er im geltenden Recht nur sehr mangelhaft geregelt ist.

Den Scheidungsgrund bildet, wie gesagt, der Bruch der ehelichen Gemeinschaft; ein solcher Bruch kann, muß aber nicht dadurch geschehen, daß der eine Ehegatte den anderen verläßt. Boshaftes Verlassen wird daher heute allgemein erweiternd dahin interpretiert, daß dieser Scheidungsgrund auch dann gegeben ist, wenn der eine Teil den anderen verstößt, denn auch in diesem Fall wird die eheliche Gemeinschaft unbegründet aufgehoben. Dieser Lehre folgend, gebraucht daher der Entwurf nicht mehr den etwas unglücklich gewählten Ausdruck „böswilliges (boshaftes) Verlassen", sondern spricht richtiger von einer „eigenmächtigen Aufhebung der ehelichen Gemeinschaft", wodurch auch der Fall gedeckt ist, daß der eine Ehegatte den anderen verstoßt, z. B. durch den kategorischen Befehl des Ehemanns an seine Frau, sein Haus zu verlassen, oder etwa dadurch, daß der eine Ehegatte den anderen nicht in die gemeinsame Wohnung hereinläßt usw.

Selbstverständlich muß ein solches Vorgehen in eigenmächtiger Weise geschehen, d. h. ohne oder gegen den Willen des anderen Teiles;

heben Ehegatten im gegenseitigen Einverständnis ihre eheliche Gemeinschaft auf, so liegt dieser Scheidungsgrund nicht vor, da dann die Pflicht zur ehelichen Gemeinschaft nicht eigenmächtig verletzt wird. Um die Frage, ob die Aufhebung der ehelichen Gemeinschaft wirklich eigenmächtig erfolgte, und nicht etwa im — wenngleich stillschweigenden — Einverständnis, eindeutig festzustellen, um ferner denjenigen Ehegatten, der die Gemeinschaft aufgehoben hat, eindeutig darüber aufzuklären, daß er dies gegen den Willen des anderen Ehegatten getan hat, verlangt der Entwurf, daß der verlassene, bzw. verstoßene Teil den anderen auffordert, die eheliche Gemeinschaft wieder aufzunehmen. Eine einverständliche Aufhebung der ehelichen Gemeinschaft liegt nämlich nicht nur dann vor, wenn die Ehegatten ausdrücklich darüber eine Vereinbarung getroffen haben, sondern auch dann, wenn der eine Ehegatte die eheliche Gemeinschaft zwar zunächst einseitig aufhebt, der andere Teil dies aber dadurch billigt, daß er gegen dieses Vorgehen keinen Widerspruch erhebt, sondern vielleicht innerlich damit zufrieden ist, wodurch wieder der verlassene Teil zu der Ansicht kommen kann, daß der andere Ehegatte damit einverstanden ist. Um daher seinen Willen, die eheliche Gemeinschaft nicht aufzuheben, deutlich kundzutun, muß daher der zurückgebliebene Ehegatte den anderen Teil ausdrücklich auffordern, die eheliche Gemeinschaft wieder aufzunehmen. Der Entwurf geht hierbei nicht so weit wie das deutsche Recht, welches verlangt, daß böswilliges Verlassen nur dann vorliegt, wenn der zurückgebliebene Ehegatte gegen den schuldigen Teil ein Urteil auf Wiederherstellung der ehelichen Gemeinschaft erwirkt hat. Das deutsche Recht, das die einverständliche Scheidung nicht kennt, will dadurch erschweren, daß die Ehegatten durch Vortäuschen von böswilligem Verlassen die Scheidung erwirken. Da nach österreichischem Recht eine einverständliche Scheidung möglich ist, so ist nicht zu befürchten, daß böswilliges Verlassen nur vorgetäuscht wird; die Mitwirkung des Gerichtes kann daher grundsätzlich unterbleiben. Nur dann muß die Aufforderung mit Hilfe des Gerichtes geschehen, wenn der Aufenthaltsort des verlassenden Teiles unbekannt ist; da in diesem Falle die Aufforderung auf andere Weise nicht erfolgen kann, so muß sie durch öffentliches Edikt erfolgen.

Mit dem Verlassen, bzw. dem Verstoßen ist nach geltendem Recht der Scheidungsgrund bereits gegeben; es wird jedoch gefordert, daß das Verlassen (Verstoßen) in einer gewissen Absicht geschehen muß, nämlich in der Absicht, die eheliche Gemeinschaft dauernd aufzuheben; es wird des weiteren gefordert, daß diese Absicht eine feste, mit Überlegung gefaßte, nicht in bloßer momentaner Aufwallung geschehene sei. In der Theorie liest sich das recht leicht, in der Praxis ist es jedoch oft sehr schwer, zu beweisen, ob im Zeitpunkte des Verlassens wirklich die Absicht bestanden hat, die eheliche Gemeinschaft dauernd aufzuheben;

oft kommt es z. B. vor, daß, wenn ein Ehegatte den anderen, z. B. nach einem Streit, verläßt, er sich über sein Vorgehen und die weiteren Schritte durchaus noch nicht im klaren ist. Wird auf Scheidung geklagt, so leugnet dann der Beklagte gewöhnlich die Absicht, daß er den anderen Teil dauernd verlassen wollte. Noch schwerer ist es natürlich zu beweisen, ob die Absicht mit Überlegung oder in Erregung gefaßt wurde, ob bei klarer Besinnung oder im momentanen Zorn. Um diese Schwierigkeiten zu beheben, schlägt der Entwurf nach Vorbild des deutschen bürgerlichen Gesetzbuches einen anderen Weg ein. Die Frage, ob ein Ehegatte die feste Absicht hatte, die eheliche Gemeinschaft dauernd aufzuheben, ist aus dem Verhalten zu beurteilen, das der Ehegatte nach dem Verlassen an den Tag legt; war es ihm wirklich ernst damit, dann wird sich das darin äußern, daß er auch in der Folge die Gemeinschaft nicht wieder aufnimmt. Der Entwurf verlangt daher, daß der Ehegatte durch bestimmte Zeit hindurch die eheliche Gemeinschaft nicht wieder aufnimmt; dieser Zeitraum ist nach Vorbild des deutschen bürgerlichen Gesetzbuches mit einem Jahr bemessen. Hat die Aufhebung der Gemeinschaft so lange gedauert, dann ist anzunehmen, daß die ernste Absicht vorlag, die eheliche Gemeinschaft dauernd aufzuheben. Zugleich wird damit noch etwas anderes erreicht. Den Scheidungsgrund bildet ja nicht die Absicht, die durch die Ehe begründete Pflicht zu verletzen, sondern die tatsächliche Verletzung dieser Pflicht, denn dadurch, nicht schon durch die Absicht wird der andere Ehegatte in seinen Rechten beeinträchtigt. Wenn daher auch ein Ehegatte den anderen in überlegter Absicht verläßt, aber schon nach wenigen Tagen reumütig wieder zurückkehrt, so kann man das noch nicht als solch schwere Verletzung der ehelichen Pflichten ansehen, daß sie eine Scheidung rechtfertigt. Wenn andrerseits ein Ehegatte den anderen zwar nicht in der Absicht verläßt, die eheliche Gemeinschaft dauernd aufzuheben, aber sich doch ein Jahr hindurch oder noch länger von ihm ferngehalten hat, dann liegt gleichwohl eine so schwere Verletzung der Pflicht zur Gemeinschaft vor, daß eine Scheidung gerechtfertigt erscheint.

An Stelle der schwierigen Beweisfrage, in welcher Absicht die Aufhebung der ehelichen Gemeinschaft erfolgte und dem oft unbilligen Zustand, daß ein Scheidungsgrund heute auch dann schon gegeben ist, wenn ein Ehegatte den anderen auch nur auf wenige Tage böswillig verläßt, tritt das leicht zu beweisende Erfordernis, daß der eine Ehegatte durch ein Jahr lang die eheliche Gemeinschaft nicht aufgenommen hat. Hierbei ist es jedoch dem Entwurf gelungen, einen Fehler zu vermeiden, den das deutsche bürgerliche Gesetzbuch gemacht hat. Nach deutschem Recht wird verlangt, daß der Ehegatte die eheliche Gemeinschaft durch ein volles Jahr hindurch nicht wieder aufgenommen hat. Dadurch ist es aber dem schuldigen Ehegatten ermöglicht, das Scheidungsrecht des anderen Teiles dadurch zu hintertreiben, daß er sich nicht ganz ein Jahr, etwa 11½ Monate fernhält, dann aber auf einige Tage zurückkehrt und dann den anderen Ehegatten von neuem verläßt. Dieses Spiel kann sich ins ungemessene fortsetzen. Dadurch kann der andere Ehegatte nie auf Scheidung klagen, denn wenn der Schuldige auch durch 364 Tage nicht mit ihm zusammengelebt hat, am 365. Tage aber wieder zurückkehrt, dann ist kein volles Jahr verstrichen und der Scheidungsgrund nicht gegeben. Tatsächlich hat sich so etwas in Deutschland öfters ereignet. Der Entwurf zieht daraus die Lehre und läßt daher eine Scheidung auch dann zu, wenn die Aufhebung der ehelichen Gemeinschaft zwar nicht ununterbrochen ein volles Jahr gedauert hat, der schuldige Teil jedoch auf kurze Zeit nur deshalb zurückgekehrt ist, um den Ablauf der einjährigen Frist und so den anderen Ehegatten an der Klage zu verhindern.

Ziffer 3: Gefährdung an Leib und Leben

Einem Ehegatten kann nicht zugemutet werden, die eheliche Gemeinschaft fortzusetzen, wenn er von dem anderen Teil erheblich an Leben oder Gesundheit bedroht ist. Hier erfordert die persönliche Sicherheit des bedrohten Teiles, daß die Ehe geschieden wird. In Übereinstimmung mit dem geltenden österreichischen und deutschen Recht läßt daher der Entwurf die Scheidung zu, wenn der eine Ehegatte dem anderen nach dem Leben trachtet oder ihn schwer mißhandelt.

Ziffer 4: Empfindliche Kränkungen

Die Ehegatten sind zur anständigen Begegnung verpflichtet (§ 90 ABGB.). Verletzt ein Ehegatte diese Pflicht in gröblicher Weise dadurch, daß er den anderen Teil durch liebloses, verletzendes Verhalten empfindlich kränkt, so daß die geistige Gemeinschaft der Ehegatten durch dieses Vorgehen empfindlich gestört wird, so muß man dem gekränkten Teil billigerweise das Recht zusprechen, auch die äußere Aufhebung dieser innerlich ohnedies schon zerstörten Ehe, also die Scheidung zu bewirken. Deshalb hat auch schon das geltende Recht die empfindliche Kränkung als Scheidungsgrund ausdrücklich anerkannt; das deutsche Recht behandelt sie nicht ausdrücklich, sondern unterstellt sie dem generellen Begriff der Verletzung der ehelichen Pflichten, erklärt im Motivenbericht aber ausdrücklich, daß darunter auch empfindliche Kränkung zu verstehen ist.

Da nun zweifelsohne möglich ist, daß Kränkungen, die der eine Teil dem anderen zufügt, unter Umständen eine so tiefe Zerrüttung der Ehe hervorrufen können, daß eine Scheidung gerechtfertigt erscheint, so anerkennt auch der Entwurf diesen Scheidungsgrund. Allein gerade in diesem Fall ist doppelte und dreifache Vorsicht geboten. Während nämlich die bisher genannten Scheidungsgründe: Ehebruch, böswilliges

Verlassen, Lebensbedrohung und schwere Mißhandlung im allgemeinen doch nur selten vorkommen, wird es wohl auf der ganzen Welt nicht eine Ehe geben, in der nicht schon einmal ein Ehegatte den anderen gekränkt hat. Auch in der besten und glücklichsten Ehe kommt es gelegentlich vor, daß sich die Ehegatten streiten und dabei ein Teil den anderen durch sein Verhalten gekränkt hat. Wie sollte es auch anders der Fall sein, wenn zwei Leute ständig miteinander leben? Nun ist es aber nicht die Absicht des Entwurfes, solche Kleinigkeiten als Scheidungsgrund zuzulassen, denn sonst könnte so ziemlich jede Ehe einmal geschieden werden. Vielmehr sollen nur wirklich schwere Kränkungen berücksichtigt werden.

Der Entwurf behandelt daher die Kränkungen nicht nur allgemein als Verletzung der ehelichen Pflichten, sondern widmet ihnen eine besondere Aufmerksamkeit und stellt besondere Voraussetzungen auf, die vorliegen müssen, wenn eine Scheidung ausgesprochen werden soll, um zu verhindern, daß Ehen allzu leichtfertig wegen Kränkungen geschieden werden.

Wie schon erwähnt, kommt es fast in jeder Ehe gelegentlich vor, daß der eine Teil von dem anderen gekränkt wird; eine ernstliche Zerrüttung der Ehe ist damit noch nicht gegeben. Deshalb genügt die einzelne Kränkung noch nicht; vielmehr muß der eine Ehegatte eine ganze Reihe von Kränkungen erlitten haben, ehe er auf Scheidung klagen kann, denn erst dann kann man zu der Überzeugung gelangen, daß die Ehe hoffnungslos zerrüttet ist. Zugleich verrät sich erst dann der wahre Charakter des schuldigen Ehegatten; erst dadurch, daß er den anderen Ehegatten immer wieder von neuem kränkt, läßt sich mit Sicherheit darauf schließen, daß der Fall hoffnungslos ist und die Voraussetzungen, daß die Ehe wieder gesundet, auf der Seite des kränkenden Teiles nicht mehr vorhanden sind. Der Entwurf verlangt daher, daß die Kränkung eine mehrfach wiederholte sei. Eine einzelne Kränkung genügt noch nicht.

Die Kränkung muß ferner, den Umständen nach, eine sehr empfindliche sein, wodurch diese geringfügigen Kränkungen, wie sie gelegentlich in jeder Ehe vorkommen, ausgeschlossen werden. Wann eine Kränkung sehr empfindlich ist, ist dabei aus den Umständen des Falles zu beurteilen. Es hängt dies sowohl von der Kränkung als solcher als von den Nebenumständen ab, unter denen sie vor sich geht. So werden z. B. in den unteren Bevölkerungsschichten, in denen derbere Redensarten gebräuchlich sind, Ausdrücke und Schimpfworte noch nicht als empfindliche Kränkung anzusehen sein, die, wenn sie unter gebildeten Leuten vorkommen, sehr kränkend sein können. Es wird ferner von dem Ton abhängen, in dem die Ehegatten zu verkehren gewohnt sind, ferner von dem Ort, wo die Kränkung erfolgt ist, z. B. ob öffentlich vor mehreren Personen oder allein unter vier Augen, ferner von der Gelegenheit, bei der sie erfolgt ist, z. B. ob sich der Ehegatte in Erregung dazu hat hinreißen lassen, von der mehr oder minder großen Absicht, kränkend zu wirken u. dgl. Deshalb kommt insbesonders, und das ist ausdrücklich betont, eine Kränkung nicht in Betracht, nämlich die provozierte Kränkung. Denn wenn der Gekränkte durch herausforderndes Verhalten den anderen Teil zu der Kränkung veranlaßt hat, kann die Kränkung nicht eine so empfindliche sein, da sich ja der Gekränkte schließlich hätte sagen können, was die Folgen seines Benehmens sein werden; auch ist in diesem Falle das Verhalten des kränkenden Teiles gerechtfertigt zu nennen. Dadurch entfallen auch alle die Kränkungen, die aus ehelichen Streitigkeiten entstehen, da in diesen Fällen der Gekränkte ebenfalls erst durch sein Verhalten den Anlaß zu der Kränkung gegeben hat. Außerdem soll dadurch, daß provozierte Kränkungen als Scheidungsgrund nicht anerkannt werden, verhindert werden, daß der eine Ehegatte, der gerne geschieden sein möchte, den anderen Teil durch sein Verhalten so lange reizt, bis dieser sich zu einer Äußerung oder Handlung hinreißen läßt, die als Kränkung gilt.

Als letztes Erfordernis wird endlich noch verlangt, daß die Kränkungen in ihrer Gesamtwirkung eine Aufhebung der Ehe rechtfertigen, d. h. sie müssen zusammen eine so tiefe Zerrüttung der Ehe bewirken, daß dem gekränkten Teil nicht mehr zugemutet werden kann, die Ehe fortzusetzen. Dadurch soll verhindert werden, daß ein Ehegatte die ihm zugefügten Kränkungen nur als lange ersehnte Gelegenheit benützt, um sich scheiden zu lassen. Das ist nicht die Absicht dieser Bestimmung. Es muß streng darauf geachtet werden, daß auch die Kränkung nur dann als Scheidungsgrund zugelassen wird, wenn sie das eheliche Verhältnis empfindlichst zerstört hat. Die zugefügten Kränkungen müssen nicht nur innerlich auf den Gekränkten, sondern auch äußerlich so gewirkt haben, daß dem gekränkten Teil die Fortsetzung der Ehe billigerweise nicht mehr zugemutet werden kann. Der Richter wird daher, auch wenn mehrfach wiederholte, empfindliche Kränkungen vorliegen, die Klage abzuweisen haben, wenn er der Ansicht ist, daß die zwischen den Ehegatten dadurch eingerissene Verstimmung nur eine vorübergehende ist, so daß Aussicht vorhanden ist, daß die zerrüttete Ehe wieder gesunden wird.

Ziffer 5 und 6: Verletzung der durch die Ehe begründeten Pflichten, ehrloses und unsittliches Verhalten

Es wäre unmöglich, erschöpfend alle diejenigen Handlungen aufzuzählen, durch die ein Ehegatte die Zerrüttung der Ehe verschulden kann; auch das geltende Recht sieht diese Unmöglichkeit ein. Aus den schon eingangs erwähnten Gründen sieht daher der Entwurf davon ab, möglichst viele Scheidungsgründe aufzuzählen, da dadurch dem einzelnen Fall und dessen Voraussetzungen und Wirkungen nicht genügend Rechnung getragen würde. Eine Scheidung darf aus Gründen des öffentlichen Interesses nur dann zugelassen werden, wenn die Ehe wirklich so zerrüttet ist, daß dem klagenden Ehegatten nicht zugemutet werden kann, die Ehe weiter fortzusetzen. In manchen Fällen wird geringeres, in manchen Fällen größeres schuldhaftes Verhalten nötig sein, damit die Ehe zerrüttet ist. Um in jedem Fall eine gerechte Entscheidung zu treffen, muß in verschiedenen Fällen mit verschiedenem Maß gemessen werden. Wenn etwa eine Ladendiebin einen Einbrecher heiratet und nun jeder von ihnen sein Metier fortsetzt, so wird sich keiner darüber beklagen dürfen, wenn der andere Teil wegen Diebstahls verurteilt wird. Wenn umgekehrt etwa ein Beamter sich einen Diebstahl oder eine andere strafbare Handlung zuschulden kommen läßt, so wird das unter Umständen einen Scheidungsgrund bilden können. Oder ein anderes Beispiel: Wenn der eine Ehegatte zu dem anderen immer kühl und lieblos ist, sich nicht um ihn kümmert, mehr an Unterhaltungen als an das Hauswesen denkt, so wird er sich auch nicht darüber beklagen dürfen, wenn der andere Teil ihm mit gleicher Münze heimzahlt und sich seinerseits nicht viel um ihn kümmert. Wenn andrerseits der eine Teil nur für den Haushalt und die Kinder lebt und nur darauf bedacht ist, den anderen Teil in jeder Weise zufrieden zu stellen, dieser aber ihn und die Familie ganz vernachlässigt, und einen ausschweifenden Lebenswandel führt, dann wird man darin einen Scheidungsgrund erblicken können. In beiden Fällen läßt sich also der Ehegatte das gleiche zuschulden kommen, trotzdem ist in dem einen Fall ein Scheidungsgrund gegeben, im andren Fall nicht.

Es kommt also nicht nur darauf an, was für einer Tat sich der eine Ehegatte schuldig macht; mehr noch kommt es auf die Wirkungen an. Die Öffentlichkeit ist an der Aufrechterhaltung der Institution der Ehe in hohem Maß interessiert; eine Ehe darf daher nur dann aufgehoben werden, wenn sie wirklich unheilbar krank geworden ist, wenn sie also so zerrüttet ist, daß sie nicht mehr eine gesunde Grundlage für Gesellschaft und Familie abgeben kann. Eine solche Zerrüttung ist dann anzunehmen, wenn das Verhalten des einen Teiles dem anderen Ehegatten das weitere Zusammenleben so unerträglich gemacht hat, daß ihm billigerweise nicht mehr zugemutet werden kann, die Ehe fortzusetzen.

Was nun die Handlungen betrifft, durch die eine solche Zerrüttung der Ehe herbeigeführt werden kann, so läßt sich im allgemeinen folgendes sagen: Eine tiefe Zerrüttung der Ehe läßt sich dann annehmen, wenn sich der eine Teil eines solchen Verhaltens schuldig macht, daß er das Vertrauen und die Zuneigung des anderen Teiles nicht mehr verdient. Insbesonders wird dies dann der Fall sein, wenn die durch die Ehe begründeten Pflichten in grober Weise verletzt werden. Aber auch ein anderes Verhalten kann bewirken, daß die Zuneigung und das Vertrauen des anderen Teiles verloren geht, und zwar dann, wenn es sich um ein Verhalten handelt, das allgemein als verpönt gilt, also ein ehrloses oder unsittliches Verhalten, denn auch ein solches Verhalten kann so abstoßend wirken, daß dem anderen Teile nicht mehr zugemutet werden kann, mit einem solchen Menschen noch weiter beisammen zu leben.

Der Entwurf gewährt daher nach Vorbild des deutschen bürgerlichen Gesetzbuches in diesen drei Fällen, also bei Verletzung der durch die Ehe begründeten Pflichten, bei ehrlosem oder unsittlichem Verhalten des einen Teiles dem anderen Ehegatten ein Scheidungsrecht, wobei unter Verletzung der durch die Ehe begründeten Pflichten ein dem anderen Ehegatten gegenüber verpöntes Verhalten, unter ehrlosem Verhalten ein solches Verhalten, durch welches man die Achtung seiner Mitmenschen verliert, also ein nach gegenwärtiger Anschauung der Gesellschaft verpöntes Verhalten, und unter unsittlichem Verhalten ein solches Verhalten zu verstehen sein wird, welches nach ethischen Grundsätzen verwerflich ist. Diese beiden letzten Begriffe können sich, müssen sich aber nicht notwendigerweise decken, schon deshalb nicht, weil die Grundsätze der Ethik für alle die gleichen sind; dagegen gilt nicht dasselbe von den Anschauungen der Gesellschaft, die an die Angehörigen gewisser Stände höhere Ansprüche stellt als an andere. Unter Verletzung der durch die Ehe begründeten Pflichten wird hierbei insbesonders zu verstehen sein: schwere Verletzungen der ehelichen Treue, auch wenn es sich nicht gerade um einen Ehebruch handelt, unbegründete Verweigerung der ehelichen Pflicht, grobe Verletzung der Unterhaltspflicht, Vernachlässigung des Hauswesens oder der Kinder; unter ehrlosem Verhalten insbesonders strafgerichtliche Verurteilung wegen aus niedriger Gesinnung begangenen Handlungen, Betreibung eines schimpflichen Gewerbes, unter unsittlichem Verhalten insbesonders: liederlicher Lebenswandel, Verschwendungssucht, Trunksucht, Rauschgiftlaster, Begehung unzüchtiger Handlungen usw.

Wann ein solches Verhalten, das eine Scheidung rechtfertigt, vorliegt, bleibt dem Ermessen des Richters überlassen. Voraussetzung für die Scheidung ist außer dem schuldhaften Verhalten als solchem, daß es derart ist, daß unter solchen Umständen dem anderen Ehegatten nach Recht und Fug nicht mehr zugemutet werden kann, die Ehe fortzusetzen, was insbesonders aus den Anschauungen der gesellschaftlichen Kreise, in denen die Ehegatten leben, beurteilt werden muß, ferner aus dem sonstigen Verhalten der Ehegatten, insbesonders daraus, ob sich der klagende Ehegatte nicht Ähnliches hat zuschulden kommen lassen.

Die Zerrüttung der Ehe kann bald schon durch eine einmalige Handlung, bald erst durch wiederholtes Verhalten eintreten. Wenn etwa sich der Ehemann einmal an seinem Geburtstag einen Rausch antrinkt, so wird das noch kein Scheidungsgrund sein; wenn aber der Mann jeden

Abend aus dem Wirtshaus betrunken nach Hause kommt, dann wird man eine Scheidung zulassen müssen. Auf diese beiden Fälle ist in Ziffer 5 und 6 Rücksicht genommen. Während Ziffer 5 an die einmalige Handlung denkt, die schon so schwerwiegend ist, daß sie die Zerrüttung der Ehe bewirkt, ist in Ziffer 6 an den Fall gedacht, daß die Zerrüttung erst durch Fortsetzung der Verletzung der ehelichen Pflichten, des ehrlosen oder unsittlichen Verhaltens eintritt. Im übrigen sind die beiden Tatbestände ganz gleich gebaut und besagen genau dasselbe. In Ziffer 5 wird schlechtwegs davon geredet, daß die einmalige Handlung eine solche ist, daß dem klagenden Ehegatten nicht zugemutet werden kann, die Ehe fortzusetzen, denn dies ist ja die Folge der Zerrüttung. In Ziffer 6 ist die Zerrüttung der Ehe ausdrücklich erwähnt, um die Gesamtwirkung anzudeuten, die aus dem fortgesetzten schuldhaften Verhalten entstehen muß. In beiden Fällen läuft es jedoch auf das gleiche hinaus.

§ 110

Das geltende österreichische Recht, das deutsche bürgerliche Gesetzbuch und beiden folgend der Entwurf stehen auf dem Standpunkt, daß die einseitige Scheidung einem Ehegatten grundsätzlich nur aus solchen Umständen bewilligt werden kann, die auf einem Verschulden des anderen Teiles beruhen (Verschuldungsprinzip). Denn durch die Scheidung werden ja dem Beklagten gegen seinen Willen wichtige Rechte und Vorteile entzogen. Dies läßt sich nur damit rechtfertigen, daß der beklagte Ehegatte durch sein Verschulden diese Rechte und Vorteile verwirkt hat. Liegt also ein solches Verschulden nicht vor, dann dürfen ihm in der Regel diese Rechte auch nicht entzogen werden. Ist demnach die Ehe aus anderen Umständen zerrüttet worden, so bleibt in der Regel nur der Weg der einverständlichen Scheidung offen; es müssen beide Ehegatten auf ihre ehelichen Rechte verzichten.

Es gibt jedoch gewisse Ausnahmsfälle, in denen das Interesse des einen Ehegatten, die Scheidung auch dann zu verlangen, wenn der andere Teil nicht durch sein Verschulden dazu Anlaß gegeben hat, so überwiegend groß und um soviel rücksichtswürdiger ist, als das Interesse des anderen Ehegatten, die Ehe fortzusetzen, daß ihm aus Gründen der Billigkeit die Scheidung nicht versagt werden darf. Dies sind jedoch Ausnahmsfälle. Die Scheidung ohne Verschulden des beklagten Teiles ist daher nur dort zulässig, wo es das Gesetz ausdrücklich gestattet, was sich aus dem Zusammenhang mit dem neuen § 108 ergibt, der erklärt, daß die Scheidungsgründe im Gesetz taxativ aufgezählt sind.

Ziffer 1

Aus dem deutschen bürgerlichen Recht übernimmt der Entwurf den dem geltenden Recht unbekannten Scheidungsgrund der Geisteskrankheit und beseitigt damit einen Mangel, dessen Härte schon oft beklagt wurde. Wesentlichster Zweck der Ehe ist die körperliche und geistige Gemeinschaft. Verfällt nun einer der Ehegatten in Geisteskrankheit, so werden diese beiden Zwecke hinfällig. Ein weiterer Geschlechtsverkehr wird in der Regel unmöglich sein und, wenn er selbst möglich wäre, so wäre er doch aus eugenetischen Gründen höchst bedenklich und im öffentlichen Interesse gar nicht wünschenswert, da die große Gefahr besteht, daß sich die Geisteskrankheit auch auf die Kinder vererbt, so daß schon aus diesem Grund der gesunde Ehegatte, der es mit seinen Kindern wirklich gut meint, den Geschlechtsverkehr mit dem Geisteskranken, soferne er überhaupt praktisch noch möglich ist, unterlassen wird. Wichtiger noch aber als die körperliche Gemeinschaft ist die geistige Gemeinschaft. Diese wird ebenfalls, wenn die Geisteskrankheit eine erhebliche ist — und nur dann wird eine Scheidung zugelassen — vollständig vernichtet. Es frägt sich unter solchen Umständen, was dann eine solche Ehe überhaupt noch für einen Zweck hat.

Anderseits wird gegen die Zulassung der Geisteskrankheit als Scheidungsgrund häufig eingewendet, daß es grausam sei, dem unglücklichen Geisteskranken auch noch seine Ehe wegzunehmen; vielmehr müsse gerade dann der andere Teil sich doppelt bewähren. Dies mag zugegeben werden. Allein, ist es nicht noch viel grausamer für den gesunden Ehegatten, ihn lebenslänglich an den Geisteskranken zu bannen? Was hat denn der Geisteskranke von seiner Ehe, wenn er lebenslänglich im Irrenhaus oder Sanatorium interniert ist? Oft kommt noch dazu, daß der Geisteskranke überhaupt nichts mehr von seiner Umgebung weiß, daß es ihm gar nicht mehr zum Bewußtsein kommt, daß er verheiratet ist. Während so der Geisteskranke in den meisten Fällen von seiner Ehe überhaupt nichts mehr weiß, geschweige denn noch etwas davon hat, ist anderseits der gesunde Teil an seine Ehe gebunden, ohne daß dieselbe noch in irgendeiner Weise eine Wirkung äußert. In den meisten Fällen ist er von dem Geisteskranken überhaupt räumlich getrennt, da dieser sich in der Irrenanstalt oder einem Sanatorium befindet, so daß die Ehegatten überhaupt nicht mehr miteinander in Berührung kommen oder, wenn dies selbst nicht der Fall ist, so ist doch infolge der geistigen Umnachtung des anderen Teiles jede Gemeinschaft ausgeschlossen. Eine solche Ehe besteht also wirklich nur mehr formell. Dazu kommt noch, daß die Ehe auf andere Art nicht mehr geschieden werden kann, denn zu einer einverständlichen Scheidung wäre die Einwilligung des Geisteskranken erforderlich, die er aber — immer vorausgesetzt, daß es sich um eine erhebliche Geisteskrankheit handelt, denn nur in diesem Fall läßt § 110, Z. 1, die Scheidung zu — nicht mehr abgeben kann; ebenso kann es aber nicht mehr zu einer Scheidung nach § 109 kommen, da dem Geisteskranken infolge mangelnder Zurechnungsfähigkeit ein Verschulden nicht mehr angerechnet werden darf.

Die einzige Möglichkeit, diese zerrüttete Ehe auch formell zu lösen, ist die, daß man die Geisteskrankheit selbst zum Scheidungsgrund macht, wie es der Entwurf tut. Verlangt wird, daß die Geisteskrankheit eine unheilbare sei, denn, wenn die Geisteskrankheit heilbar ist, dann ist ja begründete Aussicht vorhanden, daß nach Wegfall der Krankheit die gemeinschaftlichen Beziehungen der Ehegatten zueinander wieder aufleben. Da sich aber in den wenigsten Fällen mit apodiktischer Gewißheit voraussagen läßt, daß die Geisteskrankheit unter keinen wie immer gearteten Umständen heilbar ist — ein gewissenhafter Arzt kann eine solche Diagnose fast niemals aufstellen —, so genügt der Nachweis, daß gegründete Aussicht vorhanden ist, daß die Geisteskrankheit unheilbar ist. Der Entwurf begnügt sich daher mit dem Erfordernis, daß die Geisteskrankheit voraussichtlich unheilbar ist.

Nicht jede geringfügige geistige Trübung reicht aber zur Scheidung hin. Nur dann darf die Ehe auch formell gelöst werden, wenn die geistigen und sonstigen Beziehungen der Ehegatten zueinander infolge der Geisteskrankheit nicht mehr oder doch nur mehr zum geringsten Teil bestehen. Der Entwurf verlangt daher, daß die unheilbare Geisteskrankheit eine solche sein müsse, daß dadurch: „die gemeinschaftlichen Beziehungen der Ehegatten zueinander wesentlich beeinträchtigt werden". Unter gemeinschaftlichen Beziehungen sind hierbei das körperliche und insbesonders auch das geistige Zusammenleben der Ehegatten zu verstehen; diese Beziehungen müssen gänzlich oder doch beträchtlich unterbunden sein, was insbesonders dann der Fall sein wird, wenn der Geisteskranke in einer Anstalt untergebracht werden muß oder sonst nicht mehr imstande ist, noch ein vernünftiges Wort zu sprechen. Dagegen ist dieser Scheidungsgrund nicht gegeben, wenn der Geisteskranke, ohne daß man ihn in Anstaltspflege geben muß, von gewissen Wahnvorstellungen, z. B. Größenwahnsinn, geplagt wird, im übrigen aber noch so weit vernünftig ist, daß man mit ihm verkehren kann, da in diesem Fall die geistige Gemeinschaft doch noch aufrecht erhalten bleibt. Hiervon gibt es jedoch eine Ausnahme. Es kann sein, daß der Geisteskranke zwar so weit ganz vernünftig ist, zu gewissen Zeiten aber Tobsuchtsanfälle bekommt und in diesem Zustand für seine Umgebung gemeingefährlich wird. In diesem Fall kann dem gesunden Ehegatten ebenfalls nicht zugemutet werden, mit dem Geisteskranken noch weiter zu leben, da er dadurch am Leben oder der Gesundheit ernstlich gefährdet wäre. Der Entwurf läßt daher auch dann die Scheidung zu, wenn der gesunde Teil durch das weitere Zusammenleben gefährdet wäre; dieser Scheidungsgrund muß besonders erwähnt werden, da der Scheidungsgrund des § 109, Z. 3, durch eine solche Bedrohung deshalb noch nicht gegeben ist, weil dem Geisteskranken böser Vorsatz nicht angerechnet werden darf.

Ziffer 2

Ist ein Ehegatte unheilbar krank und ist diese Krankheit mit Ansteckungsgefahr verbunden, dann wäre es für den gesunden Teil mit großer Gefahr verbunden, mit dem Kranken noch weiter zusammen zu leben, da zu befürchten wäre, daß auch der gesunde Teil angesteckt wird; es kann ihm daher nicht zugemutet werden, die eheliche Gemeinschaft noch fortzusetzen. Auf diesem Standpunkt steht auch die Judikatur, die z. B. böswilliges Verlassen nicht annimmt, wenn der verlassene Ehegatte gegründete Ursache zu seinem Vorgehen hatte, was in diesem Fall sicherlich zutrifft. Wenn aber der Ehegatte berechtigt ist, faktisch die eheliche Gemeinschaft nicht mehr fortzusetzen, so kann ihm auch gleich gestattet werden, die formelle Aufhebung der Ehe zu verlangen, denn wenn die eheliche Gemeinschaft schon faktisch aufgehoben ist, so liegt auch kein Bedenken vor, diese tatsächliche Aufhebung, zu der der gesunde Ehegatte berechtigt ist, durch den Spruch des Richters zu sanktionieren.

Der Entwurf übernimmt daher aus dem geltenden Recht (§ 109 ABGB.) den Scheidungsgrund der unheilbaren körperlichen Krankheit. Wie bei der Geisteskrankheit, so wird auch hier nicht der strikte Beweis gefordert, daß die Krankheit auf keinen Fall geheilt werden kann, da dieser Beweis nur sehr selten zu erbringen wäre, vielmehr genügt der Beweis, daß die Krankheit voraussichtlich unheilbar ist. Die unheilbare körperliche Krankheit muß aber für den klagenden Ehegatten mit Ansteckungsgefahr verbunden sein, denn nur in diesem Fall hat der letztere ein berechtigtes Interesse, mit dem Kranken nicht mehr zusammen zu leben. Ist dagegen die Krankheit nicht ansteckend, so ist eine Scheidung nicht gestattet, da hier vielleicht zwar die körperliche, keinesfalls aber die geistige Gemeinschaft zwischen den Ehegatten gestört wird.

Ziffer 3

Wird von zwei Ehegatten der eine Teil für tot erklärt, so kann unter gewissen Umständen der andere Teil zu einer neuen Ehe schreiten, da anzunehmen ist, daß der für tot Erklärte auch wirklich tot ist. Es kann aber sein, daß die Todeserklärung zu Unrecht erfolgte, der für tot Erklärte wider Erwarten noch lebt und in der Folge wieder zurückkehrt. In diesem Fall ist nach geltendem Recht die neue Ehe, die der zurückgebliebene Teil eingegangen ist, ungültig, da durch die Todeserklärung die erste Ehe noch nicht gelöst ist. Mit Rücksicht darauf, daß sich aber hier zwei Vollehen gegenüberstehen, die beide ordnungsgemäß geschlossen und zunächst sogar erlaubt waren, und es zweifelhaft ist, ob die neue Ehe nicht eine bessere und glücklichere ist als die frühere Ehe, in welcher die beiden Gatten so lange voneinander getrennt waren, so trifft der Entwurf im achten Abschnitt eine Abänderung und läßt die neue Ehe nicht mehr auf jeden Fall ungültig sein; vielmehr ist diese in der Regel gültig und die frühere Ehe wird durch Eingehung der neuen Ehe auch dann gelöst, wenn der für tot erklärte Ehegatte aus erster Ehe noch lebt.[1]

Nun kann es aber sein, daß der zurückgebliebene Ehegatte, der sich nach erfolgter Todeserklärung des anderen Teiles zum zweitenmal verheiratet hat, durch die Rückkehr des für tot Erklärten in schwere Gewissenskonflikte gerät. Die erste Ehe war vielleicht glücklich, der Zurückgebliebene liebt den fälschlich für tot Erklärten noch immer, er hat vielleicht die neue Ehe nur unter dem Druck wirtschaftlicher Verhältnisse geschlossen, um seine Existenz zu sichern und möchte nun, da er sieht, daß sein ursprünglicher, eigentlicher Gatte noch lebt, wieder zu diesem zurück. Dieses Verlangen ist sicherlich gerechtfertigt. Es wäre unbillig, dem zurückgebliebenen Ehegatten zumuten zu wollen, noch weiter in einer Ehe zu leben, die er nur unter der irrtümlichen Voraussetzung geschlossen hat, daß sein früherer Gatte (der für tot Erklärte) wirklich tot ist. Das Recht des zurückgebliebenen Ehegatten, aus seiner zweiten Ehe wieder herauszukommen, um zu seinem ersten Gatten wieder zurückkehren zu können, ist auch in den meisten Rechtsordnungen anerkannt; allerdings wird dieses Problem in verschiedener Weise geregelt.

Das geltende österreichische Recht läßt, wie gesagt, in diesem Fall die neue Ehe auf jedem Fall ungültig sein. Das deutsche Recht legt in diesem Fall das Schicksal der neuen Ehe in die Hände der beiden neuen Ehegatten und gestattet jedem von beiden, die neue Ehe anzufechten. Zweifelsohne ist dieser Weg der richtigere, aber auch er geht noch etwas zu weit. Zunächst soll ja nur das Interesse desjenigen Ehegatten geschützt werden, der zurückgeblieben ist und sich noch einmal verheiratet hat. Er, nicht auch der andere Teil der neuen Ehe wird durch die Rückkehr des für tot Erklärten in Gewissenskonflikte gebracht, er, nicht auch der andere Teil, will zu dem für tot Erklärten zurückkehren. Der Entwurf beläßt daher nur mehr demjenigen Ehegatten das Recht, die Auflösung der Ehe zu verlangen, der sich nach erfolgter Todeserklärung seines Gatten zum zweitenmal verheiratet hat, nicht auch dem anderen Gatten der neuen Ehe. Und noch in einem zweiten Punkt wird gegenüber dem deutschen Recht eine Einschränkung getroffen. Es soll dem zurückgebliebenen Ehegatten ermöglicht werden, zu dem irrtümlich für tot Erklärten wieder zurückzukehren. Das deutsche Recht bewirkt dies dadurch, daß es die zweite Ehe anfechten, also ungültig erklären läßt. Es ist aber nicht notwendig, so weit zu gehen. Durch die Annullierung der zweiten Ehe können allenfalls die Rechte Dritter geschädigt werden; auch ist es für den anderen Gatten der neuen Ehe viel peinlicher, wenn seine Ehe für ungültig erklärt wird, als wenn sie nur geschieden wird. Da nun der Zweck, von der neuen Ehe frei zu werden, durch eine Scheidungs- bzw. Trennungsklage

[1] Siehe im übrigen die Ausführungen zum achten Abschnitt: „Lösung der Ehe durch Tod und durch Todeserklärung“.

ebenso erreicht wird und dadurch zugleich auch der andere Ehegatte und dritte Personen geschont werden, so gewährt der Entwurf dem Ehegatten, der sich nach erfolgter Todeserklärung des anderen Gatten wieder verheiratet hat, dann, wenn der für tot Erklärte wieder zurückkehrt, kein Anfechtungsrecht, sondern nur ein Scheidungs- bzw. Trennungsrecht.

Die Klage ist jedoch ausgeschlossen, wenn dem klagenden Teil bei Eingehung der neuen Ehe bekannt war, daß der für tot Erklärte noch am Leben sei, denn hat er in Kenntnis dieses Umstandes gehandelt, so darf er sich später nicht mehr darüber beklagen; ein Gewissenskonflikt ist ausgeschlossen, denn dies hätte er bei Eingehung der neuen Ehe berücksichtigen müssen. Ebenso ist die Klage ausgeschlossen, wenn der für tot Erklärte nunmehr wirklich stirbt; denn die Klage soll es dem klagenden Teil ermöglichen, zu dem für tot Erklärten wieder zurückzukehren. Dies ist aber ausgeschlossen, wenn dieser nun wirklich gestorben ist.

§ 111

Absatz 1

Die Notwendigkeit, ein auf § 109, also auf ein Verschulden des Beklagten gegründetes Scheidungsrecht zu befristen, ergibt sich aus folgenden Erwägungen: Wäre es dem scheidungsberechtigten Ehegatten möglich, durch unbegrenzt lange Zeit auf Scheidung aus Verschulden des anderen Teiles zu klagen, so wäre es ihm möglich, durch Drohung mit der Scheidung auf den anderen Teil fortgesetzt einen unerträglichen Druck auszuüben, indem er ihm bei jeder Gelegenheit vorhält, er werde die Scheidungsklage erheben und so den anderen Teil zu Handlungen, Duldungen oder Unterlassungen nötigt unter der Androhung, wenn der andere Ehegatte nicht allen seinen Befehlen gehorcht, sofort auf Scheidung zu klagen. Eine solche unrechtmäßige Ausnützung des Scheidungsrechtes soll verhindert werden. Auch wäre es unbillig, wenn der scheidungsberechtigte Ehegatte nach Eintritt des Scheidungsgrundes die Ehe so lange fortsetzen[1] könnte, als es ihm beliebt, dann aber, wenn es ihm nicht mehr paßt, allenfalls auch noch nach einigen Jahren, auf Scheidung klagen könnte. Die Gewährung des Scheidungsrechtes nach § 109 geschieht ja aus dem Grunde, weil in diesem Fall dem nichtschuldigen Ehegatten nicht mehr zugemutet werden soll, die Ehe fortzusetzen. Ob ihm das weitere Zusammenleben mit dem anderen Teil wirklich so unerträglich geworden ist, darüber muß sich der Scheidungsberechtigte innerhalb einer gewissen Zeit klar werden; lebt er nach dieser Zeit noch immer mit dem anderen Teil zusammen, so kann mit Recht angenommen werden, daß ihm das Zusammenleben nicht so unerträglich wurde, denn sonst würde er es ja nicht fortsetzen. Zugleich

[1] Unter Fortsetzung der Ehe wird hier nicht Fortsetzung des geschlechtlichen Verkehrs verstanden, sondern überhaupt weiteres Zusammenleben mit dem anderen Teil.

muß aber auch der nicht zur Scheidung berechtigte Teil von der Ungewißheit, ob die Ehe fortbestehen oder geschieden wird, befreit werden. Aus diesen Gründen befristet der Entwurf das Scheidungsrecht des § 109 nach Vorbild des deutschen bürgerlichen Gesetzbuches mit einem Zeitraum von sechs Monaten; diese sechsmonatliche Frist läuft von dem Zeitpunkt an, da der klageberechtigte Ehegatte davon Kenntnis erlangte.

Es wäre jedoch unbillig, wenn etwa ein Ehegatte, der von einem Ehebruch des anderen Teiles erst nach zwanzig Jahren erfährt, auch nach so langer Zeit diesen Scheidungsgrund noch geltendmachen könnte. Hat eine Ehe so lange Zeit, nachdem der Scheidungsgrund gesetzt wurde, noch glücklich fortbestanden, so ist nicht anzunehmen, daß die seinerzeitige Tatsache, die dem anderen Ehegatten das Recht auf Scheidung gab, so zerrüttend auf die Ehe gewirkt hat, da ja der beste Gegenbeweis darin besteht, daß die Ehe noch so lange Zeit hernach fortbestanden hat. Wenn nach so langer Zeit noch wegen dieses veralteten Scheidungsgrundes geklagt wird, so wird das in der Regel nicht mehr deshalb der Fall sein, weil das damalige Verhalten des einen Ehegatten dem anderen Teil das eheliche Zusammenleben jetzt noch unerträglich macht, sondern eher deshalb, weil der klageberechtigte Teil aus anderen Gründen eine Lösung seiner Ehe wünscht und den veralteten Grund nun freudig ergreift, um dadurch eine Aufhebung seiner Ehe zu bewirken. Ein solches Vorgehen würde aber der Absicht des Gesetzes geradezu widersprechen. Außer der sechsmonatigen Frist, deren Beginn und Ende ja vom reinen Zufall abhängt, setzt der Entwurf daher noch eine zweite Frist fest, die unabhängig davon, wann der Berechtigte von dem Scheidungsgrund erfährt, läuft; ist diese Frist verstrichen, so kann der Scheidungsberechtigte auch dann nicht mehr klagen, wenn er bis dahin von dem Scheidungsgrund nichts erfahren hat. Diese zweite Frist ist mit fünf Jahren bemessen; dies ist eine so lange Zeit, daß es nicht mehr gerecht wäre, wenn nach Ablauf dieses Zeitraums noch auf Tatsachen zurückgegriffen werden könnte, die sich vorher ereignet haben.

Absatz 2

Eine Hemmung der beiden Verjährungsfristen ist von dem Entwurf während desjenigen Zeitraumes vorgesehen, innerhalb dessen es zwecklos wäre oder dem Ehegatten nicht zugemutet werden kann, die Klage zu erheben. Dies ist insbesonders dann der Fall, wenn ein Verfahren läuft, das auf Ungültigerklärung der Ehe gerichtet ist, also ein Nichtigkeits- oder Anfechtungsverfahren. Es wäre in diesem Fall zwecklos, auf Scheidung zu klagen, da, wenn die Ehe von allem Anfang an für ungültig erklärt wird, sie nicht auch noch geschieden werden kann. Die Scheidungsklage müßte in diesem Fall selbst dann abgewiesen werden, wenn sie an sich gerechtfertigt wäre. Der klageberechtigte Ehegatte muß daher zuerst den Ausgang des Ungültigkeitsverfahrens abwarten. Erst dann, wenn die Ehe in diesem Verfahren nicht für ungültig erklärt wurde, kann nun auf Scheidung geklagt werden. Da in der Regel ein Ungültigkeits- (Nichtigkeits- oder Anfechtungs-) Verfahren, bis es durch alle Instanzen gegangen ist, länger als sechs Monate dauert, so muß, damit inzwischen die Frist für die Scheidungsklage nicht abläuft, diese Frist so lange gehemmt werden.

Es ist aber auch möglich, daß der Ehegatte, der zur Scheidungsklage berechtigt ist, zunächst versucht, die Sache in Güte beizulegen und zu diesem Zweck, um den anderen Teil zu schonen oder um zu verhindern, daß die Sache in die Öffentlichkeit dringt, was ja nicht sehr angenehm ist, dem anderen Ehegatten vorschlägt, sich einverständlich scheiden zu lassen, um sich den Prozeß, die damit verbundenen Kosten und sonstigen Unannehmlichkeiten zu ersparen. Wenn nun dieses einverständliche Scheidungsverfahren ergebnislos endet, weil sich die Ehegatten über irgendwelche Punkte, z. B. über die vermögensrechtliche Auseinandersetzung, nicht einigen können, so soll es dem Scheidungsberechtigten nicht schaden, daß inzwischen die Frist für die Klage verstrichen ist. Insbesonders soll verhindert werden, daß, wenn der eine Teil zur Klage berechtigt ist, der schuldige Ehegatte, um die Scheidung zu hintertreiben, zunächst eine einverständliche Scheidung vorschlägt, und diese dann arglistigerweise so lange hinauszieht, bis die Frist zur Einbringung der Scheidungsklage verstrichen ist und dann plötzlich in die einverständliche Scheidung nicht mehr einwilligt.

Absatz 3

Das Verhalten des schuldigen Ehegatten kann die Scheidung bewirken, wenn dadurch dem anderen Ehegatten das weitere Zusammenleben in der Ehe unerträglich gemacht wird. Dies ist jedoch dann nicht der Fall, wenn der andere Ehegatte diesen Handlungen selbst zugestimmt hat; hat der letztere das Verhalten des schuldigen Teiles gebilligt, ihn vielleicht selbst dazu angestiftet, dann darf er ihm dieses Verhalten nicht anderseits in einer Scheidungsklage vorwerfen. Das Recht auf Scheidung ist daher ausgeschlossen, wenn der nicht schuldige Ehegatte dem Verhalten des anderen Teiles zugestimmt hat, sei es, daß der schuldige Ehegatte der aktive Teil war und der andere Ehegatte dieses Verhalten nur gutgeheißen hat, sei es, daß der letztere den anderen selbst zu seinem Vorgehen angestiftet hat.

Das Gegenstück zur Zustimmung, die dem Verhalten des schuldigen Teiles vorangeht, ist die Verzeihung, die dem schuldhaften Verhalten des anderen Teiles nachfolgt. Das Scheidungsrecht ist, wie jedes Recht, ein verzichtbares; dieser Verzicht kann entweder ausdrücklich erfolgen oder in der Weise, daß der scheidungsberechtigte Ehegatte erklärt, dem schuldigen Teil sein Verhalten nicht mehr nachtragen zu wollen, d. h., daß er ihm dieses Verhalten verzeiht. Es wird dadurch den Ehegatten die Möglichkeit gegeben, das Weiterbestehen ihrer Ehe auch noch vor Ablauf der Klagefrist zu sichern; wäre eine solche Möglichkeit nicht vorhanden, dann könnte, da in diesem Fall die Scheidung während der sechsmonatigen Frist immer noch wie ein Damoklesschwert über der Ehe schweben würde, das weitere Zusammenleben der Ehegatten empfindlich gestört und so die Ehe, die durch den Scheidungsgrund an sich noch nicht zerrüttet war, in der Folge nun wirklich zerrüttet werden. Dies wird durch die Verzeihung verhindert, die das Gegenstück zu der Bestätigung bei der Anfechtbarkeit der Ehe bildet.

Absatz 4

In den Fällen des § 109, Z. 4 bis 6, hat der klagende Ehegatte darzutun, daß seine Ehe durch das Vorgehen des anderen Teiles zerrüttet wurde. Ob dies der Fall ist, wird zunächst aus den in der Klage angeführten Gründen zu beurteilen sein. Oft wird sich aber daraus noch nicht mit genügender Sicherheit schließen lassen, ob die Ehe wirklich zerrüttet wurde und wie tief diese Zerrüttung geht. Es kann sein, daß der schuldige Teil sein Verhalten schon durch längere Zeit fortgesetzt hat und die noch nicht verjährten Tatsachen nur mehr der letzte Anstoß zur Klage waren. Je länger das schuldhafte Verhalten gedauert hat, desto größer wird die Zerrüttung sein, desto eher kann die Scheidung ausgesprochen werden. Um nun die Zerrüttung durch das schuldhafte Verhalten des anderen Teiles recht deutlich zu illustrieren, wird es für den Kläger vorteilhaft sein, nicht nur das Verhalten des Beklagten innerhalb der letzten sechs Monate zu schildern, sondern das gesamte Bild seiner Ehe vor Gericht aufzurollen. Diese Möglichkeit soll ihm durch § 111, Abs. 4, geboten werden, da er dadurch auch solche Tatsachen anzuführen in der Lage ist, die an sich schon verjährt sind. Würde diese Bestimmung nicht bestehen, so würde der Beklagte, wenn der Kläger solche Gründe anführt, sofort unter dem Hinweis auf die Verjährung dagegen protestieren. Ein solches Vorbringen verjährter Tatsachen wird aber oft notwendig sein. Wenn z. B. wegen Trunksucht des anderen Teiles geklagt wird, so wird die Zerrüttung der Ehe dem Richter um so deutlicher vor Augen treten, wenn der Kläger dartun kann, daß diese Trunksucht nicht erst innerhalb der letzten sechs Monate entstanden ist, sondern schon Jahre lang besteht. Deshalb wird dem Kläger gestattet, auch auf verjährte Tatsachen zurückzugreifen. Diese verjährten Tatsachen können zwar an sich noch nicht die Scheidung bewirken; dazu sind Tatsachen erforderlich, die noch nicht verjährt sind. Sind aber solche vorhanden, dann dürfen zu ihrer Unterstützung auch andere, schon verjährte Tatsachen geltendgemacht werden, um die Zerrüttung der Ehe möglichst glaubhaft zu machen.

§ 112

Das Recht, wegen unheilbarer geistiger oder körperlicher Krankheit des anderen Teiles auf Scheidung zu klagen, ist der Verjährung nicht unterworfen. Eine solche Bestimmung wird aus folgenden Erwägungen getroffen: Von einer Verjährung kann schon deshalb nicht die Rede sein, weil ja der Scheidungsgrund immer von neuem entsteht; es handelt sich hierbei nicht, wie bei den Scheidungsgründen des § 109, um eine einmalige Tatsache, sondern um einen Dauerzustand (denn die geistige bzw. körperliche Krankheit muß unheilbar sein), aus dem das Recht auf Scheidung immer von neuem erwächst. Ebenso entfällt die ratio, daß durch Drohung mit der Scheidung auf den anderen Teil ein Druck ausgeübt wird; bei der Geisteskrankheit wäre dies infolge des geistigen Zustands des anderen Teiles überhaupt unmöglich; aber auch bei der Scheidung wegen körperlicher Krankheit kann ein solcher Druck nicht ausgeübt werden, denn ein Druck auf den anderen Ehegatten wäre nur dann möglich, wenn diesen zufolge der Scheidung Unrechtsfolgen treffen würden; da dies aber bei der Scheidung nach § 110 nicht der Fall ist, vielmehr die Unrechtsfolgen den klagenden Teil selbst treffen (neuer § 115), so wäre eine Drohung mit der Scheidung zwecklos. Dadurch, daß die Scheidungsklage wegen körperlicher oder Geisteskrankheit nicht der Verjährung unterworfen ist, soll aber auch noch etwas anderes erreicht werden: der gesunde Teil soll dazu veranlaßt werden, es möglichst lange bei dem Kranken auszuhalten. Viele würden vielleicht Lust haben, es zunächst zu versuchen, mit dem Kranken weiterzuleben; es schreckt sie jedoch der Gedanke, daß dies jahrelang so fortgehen kann und auf so lange Zeit trauen sie sich nicht die Kraft zu. Wenn daher ihr Scheidungsrecht nur ein befristetes ist, so werden sie, obschon sie bereit wären, zunächst bei dem Kranken zu verbleiben, dennoch auf Scheidung klagen, weil sie sonst ihr Scheidungsrecht verlieren würden und sie nicht wissen, ob ihnen der Entschluß, bei dem Kranken zu verbleiben, nicht später leid tun wird. Wenn sie aber wissen, daß sie jederzeit auf Scheidung klagen können, so werden viele, schon um nicht als charakterlos zu gelten, zunächst bei dem Kranken ausharren, da sie ja wissen, daß, wenn sie ihren Entschluß einmal bereuen, sie noch immer auf Scheidung klagen können. Dadurch werden vielleicht manche sich im Lauf der Zeit an den Kranken so gewöhnt haben, daß sie dann auf eine Scheidung überhaupt verzichten, die, wenn sie nur innerhalb einer bestimmten Zeit hätten auf Scheidung klagen können, dies sicherlich getan hätten, weil sie Angst davor hatten, immer an den Kranken gefesselt sein zu müssen.

Im Falle des § 110, Z. 3 (Rückkehr des für tot erklärten Gatten aus erster Ehe), liegt der Fall anders. Hier besteht der Scheidungsgrund nicht in einem Dauerzustand, sondern in einer einmaligen Tatsache (Kenntnisnahme, daß der für tot Erklärte noch lebt); ebenso ist hier der Zweck, demzufolge das Scheidungsrecht gewährt wird, ein anderer. Er besteht nicht so sehr darin, daß der Scheidungsberechtigte von dem neuen Gatten loskommen will, sondern mehr darin, daß er zu seinem früheren Gatten zurückkehren will. Ob aber der Scheidungsberechtigte dies will, darüber muß er sich binnen bestimmter Zeit klar sein. Dieses Scheidungsrecht ist daher der Verjährung unterworfen; als Verjährungsfrist wird hierbei eine Frist von zwei Jahren bestimmt. Eine so lange Frist ist aus folgenden Gründen notwendig. Der Scheidungsgrund entsteht, sobald der Scheidungsberechtigte erfährt, daß sein Gatte aus erster Ehe nicht tot ist, sondern noch lebt, und wieder zurückgekehrt ist. Ehe er aber nun weitere Konsequenzen aus dieser Kenntnis zieht, d. h. bevor er die Scheidungsklage einreicht, werden in der Regel noch weitere Schritte notwendig sein. Zunächst wird sich der Scheidungsberechtigte vergewissern wollen, ob diese Nachricht richtig ist, dann wird er sich mit dem Zurückgekehrten erst wieder in Verbindung setzen müssen, er wird erforschen müssen, ob auch der Zurückgekehrte mit ihm wieder zusammenleben will, denn sonst wäre die Scheidung der neuen Ehe ja zwecklos. Diese Frage wird aber der Zurückgekehrte auch nicht sofort beantworten können, da dies größtenteils von seiner künftigen Position abhängen wird; er wird sich vielleicht erst eine Anstellung verschaffen müssen usw. Dies alles braucht Zeit; eine Frist von sechs Monaten würde da nicht genügen; anderseits kann aber dem Scheidungsberechtigten auch nicht zugemutet werden, blindlings auf Scheidung der zweiten Ehe zu klagen, ehe er weiß, was nun weiter geschehen wird. Es muß daher für diese Scheidungsklage eine entsprechend längere Frist bemessen werden.

§ 113

Es ist möglich, daß ein Ehegatte nach § 109, also aus Verschulden des Beklagten, auf Scheidung geklagt wird, obwohl sich der Kläger selbst eines Scheidungsgrundes schuldig gemacht hat. Würde der Beklagte diesen Umstand nicht geltendmachen, so würde die Ehe aus seinem alleinigen Verschulden geschieden werden. Um dies zu verhindern, muß er also auch den durch den Kläger gesetzten Scheidungsgrund geltendmachen. Dies kann dadurch geschehen, daß er die Gegenklage erhebt; sind Klage und Gegenklage begründet, so wird dann die Ehe aus beiderseitigem Verschulden geschieden. Nun kann es aber sein, daß der nach § 109 geklagte die Scheidung nicht will. Eine Gegenklage würde in diesem Fall ihren Zweck nicht erfüllen. Denn es kann dann dazu kommen, daß die Klage abgewiesen wird, der Gegenklage aber stattgegeben wird und dadurch die Ehe doch geschieden wird. Davon hätte aber derjenige nichts, der die Gegenklage erhoben hat, denn er will ja nicht, daß die Ehe geschieden wird, sondern er will nur, daß, wenn der Klage des anderen Teiles doch stattgegeben wird, die Ehe nicht aus seinem alleinigen, sondern aus beiderseitigem Verschulden geschieden wird. Es muß ihm also die

Möglichkeit gegeben werden, daß er den Scheidungsgrund in irgendeiner Weise geltend machen kann, und zwar so, daß, wenn die gegnerische Klage unbegründet ist, es zu einer Scheidung überhaupt nicht kommt, wenn aber die gegnerische Klage doch begründet ist, auf den von ihm, dem Beklagten, geltend gemachten Scheidungsgrund in der Weise Rücksicht genommen wird, daß die Ehe dann nicht aus dem alleinigen Verschulden des Beklagten, sondern aus beiderseitigem Verschulden geschieden wird.

Dem Beklagten wird daher die Möglichkeit gegeben, einen Scheidungsgrund, der auf dem Verschulden des anderen Teiles beruht, durch Einrede geltend zu machen. Das Typische dieser Art der Geltendmachung ergibt sich aus dem soeben Gesagten. Auf Grund des einredeweise geltend gemachten Scheidungsgrundes kann die Scheidung nicht erfolgen, wenn die Klage selbst nicht begründet ist, sondern die Einrede spielt nur dann eine Rolle, wenn die Klage begründet ist. Von einer anderen Einrede unterscheidet sich diese Einrede dadurch, daß sie nicht wie andere Einreden die Abweisung der Klage bewirkt, was deshalb, weil sie nicht die Wirkung wie andere Einreden hat, ausdrücklich betont wird. Die Einrede stellt sich im allgemeinen als ein Gegenrecht des Beklagten dar, welches den klägerischen Anspruch vernichtet; das ist aber bei dieser Einrede nicht der Fall, denn das Recht des einen Teiles, eine Scheidung zu verlangen und das Recht des anderen Teiles, eine Scheidung zu verlangen, haben miteinander gar nichts zu tun, stehen nicht miteinander in Verbindung, weshalb das eine Recht das andere Recht nicht aufheben kann. Die einzige Wirkung der Einrede des Scheidungsgrundes ist ihre Beeinflussung auf die Regelung der Verschuldensfrage.

Aus dieser Feststellung ergibt sich noch ein weiteres: Die Geltendmachung durch Einrede kommt nur dann in Betracht, wenn sowohl der in der Klage als der in der Einrede geltend gemachte Scheidungsgrund ein solcher ist, daß er die Scheidung aus dem Verschulden des anderen Teiles bewirken kann, also auf dem neuen § 109 beruht. Denn gehört der vom Beklagten geltend gemachte Scheidungsgrund dem neuen § 110 an, beruht er also nicht auf dem Verschulden des Klägers, so kann durch einredeweise Geltendmachung dieses Grundes an der Verschuldensfrage nichts geändert werden. Umgekehrt: ist der in der Klage geltend gemachte Grund ein solcher, daß er nicht auf dem Verschulden des Beklagten beruht, ist die Klage also auf § 110 gestützt, dann muß der Kläger gemäß dem neuen § 115, Abs. 2 ohnedies schon das Verschulden an der Scheidung auf sich nehmen; der Beklagte braucht also nicht noch besonders einen Scheidungsgrund einredeweise geltend zu machen, da er dadurch doch nicht mehr erreichen kann. Aus diesem Grunde wird im Text des neuen § 113 nur der Fall erwähnt, daß sowohl der klageweise als auch der einredeweise geltend gemachte Scheidungsgrund auf § 109 beruht, da ein anderer Fall praktisch nicht denkbar ist.

Selbstverständlich läßt sich auch ein Scheidungsgrund durch Einrede nicht durch unbegrenzt lange Zeit geltend machen, da es genau so unbillig wie bei der Geltendmachung durch Klage wäre, auf allzuweit zurückliegende Tatsachen zurückzugreifen. Es kann daher ein Scheidungsgrund auch durch Einrede nicht länger als fünf Jahre seit Ereignung der Tatsache geltend gemacht werden, ebenso wie bei der Scheidungsklage. Ebenso muß die Einrede innerhalb einer bestimmten Frist von dem Zeitpunkt an, da der Berechtigte davon Kenntnis erlangte, geltend gemacht werden. Diese Frist ist aber bei der Einrede länger bemessen als bei der Klage; während sie bei dieser nur sechs Monate beträgt, beträgt sie bei der Einrede zwei Jahre. Hierfür war folgende Erwägung maßgebend: Während die Geltendmachung durch Klage jederzeit möglich ist, sobald der Berechtigte davon Kenntnis erlangt, hängt die Möglichkeit der Geltendmachung durch Einrede davon ab, daß der andere Ehegatte eine Scheidungsklage erhebt. Es ist offensichtlich, daß die Frist für die Einrede daher länger bemessen sein muß, da, wenn für die Geltendmachung durch Klage und durch Einrede gleiche Fristen bestünden, und das Scheidungsrecht desjenigen Ehegatten, der dieses Recht nur durch Einrede geltend machen will, früher entstünde als das Scheidungsrecht desjenigen Ehegatten, der dieses Recht durch Klage geltend machen will, der letztere Ehegatte mit der Erhebung der Klage so lange warten würde, bis das Recht des anderen Teiles, den Scheidungsgrund durch Einrede geltend zu machen, verjährt ist. Ein Beispiel soll dies klarer zeigen. Wenn etwa A am 1. Jänner erfährt, daß sein Ehegatte B einen Ehebruch begangen hat und B am 3. Jänner erfährt, daß A einen Ehebruch begangen hat, dann würde, vorausgesetzt daß für die Geltendmachung durch Klage und durch Einrede gleiche Fristen bestehen, das Recht des A am 1. Juli verjähren, das Recht des B am 3. Juli. B würde daher, wenn er weiß, daß der A sein Scheidungsrecht nur für den Fall durch Einrede geltend macht, daß B die Scheidungsklage erhebt, erst am 2. Juli klagen, da an diesem Tag A nicht mehr die Einrede erheben kann. Ein solches Vorgehen soll verhindert werden, da sonst derjenige Ehegatte, dessen Scheidungsrecht später verjährt, das Einrederecht des anderen Teiles immer dadurch hintertreiben könnte, daß er erst dann die Klage erhebt, wenn das Einrederecht des anderen Teiles verjährt ist; dies wäre ihm auch fast immer möglich, da es nur sehr selten vorkommen wird, daß beide Teile am gleichen Tage von ihrem Scheidungsrecht erfahren, so daß beide Fristen am gleichen Tage zu laufen beginnen und auch am gleichen Tag endigen; vielmehr wird für gewöhnlich zwischen dem Beginn dieser beiden Fristen ein Zwischenraum liegen und wäre es auch nur ein solcher von wenigen Tagen. Dieser Übelstand kann nur dadurch beseitigt werden, daß die Frist für die Geltendmachung durch Einrede entsprechend länger dauert als die Frist für die Geltendmachung durch Klage. Wenn also in unserem Beispiel A den Ehebruch noch über den ersten Juli hinaus durch Einrede geltend machen kann, dann kann B mit seiner Klage nicht so lange warten, bis das Einrederecht des A verjährt ist, denn sonst verjährt ihm inzwischen sein eigenes Klagerecht. Nun könnte zwar eingewendet werden, daß auch dann, wenn die Einredefrist länger dauert als die Klagefrist, noch immer ein Fall eintreten könnte, in welchem das Einrederecht dadurch hintertrieben werden kann, daß mit der Klage so lange gewartet wird, bis das Einrederecht verjährt ist. Wenn z. B., wie es der Entwurf vorschlägt, die Frist für die Klage sechs Monate, die Frist für die Einrede zwei Jahre beträgt, so wäre das dann der Fall, wenn das Scheidungsrecht des einen Teiles weniger als sechs Monate vor dem Ablauf der Frist für die Einrede entsteht. Dieser Einwand ist wohl richtig, allein irgendwie muß die Einredemöglichkeit doch befristet werden und dieser Übelstand muß immer entstehen, wenn der Einrede irgendeine Frist gesetzt wird. Dadurch, daß die Frist für die Einrede viermal so lang bemessen ist als die für die Klage, wird dies doch einigermaßen ins Gleichgewicht gebracht, da selbst dann, wenn sich der eine Scheidungsgrund achtzehn Monate vor dem anderen ereignet hat, noch immer die Möglichkeit besteht, den ersten Scheidungsgrund dem zweiten gegenüber zwar nicht mehr durch Klage, aber doch noch durch Einrede geltend zu machen.

§ 114

Während die Einrede des Scheidungsgrundes das Klagerecht eines Ehegatten an sich nicht berührt, so gibt es doch zwei Gründe, die das Klagerecht des Ehegatten vernichten können, nämlich der Einwand der Nichtigkeit der Ehe und die Einrede der Anfechtung der Ehe.

Über den Einwand der Nichtigkeit braucht an dieser Stelle nicht gehandelt zu werden. Nach § 94 ABGB., sowohl in seiner jetzigen Fassung als in der vom Entwurf (Artikel 21) vorgesehenen, ist die Nichtigkeit einer Ehe von Amts wegen zu untersuchen. Selbstverständlich kann die nichtige Ehe nicht auch noch geschieden werden. Der Richter hat daher im Scheidungsverfahren, sobald an der Gültigkeit der Ehe Zweifel entstehen, das Verfahren von Amts wegen zu unterbrechen und das Nichtigkeitsverfahren in die Wege zu leiten. Diese Vorschrift ist reine Prozeßvorschrift, ergibt sich überdies aus den sonstigen Bestimmungen, insbesonders aus § 94 ABGB. von selbst und braucht daher nicht noch einmal, insbesondere nicht im bürgerlichen Gesetzbuch erwähnt werden.

Wohl aber bedarf das Verhältnis zwischen der Anfechtbarkeit einerseits und der Scheidungsmöglichkeit andrerseits einer genaueren Regelung. Die anfechtbare Ehe ist bis zu ihrer erfolgreichen Anfechtung gültig, auf die Möglichkeit einer Ungültigerklärung ist von Amts wegen nicht Bedacht zu nehmen. Es besteht also die Möglichkeit, daß eine anfechtbare

Ehe geschieden wird, soferne die Anfechtbarkeit nicht geltend gemacht wird. Hierbei schließen sich jedoch Anfechtung und Scheidung gegenseitig aus. Die auf Grund einer Anfechtungsklage ungültig erklärte Ehe kann nicht auch noch geschieden werden, andrerseits ist nach Artikel 21 des Entwurfes (§ 95, Z. 1) die Anfechtung ausgeschlossen, sobald die Ehe geschieden wird. Nach ausgesprochener Scheidung darf daher die Anfechtungsklage nicht mehr erhoben werden, ebenso nicht mehr umgekehrt. Es bedarf jedoch der Fall einer Regelung, was zu geschehen hat, wenn die Anfechtungs- und Scheidungsklage von beiden Seiten zu gleicher Zeit erhoben werden, bzw. wenn der auf Scheidung geklagte Ehegatte die Anfechtungsklage erhebt. Solange der Scheidungsklage noch nicht stattgegeben ist, ist das möglich, ebenso kann nach Erhebung der Anfechtungsklage noch die Scheidungsklage erhoben werden, solange der Anfechtungsklage nicht rechtskräftig stattgegeben ist. Es geht nun nicht an, das Anfechtungs- und das Scheidungsverfahren nebeneinander laufen zu lassen und es dem Zufall zu überlassen, in welchem Verfahren früher die Entscheidung fällt, vielmehr muß auch in diesem Fall das schwächere Recht dem stärkeren weichen. Das stärkere Recht ist aber zweifelsohne das Anfechtungsrecht, denn dieses ist auf die Ungültigerklärung der Ehe gerichtet, läßt also einer anderen Lösungsart der Ehe keinen Platz mehr. Es kann daher einer Scheidungsklage nicht stattgegeben werden, wenn die Gegenseite die Ungültigerklärung der Ehe fordert; vielmehr muß erst über die Gültigkeit der Ehe entschieden werden; erst wenn festgestellt ist, daß die Gültigkeit der Ehe nicht angefochten werden kann, dann erst kann über die Scheidungsklage entschieden werden. Wenn daher in einem Scheidungsverfahren der eine Ehegatte — und zwar in der Regel der Beklagte — erklärt, die Ungültigkeitserklärung der Ehe auf Grund einer Anfechtungsklage erwirken zu wollen, so darf über die Scheidung nicht vor Ausgang des Anfechtungsverfahrens entschieden werden; das Verfahren ist also auf so lange Zeit zu unterbrechen. Es ist dies jedoch nicht eine rein prozeßrechtliche Vorschrift, sondern zugleich auch eine privatrechtliche Bestimmung, da damit über das Verhältnis zwischen Anfechtungsrecht und Scheidungsrecht entschieden wird.

Die bloße Behauptung, daß die Ehe anfechtbar sei, genügt jedoch noch nicht, da die Anfechtbarkeit an sich die Gültigkeit der Ehe und damit ihre Scheidungsmöglichkeit noch nicht berührt. Vielmehr müssen auch tatsächlich Schritte unternommen werden, um die Ungültigerklärung der Ehe zu erwirken; es muß also nicht nur die Anfechtbarkeit eingewendet werden (Einrede der Anfechtbarkeit), sondern erklärt werden, daß die Anfechtung auch wirklich vorgenommen werden wird (Einrede der Anfechtung).

Sobald die Einrede der Anfechtung erhoben wird, ist auf Antrag des Anfechtungsberechtigten (da von Amts wegen auf die Möglichkeit einer Anfechtung nicht Bedacht zu nehmen ist) das Scheidungsverfahren zu unterbrechen, um dem Anfechtungsberechtigten die Möglichkeit zu geben, sein Recht geltend zu machen; insofern ist die Vorschrift des § 114 allerdings nicht nur eine privatrechtliche, sondern auch eine prozeßrechtliche. Um aber zu verhindern, daß die Einrede der Anfechtung nur als Mittel gebraucht wird, um das Scheidungsverfahren zu verschleppen, muß der Anfechtungsberechtigte nach erhobener Einrede der Anfechtung die Anfechtungsklage binnen einer gewissen Frist auch tatsächlich erheben. Diese Frist ist mit 14 Tagen bemessen. Ist die Anfechtungsklage innerhalb dieser vierzehntägigen Frist nicht erhoben worden, dann braucht der Scheidungsrichter die Geltendmachung der Anfechtung nicht mehr berücksichtigen und kann ungeachtet ihrer das Scheidungsverfahren fortsetzen.

§ 115

Wird die Scheidung ausgesprochen, so ist es wichtig, zu wissen, wer daran das Verschulden trägt, da die Verschuldensfrage für die Frage der Unterhaltspflicht, ebenso für die Frage der vermögensrechtlichen Auseinandersetzung von großer Bedeutung ist. Das Gericht muß daher von Amts wegen bestimmen, wer an der Scheidung schuldtragend ist. Diese schon dem geltenden Recht bekannte Bestimmung wird daher übernommen und zugleich weiter dahin ausgebaut, wie die Verschuldensfrage zu lösen ist. Wird die Scheidung auf Grund des neuen § 109 ausgesprochen, also wegen solcher Handlungen, die dem Verschulden des Beklagten zur Last fallen, so ist die Scheidung aus dem Verschulden des Beklagten auszusprechen. Haben sich beide Ehegatten solche Scheidungsgründe im Sinne des § 109 zuschulden kommen lassen und machen beide Teile dies auch gegenseitig geltend, so ist auf beiderseitiges Verschulden zu erkennen. Während sich diese Bestimmungen mit dem geltenden Recht decken, ist die nun folgende Bestimmung neu: Wird die Scheidung aus einem Grund ausgesprochen, der dem Beklagten nicht zur Last fällt, handelt es sich also um einen Scheidungsgrund des neuen § 110, so muß der Kläger die Schuld an der Scheidung auf sich nehmen; die Scheidung ist daher aus dem Verschulden des Klägers auszusprechen.

Zweck dieser letzten Bestimmung ist folgender: Selbstverständlich läßt sich in Wahrheit von einem Verschulden des Klägers nicht sprechen. Es soll jedoch folgendes erreicht werden: Der schuldige Teil ist unter Umständen verpflichtet, dem schuldlosen Teil den Unterhalt zu verabreichen. Ebenso erfolgt die Aufhebung etwa vorhandener Ehepakte in der Weise, daß dem schuldlosen Teil Schadenersatz dafür gebührt, daß die Ehepakte aufgehoben werden; das Erbrecht aus einem Erbvertrag wird dem schuldlosen Teil für den Fall des Überlebens aufrecht erhalten usw. Diese Unterhalts- und Schadenersatzansprüche gebühren dem schuldlosen Teil deshalb, weil er für die Scheidung nichts dafür kann; er muß also für die aus der Ehe entspringenden Vermögensrechte auf andere Weise schadlos gehalten werden. Ebendasselbe ist aber auch dann der Fall, wenn die Ehe nach dem neuen § 110 (also wegen Geisteskrankheit usw.) geschieden wird. Auch hier ist der beklagte Teil schuldlos; er kann nichts dafür, daß die Ehe geschieden wird; wenn er also seinen aus der Ehe entspringenden Unterhaltsanspruch, sowie die Ansprüche aus den Ehepakten verlieren soll, so muß ihm dafür in anderer Weise Ersatz geleistet werden. Dieser Ersatz besteht darin, daß ihm der Kläger unter Umständen auch weiterhin den Unterhalt gewähren, sowie für die Aufhebung der Ehepakte entschädigen muß, also so, wie ein aus seinem Verschulden geschiedener Ehegatte. Anstatt nun bei jeder Gesetzesstelle, in der die vermögensrechtliche Auseinandersetzung und Unterhaltspflicht geregelt wird, zu erklären, daß bei dieser Auseinandersetzung und Regelung der Unterhaltspflicht so vorzugehen ist, als wäre der klagende Ehegatte an der Scheidung schuldtragend, tritt der Einfachheit halber die gesetzliche Fiktion, daß der klagende Ehegatte an der Scheidung als schuldtragend anzusehen ist, daß also bei einer Scheidung nach § 110 auf Verschulden des klagenden Ehegatten zu erkennen ist. Wenn hierbei dem die Scheidung verlangenden Ehegatten solche Verpflichtungen auferlegt werden, so liegt der Grund darin, daß in diesem Falle die Ehe ganz gegen den Willen des beklagten Ehegatten geschieden wird, ohne daß diesen auch nur das geringste Verschulden daran trifft; er muß also entschädigt werden. Den klagenden Ehegatten trifft zwar im Grunde genommen auch kein eigentliches Verschulden, allein es ist doch seiner Willkür anzurechnen, daß die Ehe geschieden wird. Es wird ihm daher zwar das Recht zugestanden, auch gegen den Willen des anderen Teiles aus der Ehe herauszukommen, allein, da dies einseitig und gegen den Willen des anderen Teiles geschieht, so muß er, da ihm der andere Ehegatte dazu keinen verschuldeten Anlaß gegeben hat, diesen entschädigen.

Wird die Scheidung aus mehreren Gründen gefordert, die teils auf einem Verschulden des anderen Teiles beruhen, teils nicht, so ist hinsichtlich der Bemessung der Verschuldensfrage zunächst nur auf diejenigen geltend gemachten Tatsachen Rücksicht zu nehmen, die auf einem Verschulden des beklagten Ehegatten beruhen; werden also z. B. in einer Klage empfindliche Kränkungen und ansteckende, unheilbare Krankheit des anderen Teiles geltend gemacht und bilden schon die empfindlichen Kränkungen an sich einen Scheidungsgrund, so ist auf alleiniges Verschulden des Beklagten zu erkennen. Erst dann, wenn die Scheidung aus dem Verschulden des Beklagten nicht ausgesprochen werden kann, ist zu erforschen, ob die Scheidung nicht auch aus anderen Gründen ausgesprochen werden kann, die nicht auf einem Verschulden des Beklagten beruhen. Der Zweck dieser Bestimmung ist klar: hat der Beklagte aus seinem Verschulden heraus Anlaß zur Scheidung gegeben, dann hat er schon dadurch die ihm etwa zustehenden Ansprüche verwirkt. Die Ansprüche aus einer gegen seinen Willen erfolgten Scheidung stehen ihm aber nur dann zu, wenn er schuldlos ist; das ist aber hier nicht der Fall. Es braucht also auf diejenigen in der Klage angeführten Tatsachen, die nicht auf einem Verschulden des Beklagten beruhen und die der Kläger jedenfalls nur deshalb überhaupt geltend gemacht hat, damit seiner Scheidungsklage auf jeden Fall stattgegeben wird, gar nicht erst Bedacht genommen zu werden, da zur Scheidung schon die vom Beklagten schuldhafterweise gesetzten Scheidungsgründe ausreichen.

Artikel 30

Der geltende § 116, daß, wenn von zwei Ehegatten, die bei der Eheschließung akatholisch waren, der eine in der Folge zum Katholizismus übertritt, der akatholische Teil noch immer, und zwar nur dieser noch eine Trennung verlangen kann, während der katholische Ehegatte nur mehr auf Scheidung klagen kann, wird dadurch gegenstandslos, daß nach dem Entwurf auch Katholiken die Trennung ihrer Ehe verlangen können; dieser Paragraph wird daher aufgehoben. Der nachfolgende § 117 rückt daher um eine Stelle vor und wird § 116.

Ziffer 1

Der jetzige § 117 (nach dem Entwurf § 116) bestimmt, wie der Richter vorzugehen hat, wenn sich bei einer Trennung Streitigkeiten über die vermögensrechtliche Auseinandersetzung ergeben. Der geltende § 108 bestimmt, daß dieselben Vorschriften auch für die Scheidung zu gelten haben. Dieser § 108 wird durch Artikel 29 des Entwurfes aufgehoben; sein Inhalt wird aber insoferne berücksichtigt, als durch entsprechende Einschaltung im § 117 (bzw. nach dem Entwurf § 116) selbst zum Ausdruck gebracht wird, daß diese Vorschriften auch für die Scheidung zu gelten haben.

Ziffer 2

Der § 117 (nach dem Entwurf § 116) bestimmt, daß wenn die Ehegatten zu einem Vergleich über die vermögensrechtliche Auseinandersetzung und Unterhaltspflicht nicht zu bewegen sind, dieselben auf ein ordentliches Verfahren anzuweisen sind, in welchem nach den in dem Hauptstück von den Ehepakten aufgestellten Vorschriften zu entscheiden ist. Da die Bestimmungen über die Unterhaltspflicht nach dem Entwurf nicht mehr im Hauptstück von den Ehepakten (II. Teil, 28. Hauptstück), sondern im Hauptstück von dem Eherechte (I. Teil, 2. Hauptstück) enthalten sind, so wird diese Gesetzesstelle insofern geändert, daß in derselben zum Ausdruck kommt, daß nicht nur die Vorschriften des 28. Hauptstückes des II. Teiles, sondern auch die des 2. Hauptstücks des I. Teiles zur Anwendung kommen.

Artikel 31

Durch Einschaltung eines bezüglichen Paragraphen beschreibt der Entwurf Wesen und Wirkung der Trennung. Durch die Trennung wird die Ehe gelöst, die aus derselben für die Ehegatten sich ergebenden Rechte und Pflichten erlöschen. Insbesondere kann im Fall einer Trennung jeder der Ehegatten sich wieder verehelichen.

Des weiteren regelt der Entwurf das Recht der Frau, nach der Trennung den Namen des Ehemannes weiterzuführen, worüber das geltende Recht überhaupt keine Bestimmung enthält, ein Mangel, der sich schon oft empfindlich bemerkbar machte. In Übereinstimmung mit dem geltenden Recht behält die Frau nach erfolgter Trennung den Namen ihres Gatten bei. Es ist ihr jedoch gestattet, ihren früheren Familiennamen wieder anzunehmen, und zwar nach Belieben den Mädchennamen oder, wenn sie schon früher verheiratet war, allenfalls auch den Familiennamen ihres früheren Gatten. Eine solche Bestimmung wird getroffen, um es der Frau zu ermöglichen, auch nach außen hin zu zeigen, daß die Ehe nicht mehr besteht. Daran wird sie besonders dann interessiert sein, wenn die Führung des Namens ihres Gatten für sie nicht vorteilhaft ist, z. B., weil dieser Name mit Schande bedeckt ist usw.

Andrerseits aber soll es auch dem Mann unter gewissen Umständen ermöglicht werden, der Frau die Führung seines Namens zu untersagen. Der Name bedeutet für den Mann oft ein kostbares Gut, das sorgfältig gewahrt werden muß. Der Kaufmann, der Politiker, der Gelehrte wissen, was es für sie bedeutet, daß ihr Namen fleckenlos ist. Ist das nicht der Fall, so kann der Kredit des Kaufmanns erheblich erschüttert, die Position des an exponierter Stelle stehenden Politikers gefährdet werden, der Arzt, der Rechtsanwalt verlieren ihre Klienten, weil, wenn ihr Name in üblen Ruf kommt, man ihnen nicht mehr das nötige Vertrauen schenkt. Diese Folgen treten für die Betreffenden auch dann ein, wenn sie nichts dafür können. Es muß also dem Ehemann die Möglichkeit gegeben werden, solche Mißbräuche abzustellen und Gefahren von dem guten Ruf seines Namens abzuwenden. Die geltenden Bestimmungen über den Schutz des Namens (§ 43 ABGB.) reichen hierbei nicht aus, da diese sich nur gegen die unbefugte Namensführung richten, die Frau aber den Namen des Mannes befugterweise führt.

Der Entwurf bestimmt daher, daß nach erfolgter Trennung der Ehemann seiner Frau die Fortführung seines Namens unter gewissen Umständen untersagen kann, und zwar dann, wenn sie vertraglich auf die Fortführung des Namens verzichtet hat, ferner dann, wenn sie ihn mißbraucht oder dessen guten Ruf gefährdet. Unter Mißbrauch ist hierbei nicht unbefugte Namensführung zu verstehen, da ja die Frau zur Führung des Namens berechtigt ist, sondern eine gegen die guten Sitten verstoßende Ausnützung des Namens, insbesonders dadurch, daß die Frau, da sie noch denselben Namen wie der Mann führt, vortäuscht, die Ehe bestehe noch und daraus unberechtigten Nutzen zieht; hier ist wiederum besonders an einen Fall gedacht: Mißbrauch des Namens des Mannes zu Kreditzwecken; ein solcher Mißbrauch soll verhindert werden, da, wenn sich die Frau unter Benützung des Namens des Mannes Kredit zu verschaffen versucht, dadurch der Kredit des Mannes selbst schwer geschädigt werden kann. Außer im Fall einer solchen mißbräuchlichen Ausnützung des Namens, der zwar den Mann sonst schädigen kann, aber noch nicht notwendigerweise den Namen in Unehre bringen muß, kann der Ehemann der getrennten Frau die Führung des Namens auch dann untersagen, wenn sie dessen guten Ruf gefährdet, also wenn das Verhalten der Frau geeignet ist, Schande auf den Namen zu wälzen; ein solches Verhalten muß zwar nicht einen Mißbrauch des Namens des Mannes bedeuten, gleichwohl muß auch in diesem Fall dem Mann die Möglichkeit gegeben werden, der Frau die Führung des Namens zu untersagen, da auch in diesem Fall dem Manne dadurch, daß sein Name mit Schande bedeckt wird, ein empfindlicher Schaden entstehen kann. Da diese Bestimmung getroffen wird, um die Unbeflecktheit des Namens zu schützen, so wird nicht gefordert, daß der Name tatsächlich schon in Unehre gebracht wurde, denn dann ist die Abhilfe zu spät. Es genügt vielmehr schon, daß die Gefahr einer solchen Schande besteht. Als solche wird insbesonders in Betracht kommen: strafgerichtliche Verurteilung, anstößiger Lebenswandel u. dgl. Endlich kann der Frau die Führung des Namens auch dann untersagt werden, wenn die Ehe aus dem Verschulden der Frau getrennt wurde, einerseits deshalb, weil dann die Frau durch ihr Verschulden die aus der Ehe entspringenden Vorteile, also auch das Recht, den Namen des Mannes weiterzuführen, verwirkt hat, andrerseits deshalb, weil aus dem schuldhaften Verhalten der Frau, insbesonders bei ehrlosem oder unsittlichem Verhalten, der gegründete Anlaß zur Besorgnis besteht, die Frau werde dieses Verhalten auch nach der Trennung fortsetzen und so den guten Ruf des Namens gefährden.

Was nun die Art, in der das Untersagungsrecht ausgeübt wird, betrifft, so kann das Untersagungsrecht des Mannes so vollkommen klar und außer Zweifel stehen, daß ein weiterer Rechtsstreit darüber überflüssig wäre. Es kann aber auch sein, daß dieses Recht nicht vollständig außer Zweifel steht, insbesonders dann, wenn es sich um eine Untersagung wegen Mißbrauches oder Gefährdung des guten Rufs handelt, da hier fraglich sein kann, ob in dem Verhalten der Frau ein Mißbrauch oder eine Gefährdung gegeben ist. Daher bestimmt der Entwurf, daß das

Recht der Untersagung nicht sofort im gerichtlichen Prozeß ausgeübt wird, es wird aber die Möglichkeit eines solchen Prozesses zugelassen. Der Mann hat das Untersagungsrecht zunächst im Verwaltungsverfahren auszuüben durch eine in beglaubigter Form abzugebende Erklärung an die politische Landesbehörde. Von dieser Erklärung ist die Frau durch die Behörde zu verständigen. Sie hat nunmehr die Wahl: Ist sie der Ansicht, daß die Untersagung gerechtfertigt ist, so unternimmt sie nichts dagegen, wodurch die Untersagung in Rechtskraft erwächst. Dadurch verliert sie das Recht auf die Namensführung; sollte sie gleichwohl nach rechtskräftiger Untersagung den Namen des Mannes noch fortführen, so kann der Mann, da die Namensführung dann eine unbefugte ist, nach § 43 ABGB. vorgehen. Ist die Frau aber der Ansicht, daß die Untersagung ungerechtfertigt ist, dann kann sie binnen einer bestimmten Frist, die nach dem Entwurf mit vierzehn Tagen bemessen ist, dagegen Einspruch erheben. Wird ein solcher Einspruch rechtzeitig erhoben, dann muß im Prozeßweg darüber entschieden werden, ob die Untersagung gerechtfertigt ist oder nicht.

Artikel 32

Artikel 32 des Entwurfes ist einerseits ein Nachtrag zum Abschnitt über die Ehehindernisse (erster Abschnitt des ersten Teiles). Wie erwähnt, geht der Entwurf von der Absicht aus, alle Ehehindernisse, soweit sie dispensabel sind, zu beseitigen. Ein solches dispensables Ehehindernis stellt auch der geltende § 119 dar, dessen Aufhebung vorgesehen wird. Diesem Paragraph zufolge darf ein getrennter Ehegatte mit denjenigen Personen keine neue Ehe eingehen, die durch Ehebruch, Verhetzungen oder auf andere sträfliche Art die Trennung veranlaßt haben. Durch Art. 10, Z. 1, wird bereits das Ehehindernis des Ehebruches aufgehoben, dasselbe soll nun durch Artikel 32 hinsichtlich der sonstigen Veranlassungen eines Dritten zur Trennung bewirkt werden. Die Gründe hiefür sind dieselben wie die zur Art. 10, Z. 1, ausgeführten. Das Ehehindernis ist ein dispensables; es dient ferner nicht dem öffentlichen Interesse, sondern nur der privaten Genugtuung des anderen Ehegatten, was aber unbillig ist, da diesem anderen Mittel geboten werden, sich hierfür Genugtuung zu verschaffen, so dadurch, daß er die Trennung aus dem Verschulden des anderen Teiles erwirken kann und gegen diesen, sowie gegen den Ehestörer eine Klage nach § 525 StG. wegen Ehestörung anstrengen kann. Es wäre zu hart, wenn in diesem Falle der Ehestörer mit einer zweifachen, der schuldige Ehegatte sogar mit einer dreifachen Strafe (Trennung, Bestrafung nach § 525 StG. und Unmöglichkeit, mit dem Ehestörer eine neue Ehe einzugehen) belegt würde. Aus diesen Gründen wird die Aufhebung dieses veralteten, auch dem deutschen Recht nicht mehr bekannten Ehehindernisses vorgesehen.

An Stelle des aufgehobenen § 119, sowie des § 118, der zu § 120 wird, treten die neuen Bestimmungen, die Wesen und Wirkung der Scheidung festlegen, ebenso, wie dies der neue § 117 hinsichtlich der Trennung tut. Die Überschrift vor dem neuen § 118 ist die Fortsetzung der Überschrift des neuen § 117. Diese lautet: „Wirkung der Trennung“ und die Überschrift vor § 118 setzt fort: „und der Scheidung von Tisch und Bett“.

§ 118

Absatz 1

Das Wesen der Scheidung ergibt sich aus ihrem Zweck; sie soll es Katholiken ermöglichen, ihre Ehe aufheben zu können, ohne deshalb mit den Vorschriften ihrer Religion in Konflikt kommen zu müssen. Es besteht daher das Eheband weiter; im übrigen gleicht aber die Scheidung völlig der Trennung. Alle aus der Ehe entstandenen Verpflichtungen erlöschen. Besonders wird hierbei betont, daß auch die Pflicht zur ehelichen Treue erlischt. Nach geltendem Recht ist die Scheidung diejenige Aufhebungsart der Ehe, die aus weniger schwerwiegenden Gründen gefordert werden kann, und daher auch in ihren Wirkungen weniger weit geht. Nicht nur das Band der Ehe bleibt unberührt, sondern nach herrschender Meinung, insbesonders auch der Judikatur, ist der geschiedene Ehegatte noch immer verpflichtet, dem anderen Teil die Treue zu halten. Im Gegensatz dazu will der Entwurf Trennung und Scheidung in ihren Auswirkungen völlig gleichstellen. Die Scheidung ist nur zu dem Zweck ersonnen, um es Katholiken zu ermöglichen, die Aufhebung der Ehe bei Fortbestehen des Ehebandes zu ermöglichen. Sie ist daher nicht etwas von der Trennung Verschiedenes, sondern nur eine Abart der Trennung, die ihr — abgesehen vom Fortbestehen des Ehebandes — völlig gleicht. Daher erlischt auch bei der Scheidung die Verpflichtung zur ehelichen Treue. Ein weiteres Aufrechterhalten der ehelichen Treue hätte auch wenig Sinn. Die Verpflichtung zur ehelichen Treue besteht deshalb, weil der andere Ehegatte ein ausschließliches Recht auf den geschlechtlichen Verkehr hat. Im Interesse dieses körperlichen Verkehrs ist es notwendig, daß keiner der Ehegatten mit anderen Personen geschlechtlich verkehrt. Da aber dieses gegenseitige Recht auf den Geschlechtsverkehr mit der Scheidung erlischt, so entfällt damit auch jeder Grund, eine solche Treuepflicht noch weiter aufrechtzuhalten, da die Gemeinschaft der Ehegatten, um deren Reinheit willen die Treuepflicht aufgestellt wird, nicht mehr besteht.

Absatz 2

Nach geltendem Recht besteht theoretisch die Möglichkeit, daß eine Scheidung nicht nur auf unbestimmte Zeit, sondern auch befristet ausgesprochen wird. Diese Möglichkeit ist jedoch eine rein theoretische. In der Praxis kommen solche befristete Scheidungen so gut wie nie vor. Dies ist auch ganz begreiflich, da, wenn die Ehegatten schon anläßlich der Scheidung einander entfremdet waren, kaum anzunehmen ist, daß sie einander näherkommen, wenn sie durch einige Jahre voneinander überhaupt getrennt leben. Da demnach das Institut der befristeten Scheidung so ziemlich als derogiert angesehen werden kann, so nimmt der Entwurf darauf überhaupt keine Rücksicht mehr, sondern kennt nur mehr die Scheidung auf unbestimmte Zeit, was in der Weise zum Ausdruck gebracht wird, daß die Scheidung so lange dauert, so lange nicht eine Wiedervereinigung oder eine vollständige Trennung der Ehe stattgefunden hat. Der Entwurf macht sich damit den Standpunkt des deutschen bürgerlichen Rechtes zu eigen, das ebenfalls nur die Aufhebung der ehelichen Gemeinschaft (das deutsche Gegenstück zur österreichischen Scheidung) auf unbestimmte Zeit kennt. Eine solche Bestimmung ist schon deshalb notwendig, weil nach den Bestimmungen des nachfolgenden neuen § 119 die geschiedene Ehe auf einseitigen Antrag jederzeit getrennt werden kann. Dadurch wäre es ohnedies jedem der Ehegatten möglich, die Wiedervereinigung nach Ablauf der Dauer der Scheidung zu vereiteln, so daß zur Wiedervereinigung gegenseitiges Einverständnis notwendig wäre. Eine solche Wiedervereinigung bei gegenseitigem neuerlichem Einverständnis ist aber auch bei der Scheidung auf unbestimmte Zeit möglich.

§ 119

Zwischen die Vollehe und die gänzliche Trennung schiebt sich als Zwischenstadium die Scheidung ein, dadurch gekennzeichnet, daß einerseits alle aus der Ehe sich für die Ehegatten ergebenden Verpflichtungen, so wie bei der Trennung, erlöschen, daß aber anderseits das Band der Ehe noch weiter besteht, so daß keiner der beiden Gatten eine neue Ehe eingehen kann. Während nun das geltende Recht die Umwandlung dieses Zwischenstadiums in eine völlige Trennung nicht gestattet, vielmehr es bei der einmal ausgesprochenen Scheidung zu verbleiben hat, ist es nach deutschem Recht möglich, daß die geschiedene Ehe, die jeder äußeren konkreten Wirkung, abgesehen von dem Hindernis, eine neue Ehe einzugehen, entbehrt, auf Antrag eines der beiden Ehegatten auch gänzlich getrennt werden kann; besondere Gründe zu diesem Begehren sind nicht erforderlich. Diese Bestimmung will der Entwurf auch in das österreichische Recht übernehmen; eine solche Maßnahme ist mit Rücksicht auf die sonstigen Änderungen, die der Entwurf trifft, nicht nur möglich, sondern sogar notwendig.

Nach geltendem Recht genügen zur Scheidung weniger schwerwiegende Gründe als zur Trennung; eine spätere Umwandlung der Scheidung in eine Trennung wäre daher deshalb unmöglich, weil die notwendigen Voraussetzungen zu einer Trennung fehlen. Im Gegensatz dazu sind nach dem Entwurf für Trennung und Scheidung dieselben Voraussetzungen erforderlich. Auf Grund der Tatsachen, denen zufolge die Scheidung ausgesprochen wird, hätte auch schon gleich anfangs die Trennung ausgesprochen werden können. Ob es zu einer Trennung oder Scheidung kommt, ist vom Standpunkt des öffentlichen Interesses aus, wie schon in der Einleitung zu diesem Abschnitt betont wurde, ganz gleichgültig; dies bleibt vielmehr ausschließlich der Wahl der Ehegatten überlassen. Es kann daher den Ehegatten auch gestattet werden, in der Folge ihren Entschluß zu ändern und statt der ursprünglich verlangten Scheidung in der Folge die Trennung zu verlangen, und zwar auch dann, wenn die Scheidung schon rechtskräftig ausgesprochen wurde. Für die Öffentlichkeit ist dies belanglos; im Gegenteil, im Interesse der Öffentlichkeit liegt es eher, daß dieses Zwischenstadium, das einerseits noch eine Ehe ist, anderseits keine Ehe mehr ist, beseitigt wird, da dann beide Ehegatten in der Lage sind, durch Eingehung einer neuen Ehe eine neue Familie gründen zu können.

Auch andere Erwägungen spielen mit. Daß durch Aufnahme dieser Bestimmung in das österreichische Recht eine Rechtsangleichung mit Deutschland, und zwar in einem der allerwichtigsten und grundlegendsten Punkte erzielt wird, wurde schon erwähnt. Aber eine solche Bestimmung würde zugleich auch den gegenwärtigen Rechtszustand übernehmen, wie er in Österreich unter dem Druck der Verhältnisse entstanden ist. Was in Österreich heute so unerträglich empfunden wird, ist, daß dem geschiedenen Ehegatten bei Lebzeiten des anderen Teiles jede Aussicht auf eine neue Ehe genommen ist. Um sich Abhilfe gegen diese harte Bestimmung zu schaffen, begann man vom Ehehindernis des Ehebandes zu dispensieren. Diese Dispensation vom Ehehindernis des Ehebandes soll nun durch den Entwurf beseitigt werden; dadurch würde aber der erwähnte Zustand von Neuem in seiner vollen Härte entstehen, da dann dasjenige Mittel, das diesen Zustand bis jetzt gelindert hat, nämlich die Dispensehe, beseitigt wäre. Als Gegenmittel gegen den Fortfall der Dispensehe muß es daher, wenn das Ehehindernis des Ehebandes nicht mehr durch Dispens beseitigt werden kann, den Ehegatten ermöglicht werden, das hindernde Eheband auf andere Weise zu beseitigen, nämlich durch Auflösung desselben. Der Ehegatte, der seinerzeit die Scheidung erwirkt hat, hätte ja gleich ursprünglich die Trennung erwirken können; wenn er dies damals aus religiösen Rücksichten nicht getan hat, so steht es ihm frei, in der Folge seine Ansicht zu ändern. Aber auch der andere Ehegatte, der in dem seinerzeitigen Scheidungsprozeß der Beklagte war, darf eine solche Trennung der ursprünglich geschiedenen Ehe beantragen, da ja auch er durch die Scheidung gehindert wird, eine neue Ehe einzugehen; außerdem soll dadurch verhindert werden, daß der klagende Ehegatte, der die Eingehung einer neuen Ehe nicht mehr beabsichtigt, an Stelle der Trennung eine Scheidung beantragt, um so den Beklagten aus Bosheit zu verhindern, eine neue Ehe einzugehen. Im Falle einer einverständlichen Scheidung ist die Sachlage dieselbe. Hat jeder der beiden Ehegatten die Scheidung einer Trennung vorgezogen, so kann auch jeder seinen Entschluß in der Folge ändern und später die Umwandlung der Scheidung in eine Trennung verlangen.

Der Antrag, demzufolge die Scheidung in eine Trennung umgewandelt werden soll, bedarf nicht der Zustimmung des anderen Teiles, denn wenn beide Teile die Scheidung einverständlich in eine Trennung umwandeln wollen, so können sie dies ja im Wege einer einverständlichen Trennung machen; einer besonderen gesetzlichen Bestimmung bedürfte es dann erst gar nicht. Der Antrag ist im außerstreitigen Verfahren vorzubringen; die Art dieses Verfahrens ist durch Artikel 51, Z. 2, Artikel 52, Z. 13, und Artikel 53, Z. 17, näher geregelt.

An den sonstigen Verhältnissen wird durch die Umwandlung der Scheidung in eine Trennung nichts geändert; es soll durch diese Umwandlung den Ehegatten nur ermöglicht werden, eine neue Ehe einzugehen. Dies gilt insbesonders von der Verschuldensfrage, was durch § 119, Satz 2, ausdrücklich betont wird; daß auch die vermögensrechtlichen Beziehungen dadurch nicht geändert werden, ist in anderen Bestimmungen (Artikel 35, § 125, und Artikel 46) ebenfalls ausdrücklich erklärt.

Artikel 33

Durch die Einschaltung der neuen §§ 118 und 119 muß der bisherige § 118 an eine andere Stelle gesetzt werden; er wird § 120. Der erwähnte Paragraph handelt von der Art, in der die Wiedervereinigung getrennter Ehegatten erfolgt: diese Bestimmung wird unberührt gelassen. An Stelle des durch Artikel 29 aufgehobenen § 110, der bestimmt, in welcher Art die Wiedervereinigung von Tisch und Bett geschiedener Ehegatten erfolgt, wird der neue § 120 mit einem diesbezüglichen zweiten Absatz versehen. Die Bestimmung des aufgehobenen § 110, daß die Wiedervereinigung von Tisch und Bett geschiedener Ehegatten durch gemeinsame Anzeige an das Gericht zu erfolgen hat, wird hierbei nicht berührt, sondern unverändert übernommen.

Artikel 34

Um die Bestrebungen, ein interkonfessionelles Eherecht, insbesonders auf dem Gebiete des Trennungs- und Scheidungsrechtes zu schaffen, zum Abschluß zu bringen, erübrigt es sich noch, diejenigen Sonderbestimmungen aufzuheben, die für die Ehen von Israeliten gelten. Diese Sonderbestimmungen sind in den geltenden §§ 123 bis 136 enthalten, deren Aufhebung durch diesen Artikel vorgesehen wird.

Die Gründe für eine solche Bestimmung liegen, wie gesagt, in dem Bestreben, ein interkonfessionelles Eherecht zu schaffen. Im einzelnen ließe sich zu den aufgehobenen Bestimmungen folgendes sagen: § 123 enthält als solcher keine eigentliche Rechtsnorm, sondern erklärt nur, daß für israelitische Ehen die nachfolgenden abweichenden Bestimmungen zu gelten haben. § 124 ist schon derzeit durch die kaiserliche Verordnung vom 29. November 1859, RGBl. Nr. 217, aufgehoben. § 125, der das Ehehindernis der Verwandtschaft und Schwägerschaft für Israeliten gegenüber den für die Angehörigen sonstiger Konfessionen geltenden Vorschriften einschränkt, wird dadurch gegenstandslos, daß diese beiden Ehehindernisse durch Artikel 8 und 9 des Entwurfes überhaupt noch viel weiter eingeschränkt werden, als dies derzeit § 125 vorsieht. Die §§ 126, 127 und 128, die von dem Aufgebot, der Trauung und dem Eheregister handeln, sind schon durch die gegenwärtigen §§ 69 bis 82 vollauf gedeckt und sind eigentlich nur eine Wiederholung der genannten Paragraphe; durch Artikel 13 wird überdies besonders betont, daß die Vorschriften der §§ 69 bis 82 auch auf israelitische Ehen Anwendung finden. § 129 enthält die selbstverständliche Bestimmung, daß die von zwei Israeliten ohne Beobachtung der gesetzlichen Form geschlossene Ehe ungültig ist. § 130 und 131 enthalten ebenfalls keine privatrechtlichen Normen, sondern strafrechtliche Normen, die gegenstandslos sind, da sie durch neue gesetzliche Bestimmungen, insbesonders durch § 507 StG. ersetzt sind. § 132 enthält die Bestimmung, daß für die Scheidung einer israelitischen Ehe dieselben Vorschriften zu gelten haben wie für die Scheidung sonstiger Ehen; diese Bestimmung wird durch die Einführung eines interkonfessionellen Scheidungsrechtes gegenstandslos. Die §§ 133 und 134, die die einverständliche Trennung mosaischer Ehen behandeln, werden dadurch gegenstandslos, daß eine solche einverständliche Trennung allgemein zugelassen wird. § 135, der von der nicht einverständlichen Trennung handelt und bestimmt, daß eine solche nur im Falle des Ehebruchs der Frau möglich ist, wird durch die neuen §§ 109 und 110 ersetzt; demnach kann auch eine mosaische Ehe aus all denjenigen Gründen getrennt werden, die für die Angehörigen anderer Konfessionen gelten, da es ungerecht wäre, gerade diese eine Konfession anders, und zwar schlechter zu stellen als die übrigen Konfessionen. Die zweite wesentliche Änderung ist, daß die Trennung einer mosaischen Ehe nicht mehr, wie nach geltendem Recht, durch Übergabe des Scheidebriefes, sondern durch das gerichtliche Urteil selbst, so wie bei den Ehen anderer Konfessionen, gelöst wird. Eine solche Änderung erscheint deshalb wünschenswert, weil, wenn die Trennung schon mit der Rechtskraft des Urteils eintritt, ein oft langwieriges, umständliches Exekutionsverfahren auf Übernahme des Scheidebriefes erspart bleibt. Eine Beeinträchtigung der religiösen Gefühle der beiden Ehegatten wird dadurch nicht bewirkt, da es denselben ja freisteht, die gesetzlich getrennte Ehe auch noch rituell durch Übergabe und Übernahme des Scheidebriefes zu trennen. — § 136, der bestimmt, daß, wenn einer der beiden Ehegatten zur christlichen Religion übertritt, ungeachtet dessen die Ehe auf dieselbe Weise wie bisher getrennt werden kann, wird dadurch gegenstandslos, daß das religiöse Bekenntnis nach den Bestimmungen des Entwurfes für die Auflösungsmöglichkeit der Ehe überhaupt keine Rolle mehr spielt.

Siebenter Abschnitt

Unterhaltspflicht

In diesem Abschnitt überschreitet der Entwurf in gewissem Sinne die Grenzen, die er sich selbst gezogen hat. Der Entwurf hat es sich zur Aufgabe gemacht, in seiner Eigenschaft als Eherechtsnovelle nur die familienrechtlichen Bestimmungen über das Eherecht abzuändern, andere Bestimmungen aber nur insoweit, als es unbedingt notwendig war, um Widersprüche mit den geänderten familienrechtlichen Bestimmungen zu vermeiden. So trifft z. B. der elfte Abschnitt zwar einige vermögensrechtliche Bestimmungen, aber nur deshalb, um die Bestimmungen über das eheliche Güterrecht mit den in Artikel 29 und 32 getroffenen familienrechtlichen Änderungen in Einklang zu bringen. Im Gegensatz dazu trifft dieser Abschnitt vermögensrechtliche Bestimmungen, die nicht unbedingt deshalb geschehen müßten, um Widersprüche mit anderen durch den Entwurf geänderten Bestimmungen zu vermeiden. Wenn gleichwohl eine Neuregelung der Bestimmungen über die Unterhaltspflicht, wie sie der Entwurf vorsieht, vorgeschlagen wird, so geschieht dies deshalb, weil eine dringende Notwendigkeit besteht, dieses Rechtsgebiet neu zu regeln. Da aber dieses Rechtsgebiet ebenfalls, wenigstens im weiteren Sinne, zum Eherecht gehört, und von den ausländischen Rechtsordnungen auch durchwegs im Eherecht im Anschluß an die Trennung und Scheidung behandelt wird, so wollte sich der Entwurf die günstige Gelegenheit nicht entgehen lassen, daß, wenn schon zu einer Eherechtsreform geschritten wird, auch diese Materie, die einer Reform so dringend bedarf, darin miteinbezogen wird.

Es handelt sich dabei um folgendes: Auch nach Auflösung der Ehe hat unter Umständen der eine Ehegatte dem anderen oder dessen Erben gegenüber noch einen Anspruch auf Gewährung des Unterhalts. Während nun dieser Unterhaltsanspruch in dem Fall, daß die Ehe durch den Tod gelöst wird, durch die erste Teilnovelle ganz genau geregelt worden ist, entbehrt die Unterhaltspflicht im Fall einer Trennung oder Scheidung einer genaueren Regelung, da die drei Teilnovellen auf dem Gebiete des Eherechts bekanntlich keine Reformen durchführen wollten. Die vorhandenen gesetzlichen Bestimmungen, die sich direkt auf diese Materie beziehen, sind mehr als dürftig. Es kommen im ganzen nur zwei Bestimmungen in Betracht: § 1264 und das Hofdekret vom 4. Mai 1841. § 1264 besagt: „Ist ein Teil schuldlos, so steht demselben frei ... oder, nach Umständen, den angemessenen Unterhalt zu verlangen." Und das Hofdekret vom 4. Mai 1841 besagt: „Einer durch beiderseitige Schuld geschiedenen Gattin steht in der Regel ein Anspruch auf anständigen Unterhalt nicht zu, dem Richter bleibt jedoch überlassen, über ihr Ansuchen von Fall zu Fall mit Berücksichtigung aller Verhältnisse und der für sie sprechenden Billigkeitsgründe ausnahmsweise den Ehemann zur Verabreichung des anständigen Unterhalts an seine Gattin zu verhalten." — Diese Bestimmungen regeln kaum die Bedingungen, unter denen der Unterhaltsanspruch entsteht (so ist z. B. über den Unterhaltsanspruch im Fall einer Trennung überhaupt nichts gesagt); über die näheren Voraussetzungen, unter denen diese Unterhaltspflicht zu leisten ist, welchen Einfluß die Vermögensverhältnisse des Unterhaltsberechtigten und des Unterhaltspflichtigen darauf haben, was zu geschehen hat, wenn der Verpflichtete infolge anderer Verpflichtungen der Unterhaltspflicht nicht mehr nachkommen kann, unter welchen Voraussetzungen die Unterhaltspflicht sich ändern kann, wann und unter welchen Umständen sie erlischt, darüber ist überhaupt nichts gesagt.

Nun ist aber gerade die Unterhaltspflicht im Fall der Trennung (Scheidung) eine Angelegenheit, die sehr häufig vorkommt und von eminent wichtiger Bedeutung ist; die spärlichen gesetzlichen Bestimmungen haben hierbei vollkommen versagt. Die Judikatur, die mit diesen gesetzlichen Bestimmungen kein Auslangen fand, hat versucht, diese Lücken durch Urteilssprüche auszufüllen, so gut es eben ging. Es braucht wohl nicht erst betont zu werden, ein wie unerfreulicher Zustand es ist, wenn an Stelle der festen gesetzlichen Norm die oft schwankenden Ansichten der Praxis treten. Auch hatten die Gerichte einen sehr schweren Stand, da sie ihre weitgreifende Rechtsprechung auf dem schmalen Boden der gesetzlichen Bestimmungen notdürftig aufbauen mußten, was aber oft nicht ging, so daß die Urteilssprüche, da eine gesetzliche Grundlage fehlte, im leeren Raum aufgestellt werden mußten.

Dazu kommt, daß eine Neuregelung der Bestimmungen über die Unterhaltspflicht schon deshalb notwendig wäre, weil sich die Verhältnisse seit dem Jahre 1811, dem Entstehungsjahr des bürgerlichen Gesetzbuches, so verändert haben, daß die seinerzeit aufgestellten Bestimmungen heute unmöglich noch das Richtige treffen können. Dies gilt nicht so sehr von den Bestimmungen, die heute unmittelbar auf die Unterhaltspflicht nach der Trennung (Scheidung) Bezug nehmen; hier wäre das Unglück nicht so groß, weil, wie gesagt, solche Bestimmungen so gut wie gar nicht vorhanden sind. Vielmehr sind diejenigen Bestimmungen gemeint, die von den Gerichten im Wege von Analogie- oder Umkehrschlüssen, erweiternden

Interpretationen usw. herangezogen werden. Die Gerichte bemühen sich doch, so weit es möglich ist, im Sinne des bürgerlichen Gesetzbuches zu judizieren, also in jenem Geiste, wie er zu Beginn des 19. Jahrhunderts herrschte und in das bürgerliche Gesetzbuch übergegangen ist. Dadurch kommt es aber oft zu Entscheidungen, wie sie dem modernen Rechtsempfinden nicht mehr entsprechen. Viele Fragen wurden damals anders gelöst oder mußten überhaupt ungelöst bleiben, weil gewisse Probleme der heutigen Zeit dem Anfang des 19. Jahrhunderts unbekannt waren. Man denke z. B. nur an das erst heute zur vollen Bedeutung gelangte Problem der arbeitenden Frau, eine Tatsache, die bei der Regelung der Unterhaltspflicht unbedingt berücksichtigt werden muß; oder ein anderes, in der allerletzten Zeit entstandenes Problem, das noch nicht einmal dem deutschen bürgerlichen Gesetzbuch bekannt ist, ist die Frage, welchen Einfluß die Lebensgemeinschaft auf die Unterhaltspflicht hat. Solche Probleme konnten im Jahre 1811 nicht in Erwägung gezogen werden, weil sie damals nicht existierten, sondern erst in unserer Zeit entstanden sind.

Es fehlen also nicht nur besondere Bestimmungen, die die Alimentationspflicht des Geschiedenen (Getrennten) regeln; es ist auch gefährlich, in Ermanglung besonderer Bestimmungen allgemein im Sinne des bürgerlichen Gesetzbuches zu judizieren. Die einzige Möglichkeit, um diese ungelösten Fragen befriedigend zu bereinigen, ist auch hier das Gesetz selbst. Die drei Teilnovellen wollten diese Fragen nicht lösen, da sie dem Gebiet des Eherechts angehören, auf welchem die Teilnovellen nichts ändern wollten, vielmehr blieb die Neuregelung dieser Materie einer Eherechtsreform überlassen; der Entwurf greift die Aufgabe auf und führt sie durch den folgenden Artikel 35 durch.

Artikel 35

Durch Artikel 35 wird die Unterhaltspflicht geregelt, die einem Ehegatten aus der Trennung oder Scheidung erwächst. Durch Artikel 31 und 32 wird erklärt, daß anläßlich der Trennung und Scheidung alle aus der Ehe entspringenden Verpflichtungen erlöschen. Es gibt jedoch gewisse Pflichten, die weiter aufrecht bleiben, bzw. mit der Trennung (Scheidung) neu entstehen. Hierzu gehört die Unterhaltspflicht des schuldigen Ehegatten. Nur diese Unterhaltspflicht wird durch die folgenden Bestimmungen geregelt, und zwar für die Trennung und Scheidung in gleicher Weise. Die bezüglichen Bestimmungen sind zum Teil, manchmal sogar wörtlich dem deutschen bürgerlichen Gesetzbuch entnommen, um auch auf diesem Gebiet eine möglichst innige Rechtsangleichung zu erzielen; zum Teil entstammen diese Bestimmungen der herrschenden Praxis.

§ 121

Wird die Ehe aus dem alleinigen Verschulden des einen Teiles gelöst, so muß dem schuldlosen Teil derjenige Schaden ersetzt werden, der ihm daraus entstanden ist, daß die Ehe nicht mehr weiterbesteht. Aufgabe der Gesetzgebung ist es hierbei, dem schuldlosen Teil solche Ansprüche zu gewähren, daß er dadurch weder besser noch schlechter gestellt wird, als während der Ehe. Die Trennung (Scheidung) darf für ihn weder einen Vorteil noch einen Verlust bedeuten. Hauptzweck der Trennung (Scheidung) ist die familienrechtliche Wirkung, also die Aufhebung der Ehe; alle anderen, also die vermögensrechtlichen Rechtsfolgen sind nur dazu da, um den Unterschied auszugleichen, der durch die Aufhebung der Ehe gegenüber dem früheren Zustand entsteht.

Auf die Unterhaltspflicht bezogen, bedeutet das folgendes: Vor der Trennung (Scheidung) hat die Frau dem Ehemann gegenüber den Anspruch auf den standesgemäßen Unterhalt. Würde dieser Unterhaltsanspruch nach erfolgter Aufhebung der Ehe erlöschen, so wäre die Frau dadurch geschädigt, da sie sich dann den Unterhalt anders verschaffen müßte. Um diesen Schaden auszugleichen, wird daher der schuldlosen Frau auch nach Aufhebung der Ehe dieser Anspruch noch erhalten.

Es wäre jedoch unbillig, den Mann zur Unterhaltsleistung zu verpflichten, wenn dieser Unterhalt der Frau anderwärtig gedeckt ist. Kann die Frau mühelos den Unterhalt aus den Einkünften ihres Vermögens beziehen, so ist sie ohnedies der Sorge um den Unterhalt enthoben. Erhielte die Frau außerdem noch von ihrem Mann Alimente, so würde sie mehr bekommen als sie braucht; die Leistungen des Mannes würden dann nicht zu ihrem eigentlichen Zwecke, nämlich zur Deckung des Unterhaltes verwendet werden, da dieser ohnedies schon gedeckt ist, sondern nur zur Vermehrung des Vermögens der Frau. Dies ist aber nicht der Zweck der Unterhaltspflicht. Es wäre überdies unbillig, wenn der Mann von dem Ertrage seiner Arbeit seiner Frau noch etwas abgeben müßte, die ohnedies selbst so vermögend ist, daß sie dies nicht notwendig hat. Dazu muß bedacht werden, daß die Frau, wenn sie vermögend ist, wahrscheinlich auch während der Ehe diese Vermögenseinkünfte für sich und ihre Bedürfnisse verwendet hat, so daß der Mann von der Unterhaltspflicht teilweise entlastet war; würde sie nach der Trennung (Scheidung) diese Einkünfte für sich behalten können und außerdem noch den vollen Unterhalt von ihrem Mann bekommen, so wäre sie nach Aufhebung der Ehe bessergestellt als während der Ehe, was aber vermieden werden soll. Der Mann ist daher von der Unterhaltspflicht insofern befreit, als der Unterhalt durch die Vermögenseinkünfte (Zinsen, Dividenden usw.) der Frau gedeckt ist. Den Stamm ihres Vermögens braucht die Frau allerdings nicht anzurühren, da sie dies auch während der Ehe nicht zu tun brauchte, und durch Verbrauchung des Stammvermögens eine Verringerung desselben eintreten würde, die während der Ehe zufolge des Unterhaltsrechtes der Frau nicht eingetreten wäre.

Ein Unterhaltsanspruch steht der Frau aber auch insofern nicht zu, als sie ihn durch den Ertrag ihrer Arbeit bestreiten kann, sofern nach den Verhältnissen, in denen die Ehegatten gelebt haben, die Frau gewohnt war, zu arbeiten. Auch dies geschieht in Befolgung des Grundsatzes: die Frau soll nach der Scheidung (Trennung) nicht besser und nicht schlechter gestellt sein, als dies während der Ehe der Fall war. War daher die Frau nach den Verhältnissen, in denen die Ehegatten gelebt haben, nicht gewohnt, zu arbeiten, bzw. hat sich ihre Tätigkeit nur auf die Führung des Haushalts beschränkt, so kann ihr nach der Scheidung (Trennung) nicht zugemutet werden, nunmehr ihr Brot durch Arbeit verdienen zu müssen. Hat dagegen die Frau schon während der Ehe ihrem Manne beim Verdienen mithelfen müssen, ihm vielleicht sogar selbst von ihrem Verdienst etwas abgegeben, dann wäre es unbillig, wenn nun plötzlich der Mann alles allein verdienen müßte und sogar noch die Frau davon erhalten müßte, um so mehr, als nach Aufhebung der ehelichen Gemeinschaft die Frau sich nicht mehr um den ehelichen Haushalt kümmern muß, also ohnedies entlastet wird. Die Scheidung ist kein Freibrief für die Frau, fortan Müßiggang zu treiben. Würde die Frau, die bisher immer gearbeitet hat, mit der Scheidung (Trennung) davon enthoben werden, so wäre sie dadurch besser gestellt, als während der Ehe selbst; die Frau soll aber nicht besser, sondern nur ebenso gut gestellt sein. Eine solche Bestimmung wird aber auch aus sozialen Erwägungen getroffen. Erwerb durch Arbeit der Frau ist hauptsächlich bei ärmeren, kinderreichen Familien üblich. Gerade hier trifft aber jeder Groschen, den man dem Mann von seinem Verdienst wegnimmt, diesen besonders hart. Der Mann ist ohnedies hart genug davon betroffen, daß er nicht mehr mit dem Verdienst seiner Frau rechnen kann, sondern die ganze oft sehr zahlreiche Familie jetzt allein erhalten muß. Es wäre sehr antisozial gehandelt, in einem solchen Fall der Frau, die ohnedies ans Arbeiten gewohnt ist, und damit ihren Unterhalt bestreiten kann, noch außerdem etwas zuzusprechen und es auf der anderen Seite jemandem wegzunehmen, der es nötiger braucht. Der Mann ist daher von der Unterhaltspflicht insofern enthoben, als die Frau schon während der Ehe gewohnt war, Geld verdienen zu müssen und sie mit diesem Verdienst ihren Unterhalt bestreiten kann. Insofern die Frau durch ihren Erwerb den Unterhalt nur teilweise bestreiten kann, ist allerdings der Mann verpflichtet, das Fehlende nachzuschießen.

§ 122

Während § 121 wörtlich aus dem deutschen bürgerlichen Gesetzbuch übernommen und so der Standpunkt des deutschen Rechts auch dem österreichischen Recht vollkommen zu eigen gemacht wird, konnte ein gleiches nicht auch bei der Trennung (Scheidung) aus beiderseitigem Verschulden geschehen. Dies ist in der Verschiedenheit des deutschen und des österreichischen ehelichen Güterrechtes gelegen. Nach deutschem Recht ist das gesetzliche Güterrecht die Verwaltungsgemeinschaft. Ihr zufolge hat zwar der Ehemann den ehelichen Aufwand zu tragen, also insbesonders seine Frau zu erhalten, als Entschädigung dafür steht ihm aber die Nutznießung des Vermögens der Frau zu. Tritt Gütertrennung ein, gebühren also der Frau die Nutzungen ihres Vermögens, so muß der Mann den ehelichen Aufwand nicht mehr allein tragen, sondern die Frau ist verpflichtet, ihm aus den Einkünften ihres Vermögens dazu einen Beitrag zu leisten. Der Mann ist also niemals verpflichtet, den ehelichen Aufwand allein zu tragen; immer muß ihn die Frau dabei unterstützen, sei es dadurch, daß dem Mann die Vermögenseinkünfte der Frau gebühren, sei es dadurch, daß ihm die Frau zur Bestreitung des ehelichen Aufwandes einen Beitrag leisten muß. Dies äußert sich dann bei der Scheidung. Ist der Mann allein schuldig, so erlöschen seine Rechte, nämlich das Recht auf die Vermögenseinkünfte bzw. den Beitrag der Frau, während seine Verpflichtungen, nämlich der Frau den Unterhalt zu gewähren, fortdauern. Wird dagegen die Ehe aus beiderseitigem Verschulden geschieden, so erlischt sowohl das Recht des Mannes auf die Vermögenseinkünfte der Frau als das Recht der Frau auf den Unterhalt. Oder umgekehrt: bei der Scheidung aus beiderseitigem Verschulden erwächst der Frau der Vorteil, daß sie wieder das Nutzungsrecht über ihr Vermögen erhält, während der Mann den Vorteil hat, daß er von der Unterhaltspflicht befreit ist. Daher ist nach deutschem Recht bei der Scheidung aus beiderseitigem Verschulden der Mann von der Unterhaltspflicht gänzlich befreit.

Im Gegensatz dazu ist nach österreichischem Recht das gesetzliche Güterrecht die Gütertrennung, bei welcher der Mann kein Nutzungsrecht am Vermögen der Frau hat. Der Mann hat für den gesamten ehelichen Aufwand, also insbesondere für den Unterhalt der Frau zu sorgen, ohne daß ihm von seiten der Frau ein Vergütungsanspruch zusteht, weder ein Nutzungsrecht am Vermögen der Frau noch ein Anspruch auf eine Summe als Beitrag zur Bestreitung des ehelichen Aufwandes; er hat den ganzen ehelichen Aufwand allein zu tragen. Würde daher im Fall einer Scheidung (Trennung) aus beiderseitigem Verschulden der Mann von jeder Unterhaltspflicht entbunden, so hätte der Mann *nur* die Vorteile, die Frau *nur* die Nachteile. Dies darf nicht sein; vielmehr ist es billig, daß im Fall einer Scheidung oder Trennung aus beiderseitigem Verschulden beide Teile gleichmäßig in ihren Rechten und Pflichten verkürzt werden. Der Entwurf regelt daher die Unterhaltspflicht in der Weise, daß der Mann weder den vollen Unterhalt zu leisten hat, weil auch die Frau schuldig ist, noch daß er von der Unterhaltspflicht gänzlich befreit ist, weil auch er schuldig ist, sondern die Unterhaltspflicht des Mannes erlischt teilweise, während sie teilweise weiterbesteht.

Der Mann hat demnach nur einen Beitrag zum standesgemäßen Unterhalt der Frau zu leisten. Die Höhe des Beitrages bestimmt sich dabei nach dem Verhältnis, in dem das Verschulden des Mannes zu dem der Frau steht. Je größer das Verschulden der Frau ist, desto mehr Rechte hat sie verwirkt, desto geringer ist daher der Betrag, den der Mann zu leisten hat; umgekehrt: je geringer das Verschulden der Frau im Vergleich zu dem des Mannes ist, desto weniger Rechte hat sie verwirkt, desto größer ist also der Alimentationsbeitrag, den der Mann zu leisten hat. Die Höhe des Unterhaltsbeitrages, den der Mann zu leisten hat, ist also nach dem Grade seines Verschuldens, d. h. dem Verhältnis zwischen dem Verschulden des Mannes und dem der Frau zu bemessen. In weiterer Durchführung dieses Grundsatzes ergibt sich dann folgendes: Der Alimentationsbeitrag wächst mit dem Verschulden des Mannes. Ist daher das Verschulden des Mannes unverhältnismäßig größer als das der Frau, so daß sich eine richtige Relation zwischen der Schuld des einen und des anderen nicht herstellen läßt, so kann der Richter den Mann auch zur Leistung des vollen Unterhalts verurteilen; umgekehrt, ist das Verschulden der Frau unverhältnismäßig größer als das des Mannes, so kann der Richter davon gänzlich absehen, den Mann zur Unterhaltsleistung zu verhalten. Durch diese Bestimmung soll dem Richter insbesondere erspart werden, den Mann zu ganz minimalen Beträgen, etwa fünf oder zehn Schilling verurteilen zu müssen, weil er findet, daß das Verschulden des Mannes so gering ist, daß die Frau auf keinen höheren Betrag Anspruch hat. Das Verhältnis zwischen dem Verschulden des Mannes und der Frau zu finden, wird nicht so schwierig sein; es wird dabei darauf ankommen, welcher Scheidungsgrund der schwerere ist; wenn etwa der eine Teil einen Ehebruch, der andere eine andere Verletzung der ehelichen Treue begangen hat, so wird das Verschulden desjenigen Teiles überwiegen, der den Ehebruch begangen hat u. dgl.; auch sonst kommt ja der Richter manchmal in die Lage, das Verschulden zweier Personen auf ihre Schwere gegeneinander abwiegen zu müssen, z. B. wenn jemand einen Schaden teils aus eigenem, teils aus fremdem Verschulden erlitten hat; ebenso wird der Richter auch im Alimentationsprozeß zu verfahren haben und daraus die Höhe der Unterhaltspflicht bemessen. Die Bestimmung, daß eine Unterhaltspflicht insoweit nicht einzutreten hat, als die Frau den Unterhalt aus den Einkünften ihres Vermögens oder durch den Erwerb ihrer Arbeit bestreiten kann, kommt auch hier zur Anwendung.

Ist die Ehe aus dem alleinigen Verschulden der Frau getrennt oder geschieden, so gebührt ihr kein Anspruch auf den Unterhalt, da sie durch ihr alleiniges Verschulden die ihr zustehenden Ansprüche zur Gänze verwirkt hat. Eine ausdrückliche diesbezügliche Bestimmung ist unnötig;

dies ergibt sich schon aus § 122, Abs. 2, weil eben dann das Verschulden der Frau unverhältnismäßig größer ist, da ein Verschulden des Mannes überhaupt nicht vorliegt.

§ 123

Was die Art und Höhe des zu leistenden Unterhalts anbelangt, so sieht der Entwurf folgendes vor:

1. Die Art: Der Unterhalt ist in Form einer monatlichen Geldrente zu entrichten. Eine Bestimmung, wie sie das deutsche Recht kennt, daß die Frau unter Umständen statt der Geldrente eine einmalige Abfindungssumme verlangen kann, wird vom Entwurf deshalb nicht übernommen, weil eine solche Abfindungssumme, wenn sie die Frau ein- für allemal für den Unterhaltsanspruch entschädigen soll, auch entsprechend hoch sein müßte; es wird aber für den Mann, insbesonders wenn er Angestellter ist, in der Regel unmöglich oder doch nur sehr schwer sein, eine für seine Verhältnisse so hohe Summe — denn die Unterhaltspflicht und damit die Abfindungssumme richten sich ja nach den Vermögensverhältnissen des Mannes — aufzubringen, so daß dadurch seine Vermögensverhältnisse zumeist schwer zerrüttet werden würden; auch hätte ja die Frau während der Ehe einen solchen Anspruch nicht gehabt. Es wird daher von einer solchen Bestimmung abgesehen. Die Frau kann ja versuchen, den Mann im Wege eines gütigen Vergleichs dazu zu bewegen, daß sie an Stelle der Unterhaltsrente eine einmalige Abfindungssumme bekommt. Ist der Mann imstande, eine solche Summe aufzubringen, so wird er in der Regel einen solchen Vergleich gerne schließen, da es ihm ja auch lieber sein wird, sich durch Zahlung einer einmaligen Summe von einer dauernden Verpflichtung zu befreien; ist er aber dazu nicht in der Lage, dann wäre der Frau auch wenig damit gedient, wenn sie eine solche Abfindungssumme im Klagewege verlangen könnte.

2. Die Höhe: Die Höhe der Alimentationsbeträge bestimmt sich zunächst nach deren Zweck; sie sollen der Frau den standesgemäßen Unterhalt voll oder teilweise ermöglichen. Neben dieser, durch ihren Zweck gegebenen Begrenzung erscheint es aber wünschenswert, noch eine zweite Begrenzung in der Weise festzusetzen, daß die Unterhaltsbeiträge ein gewisses Maß nicht überschreiten dürfen. Wie hoch die Alimentationsbeträge sein müssen, um ihren Zweck zu entsprechen, läßt sich nicht sofort ziffernmäßig bestimmen, sondern erst nach eingehender Prüfung aller Umstände. Diese Alimente werden in der Klage sehr gerne mit übermäßig hohen Ziffern angegeben. Der Zweck dabei ist ein zweifacher: die Frau versucht auf gut Glück, ob sie mit dieser hohen Forderung durchdringt und hofft, daß, wenn ihr schon nicht die Alimente in der ganzen verlangten Höhe, so doch wenigstens in einem

der Höhe der gestellten Forderung angemessenen Prozentsatz zugesprochen werden; der zweite Zweck ist der, dem Mann durch die Höhe der Forderung Angst einzujagen und ihn auf diese Weise zu einem Vergleich zu nötigen, in dem der Mann sich zur Leistung der Alimente zwar nicht in der ganzen geforderten Höhe, aber doch in einem in der Regel höheren Ausmaß verpflichtet, als der Frau von Rechts wegen gebühren würde. Ein solches Vorgehen soll verhindert werden. Am besten kann dies dadurch geschehen, daß von vornherein für die Unterhaltsforderungen ein gewisses Höchstmaß festgesetzt wird, das nicht überschritten werden darf; dadurch wird solchen übertrieben hohen Forderungen von vornherein der Boden entzogen.

Dieses Höchstmaß ist mit einem Drittel des Einkommens des Mannes festgesetzt. Die Bemessung der Rente ist demnach in der Weise vorzunehmen, daß sie der Frau den standesgemäßen Unterhalt ganz (§ 121) oder teilweise (§ 122) verschafft, sie darf aber keinesfalls ein Drittel des Einkommens des Mannes übersteigen. Daß gerade ein Drittel gewählt wurde, hat seine guten Gründe; zunächst entspricht dies einer langbewährten Praxis; die Gerichte sprechen der Frau fast nie mehr als dieses Drittel zu. Sodann ist dieses Drittel derjenige Betrag, der vermutlich auf die Frau auch während ihrer Ehe entfallen wäre; es wird dabei die in den meisten Fällen richtige Berechnung zugrundegelegt, daß der Mann ein Drittel seiner Einkünfte für sich verwendet, ein Drittel für die Frau und ein Drittel für die gemeinsamen Bedürfnisse (Wohnung, Dienstboten usw.) sowie für die Kinder. Dieses Drittel, das der Frau während der Ehe zugestanden ist, bekommt sie auch nach der Scheidung (Trennung); was ihr der Mann über dieses Drittel hinaus gegeben hat, war in der Regel nicht mehr seine gesetzliche Pflicht und darauf hat sie auch nach der Scheidung keinen Anspruch; die weiteren zwei Drittel braucht der Mann für sich, bzw. seine Kinder. Zudem wurde noch folgende Erwägung mit einbezogen: Ist das Einkommen des Mannes gering, so würde er, wenn er mehr als ein Drittel hergeben müßte, selbst in seinem Unterhalt gefährdet werden. Bei wachsender Höhe des Einkommens könnte der Mann vielleicht mehr als ein Drittel verschmerzen, ohne selbst Gefahr zu laufen; dann ist aber auch bereits ein Drittel des Einkommens hoch genug, daß die Frau davon leben kann.

§ 124

Durch §§ 121 bis 123 ist die Bemessung der Höhe der Unterhaltsrente grundsätzlich geregelt. Neben diesen allgemeinen Richtlinien müssen aber auch noch gewisse andere Momente berücksichtigt werden, wenn die Regelung der Unterhaltspflicht wirklich gerecht sein soll. Insbesonders muß darauf geachtet werden, daß durch die Leistung des Unterhalts an die getrennte (geschiedene) Frau nicht der Unterhalt anderer Personen gefährdet wird, deren Anspruch schutzbedürftiger ist. Diesen Umständen wird durch die beiden ersten Absätze des § 124 Rechnung getragen, wobei im ersten Absatz der Fall geregelt ist, daß durch Erfüllung der Unterhaltspflicht der eigene Unterhalt des Verpflichteten gefährdet wird, während der zweite Absatz den Fall behandelt, daß der Unterhalt dritter Personen gefährdet wird.

Neben diesen beiden Fällen, die unter Umständen schon bei der ursprünglichen Bemessung der Unterhaltspflicht zu beachten sind, wird ferner auch berücksichtigt, daß unter Umständen die Höhe der Unterhaltsrente in der Folge abgeändert werden kann, wenn diese in der ursprünglich bemessenen Höhe nicht mehr der Billigkeit entspricht. Das ist ebenfalls dann der Fall, wenn zwar noch nicht ursprünglich, aber in der Folge durch Gewährung des Unterhalts an die getrennte (geschiedene) Frau der Unterhalt der eigenen oder begünstigter dritter Personen gefährdet würde, ferner dann, wenn sich sonstige Verhältnisse, die bei der ursprünglichen Bemessung der Unterhaltspflicht als Voraussetzung dienten, geändert haben. Dies ist im dritten Absatz berücksichtigt. Abs. 1 und 2 kommen demnach sowohl bei der ursprünglichen Bemessung der Unterhaltspflicht als auch für eine spätere Änderung in Betracht, Abs. 3 nur für eine spätere Änderung.

Absatz 1

Würde der Mann bei Berücksichtigung seiner sonstigen Verpflichtungen nicht mehr imstande sein, dadurch, daß er seiner Frau Alimente zahlt, sich selbst auch nur den notdürftigen Unterhalt zu verschaffen, so kann ihm nicht zugemutet werden, seiner Unterhaltspflicht auch weiterhin nachzukommen. Denn wenn dem Manne vom Ertrag seiner Arbeit nicht genug bleibt, um selbst davon leben zu können und sein ganzer Verdienst in die Hände eines anderen geht, während er selbst hungern muß, so würde wahrscheinlich der Mann die Arbeit, von der er ohnedies nichts hat, überhaupt aufgeben; davon hätte die unterhaltsberechtigte Frau noch weniger, da sie dann überhaupt nichts bekommt, während sie so doch wenigstens die Aussicht auf einen Teil des ihr gebührenden Betrages haben kann. Ein jeder ist sich schließlich selbst der Nächste und es kann dem Manne nicht zugemutet werden, für seine Frau zu sorgen, wenn er für sich selbst nicht genug hat. Eine Pflicht zur Leistung des Unterhalts kommt daher insoferne nicht in Frage, als der Mann durch Erfüllung der Unterhaltspflicht selbst in seinem Unterhalt gefährdet wäre. Allerdings wird nicht bestimmt, daß der Mann nur dann zur Unterhaltsleistung verpflichtet ist, wenn sein eigener standesgemäßer Unterhalt gedeckt ist, aber es muß doch wenigstens für seinen notdürftigen Unterhalt gesorgt sein.

Eine ähnliche Bestimmung trifft schon die Exekutionsordnung, die dem Schuldner ein gewisses Existenzminimum exekutionsfrei beläßt. Der Unterschied zwischen der Exekutionsordnung und dem § 124, Abs. 1, besteht darin, daß der notdürftige Unterhalt des Verpflichteten nicht erst im Exekutionsverfahren, sondern schon im Hauptverfahren berücksichtigt wird, und der Frau von vornherein nur so viel zugesprochen wird, als sie auch tatsächlich hereinbringen kann, während sonst dem Gläubiger der ganze Betrag zuerkannt wird und nur dessen Hereinbringung gehindert ist. Dies hat den Vorteil, daß die Frage der Vermögensverhältnisse nicht erst jedesmal von neuem im Exekutionsverfahren aufgerollt werden muß, sondern, daß es bei den im Hauptverfahren vom Gericht festgestellten Tatsachen ein- für allemal, d. h. so lange sein Bewenden hat, bis sich die Vermögensverhältnisse des Mannes gebessert haben, in welchem Fall die Frau nach § 124, Abs. 3, eine Erhöhung ihrer Unterhaltsrente beanspruchen kann. Ein weiterer Vorteil ist, daß in einem solchen Fall nicht erst jedesmal fruchtlos Exekution geführt wird, was manchmal, auch wenn deren Aussichtslosigkeit bekannt ist, deshalb getan wird, um den Unterhaltspflichtigen zu schikanieren, sondern, daß einer solchen Exekution von vornherein der Boden entzogen ist, wodurch bewirkt wird, daß die Gerichte nicht fortwährend mit fruchtlosen Exekutionsgesuchen belästigt werden.

Ein effektiver Schaden wird der Frau durch die Bestimmung des § 124, Abs. 1, nicht bereitet, da es für sie gleichgültig sein kann, ob sie ihren Anspruch schon im Hauptverfahren oder erst im Vollstreckungsverfahren nicht durchsetzen kann; es sollen nur schikanöse fruchtlose Exekutionen vermieden werden. Desgleichen soll verhindert werden, daß während der Zeit, in der der Mann nicht zahlen kann, die fälligen Unterhaltsbeträge zu einer so großen Summe anwachsen, daß der Mann, auch wenn er später den Unterhalt wieder leisten könnte, doch niemals in der Lage wäre, diese große Summe an rückständigen Alimenten abzuzahlen. Dies kann ebenfalls nur dadurch verhindert werden, daß ein Unterhaltsanspruch der Frau überhaupt negiert wird.

Absatz 2

Durch Absatz 2 wird der Fall geregelt, was zu geschehen hat, wenn der Unterhaltsanspruch der getrennten (geschiedenen) Frau mit anderen Unterhaltsansprüchen in der Weise in Konflikt gerät, daß der unterhaltspflichtige Mann nicht allen Unterhaltspflichten nachkommen kann. Die Unterhaltspflicht ist ihrer rechtlichen Natur nach eine Schuld. Es werden daher, wenn dem Manne mehrere Unterhaltspflichten obliegen, denen er nicht allen nachkommen kann, grundsätzlich diejenigen Bestimmungen zur Anwendung kommen, die sonst gelten, wenn ein Schuldner mehrere ihm obliegenden Verpflichtungen nicht zur Gänze erfüllen kann. Es gibt jedoch gewisse Unterhaltsansprüche, die der Entwurf dem Anspruch der getrennten (geschiedenen) Frau gegenüber als begünstigt hinstellt, weil der Unterhaltsanspruch dieser Personen schutzbedürftiger ist. Kollidiert der Anspruch der geschiedenen Frau mit solchen begünstigten Unterhaltsansprüchen und kann der Mann nicht alle vollauf erfüllen, so ist zuerst der begünstigte Anspruch zu berücksichtigen. Eine Unterhaltspflicht gegenüber der geschiedenen (getrennten) Frau kommt nur insoweit in Frage, als dadurch der begünstigte Anspruch nicht gefährdet wird.

Als solche begünstigte Unterhaltsansprüche nennt der Entwurf zwei: Der Unterhaltsanspruch des minderjährigen Kindes und des neuen Ehegatten. Beim minderjährigen Kind ist der Fall klar: die geschiedene (getrennte) Frau kann ihren Unterhalt im Notfall durch Arbeit verdienen, während das minderjährige Kind in der Regel noch nicht erwerbsfähig ist; jedenfalls kann eher der Frau als dem Kind zugemutet werden, sich den Unterhalt selbst verdienen zu müssen. Aber auch der neue Ehegatte ist in seinem Unterhaltsanspruch schutzbedürftiger, da er dem Unterhaltspflichtigen näher steht und dem letzteren eher zugemutet werden kann, eine neue Familie als eine außenstehende Person zu erhalten. Auch kann der frühere Ehegatte eher einem Erwerb nachgehen als der neue, da der erstere völlig ungebunden ist, während der letztere zur Teilung des Wohnsitzes mit dem Unterhaltspflichtigen sowie zur Führung dessen Haushaltes verpflichtet ist, wodurch er in seinen Erwerbsmöglichkeiten entweder überhaupt oder doch wesentlich gehindert ist. Sein Unterhaltsanspruch ist daher der schutzbedürftigere.

Hat demnach der Mann solchen begünstigten Unterhaltsansprüchen nachzukommen, so wird er damit grundsätzlich der früheren Frau gegenüber von seiner Unterhaltspflicht noch nicht befreit. Dies tritt erst dann ein, wenn der Unterhaltspflichtige nicht allen Ansprüchen gleichzeitig nachkommen kann. In diesem Falle wird seine Unterhaltspflicht der früheren Frau insofern eingeschränkt, als sie der Erfüllung der begünstigten Ansprüche im Wege steht. Inwieferne das der Fall ist, hat der Richter unter Berücksichtigung der Bedürfnisse aller Beteiligten, sowie unter Bedachtnahme darauf, inwieferne die einzelnen Berechtigten sich ihren Unterhalt auf andere Weise, nämlich aus ihrem Vermögen sowie aus dem Ertrag ihrer Arbeit bestreiten können, nach Billigkeitsgründen festzusetzen und danach die Höhe der Unterhaltsrente zu bestimmen.

Das Recht, auf diese Weise die Reduktion oder auch die gänzliche Aufhebung der Unterhaltspflicht zu erreichen, kann nach Maßgabe des Falles entweder gleich bei der ursprünglichen Bemessung der Unterhaltsrente oder, wenn diese Umstände erst in der Folge eintreten, auch später geltend gemacht werden. Wie in Abs. 1, so wird auch hier diese Beschränkung der Geltendmachung des Unterhaltsanspruches nicht erst im

Exekutionsverfahren, sondern schon im Hauptverfahren, also im Urteil berücksichtigt, weil die Einschränkung der Unterhaltspflicht auch hier dauernd gilt, daher die Frage, in welcher Höhe der früheren Frau Alimente gebühren, nicht erst immer von neuem aufgerollt werden soll.

Zum Begehren auf Reduktion ist vor allem der Unterhaltspflichtige berechtigt, da er in erster Linie davon betroffen wird. Daneben sind aber auch diejenigen Personen, deren begünstigter Unterhaltsanspruch durch das unverminderte Fortbestehen des Anspruchs der geschiedenen (getrennten) Frau beeinträchtigt würde, zu diesem Antrag legitimiert. Es kann nämlich sein, daß der Unterhaltspflichtige von seinem Recht, eine Reduktion der Unterhaltsrente zu erwirken, nicht Gebrauch machen will, weil er lieber dem früheren Ehegatten als dem in seinem Anspruch Begünstigten den Unterhalt gewähren will. Um es dem Begünstigten zu ermöglichen, daß er auch dann seinen vollen Unterhalt bekommt und der Unterhaltsanspruch des früheren Ehegatten herabgesetzt wird, muß daher auch er in die Lage versetzt werden, eine Reduktion der anderen Unterhaltsrente erwirken zu können, für den Fall, daß der Unterhaltspflichtige von seinem Recht, eine Reduktion zu verlangen, keinen Gebrauch macht. Es kann daher auch der neue Ehegatte, bzw. das minderjährige Kind auf Herabsetzung des Unterhaltsanspruches der getrennten (geschiedenen) Frau klagen; da das Urteil, womit einer solchen Klage stattgegeben wird, ein Rechtsverhältnis zwischen der Beklagten (der früheren Frau) und dem Unterhaltspflichtigen regelt, so darf, soll eine solche Klage von Seiten dritter Personen überhaupt einen Sinn haben, das Urteil nicht nur zwischen den Prozeßparteien wirken, sondern dessen Wirkung muß sich auch auf den Unterhaltspflichtigen erstrecken; die Rechtskraft des Urteils wird daher in diesem Sinn ausgedehnt.

Absatz 3

Bei der Regelung der Unterhaltspflicht muß sich der Richter an diejenigen Verhältnisse halten, wie sie im Zeitpunkte des Prozesses vorliegen. Es kann jedoch sein, daß sich diese Verhältnisse später so ändern, daß die Alimentation in der ursprünglich geregelten Form mit ihnen nicht mehr im Einklang steht. Es würde dem Zwecke der Unterhaltspflicht nicht entsprechen, wenn ihre Regelung für alle Zeiten von derjenigen Sachlage abhängig wäre, wie sie zufällig im Zeitpunkte des Prozesses vorlag. Es kann z. B. sein, daß die unterhaltsberechtigte Frau im Zeitpunkt des Prozesses vermögenslos war, in der Folge aber ein solches Vermögen erworben hat, daß sie aus dessen Einkünften ihren Unterhalt vollauf bestreiten kann; es würde dann der Absicht des Gesetzes nicht mehr entsprechen, den Mann noch weiterhin zum Unterhalt zu verpflichten. Oder umgekehrt kann die Frau im Zeitpunkt des Prozesses Vermögen besessen haben, so daß sie keine Alimente zugesprochen bekam, dieses aber später verloren haben. Es ist ferner möglich, daß der Mann zur Zeit des Prozesses zufällig kein Einkommen hatte, vielleicht sogar absichtlich für diese Zeit auf ein solches verzichtet hat, so daß das Gericht der Frau keine Alimente zusprechen konnte, später aber wieder ein hinreichendes Einkommen hat, um der Frau den Unterhalt leisten zu können; umgekehrt kann der Mann zur Zeit des Prozesses ein hohes Einkommen besessen haben, welches sich aber später so vermindert hat, daß die Unterhaltsrente ein Drittel des Einkommens des Mannes weit übersteigt. Es wäre endlich noch der Fall denkbar, daß infolge einer Geldentwertung, wie sie etwa in der Nachkriegszeit der Fall war, oder einer erheblichen Teuerung die Frau mit ihrer Unterhaltsrente nicht mehr ihr Auskommen findet.

Diese Umstände müssen berücksichtigt werden, soll nicht die Absicht, die der Gesetzgeber mit der Unterhaltspflicht verfolgt, illusorisch werden. Diesen Tatsachen wird durch Absatz 3 Rechnung getragen. Haben sich die Verhältnisse, die seinerzeit für die Bemessung der Unterhaltsrente maßgebend waren, so geändert, daß die Unterhaltsrente in der jeweiligen Form nicht mehr den gesetzlichen Voraussetzungen oder ihrem Zweck entspricht, so kann der dadurch beeinträchtigte Teil ihre Neuregelung fordern. Diese Neuregelung kann entweder so erfolgen, daß eine bestehende Unterhaltsrente erhöht, bzw. erniedrigt wird, oder allenfalls auch so, daß die Unterhaltspflicht überhaupt beseitigt wird, z. B., wenn die unterhaltsberechtigte Frau in der Folge aus ihrem eigenen Vermögen den Unterhalt bestreiten kann, bzw. daß eine derzeit nicht bestehende Unterhaltspflicht neu begründet wird, z. B. wenn der seinerzeit erwerbslos gewesene Mann später wieder zu Geld kommt. Wann eine solche Änderung der Verhältnisse vorliegen kann, wurde bereits erwähnt. Allerdings wird nicht jede geringfügige Änderung in Betracht kommen; dies ist in den Worten ausgedrückt, daß die Verhältnisse sich so geändert haben müssen, daß die Unterhaltsrente in der derzeitigen Form nicht mehr der Billigkeit entspricht, was bei einer geringfügigen Änderung nicht der Fall sein wird. Ebenso ist auch bei Änderung der Verhältnisse, insbesonders der Vermögensverhältnisse eine Abänderung der Unterhaltspflicht noch nicht gerechtfertigt, wenn diese in der derzeitigen Form noch immer ihren Zweck erfüllt oder der Verpflichtete dadurch nicht unbilligerweise beeinträchtigt wird; die Verhältnisse müssen sich eben so geändert haben, daß die Unterhaltsrente in ihrer derzeitigen Form sich mit den Grundsätzen der Billigkeit nicht mehr vereinigen läßt.

§ 125

Die Unterhaltspflicht ist für den Fall der Trennung und der Scheidung in gleicher Weise geregelt. Wird daher eine ursprünglich geschiedene

Ehe auf Antrag gemäß dem neuen § 119 (Artikel 32) getrennt, so hat das noch keinen ändernden Einfluß auf den Unterhaltsanspruch, weder auf den Anspruch dem Grunde nach, noch auf dessen Höhe, und zwar deshalb, weil im Fall der Umwandlung der Scheidung in eine Trennung an der Verschuldensfrage nichts geändert wird, vielmehr der an der Scheidung Schuldtragende im gleichen Maße auch an der Trennung schuldtragend erscheint (§ 119, Satz 2) und daher auch weiterhin im gleichen Maße zur Unterhaltsleistung verpflichtet, bzw. nicht verpflichtet ist.

§ 126

Geht die getrennte unterhaltsberechtigte Frau eine neue Ehe ein, so hat sie gegen ihren neuen Gatten einen Anspruch auf den vollen Unterhalt. Sie bedarf daher nicht mehr des Unterhalts von ihrem früheren Mann, weshalb dessen Unterhaltspflicht in dem Augenblick erlischt, in dem die Frau eine neue Ehe eingeht.

§ 127

In letzter Zeit hat die Judikatur sich einige Male mit der Frage befassen müssen, welchen Einfluß es auf die Unterhaltspflicht hat, wenn die unterhaltsberechtigte getrennte — oder auch geschiedene — Frau zwar nicht eine neue Ehe, aber ein illegitimes Verhältnis, bekannt unter dem Namen „Lebensgemeinschaft", eingeht. Es wurde hierbei die Frage aufgeworfen, ob der Mann in diesem Fall noch weiterhin verpflichtet sei, Alimente zu zahlen. Stellt man sich auf den Standpunkt, daß die Lebensgemeinschaft kein Rechtsverhältnis, sondern ein faktischer Zustand ist, der einer Rechtswirkung entbehrt, so wird man diese Frage bejahen müssen. Es sprechen jedoch auch schwerwiegende Gründe dafür, die Unterhaltspflicht in diesem Falle zu verneinen. Insbesonders wurde folgendes angeführt: Es werden der Lebensgemeinschaft auch heute schon gewisse beschränkte Rechtswirkungen zuerkannt, so daß nicht einzusehen ist, warum eine solche rechtliche Wirkung in diesem Fall versagt bleiben soll; weiters wird angeführt, es könne dem unterhaltspflichtigen Ehegatten nicht zugemutet werden, den Unterhalt noch weiter zu leisten, da dieses illegitime Verhältnis einer echten Ehe nach außen hin fast völlig gleiche; es wird auch zu bedenken gegeben, daß die Frau manchmal den Lebensgefährten erhält und der unterhaltspflichtige Ehemann dadurch sozusagen auch den Lebensgefährten seiner Frau aushalte, was ihm gerechterweise nicht zugemutet werden könne. Die Gerichte haben sich diesen Erwägungen gegenüber nicht verschlossen und negieren grundsätzlich ein Weiterbestehen der Unterhaltspflicht des Ehemannes. Eine feste einheitliche Praxis hat sich infolge der kurzen Zeit, seit der dieses Problem aufgetaucht ist, noch nicht herausgebildet;

vorläufig wird das Fortbestehen der Unterhaltspflicht in diesem Falle, wie gesagt, von der Judikatur negiert.

Infolge der großen Beliebtheit, die die Lebensgemeinschaft derzeit in Österreich genießt, verdient dieses Problem jedenfalls nähere Aufmerksamkeit und eine gesetzliche Regelung erscheint wünschenswert. Der Entwurf behandelt daher auch dieses Problem und nimmt dazu folgende Stellung: Die Behauptung, es könne dem Ehemann nicht zugemutet werden, noch weiter Alimente zu zahlen, kann nicht als gerechtfertigt anerkannt werden. Sowohl die getrennte als die geschiedene Frau ist ihrem früheren Gatten zu nichts mehr verpflichtet; sie ist völlig frei und ungebunden und kann daher auch ihr zukünftiges Leben einrichten wie sie will. Da sie dadurch, daß sie mit einem anderen Mann in Lebensgemeinschaft lebt, ihrem früheren Gatten gegenüber keinerlei Verpflichtung bricht, so kann sie auch nicht als Unrechtsfolge der Verlust des Unterhaltsanspruches treffen, solange sie eines solchen auch wirklich bedarf. Ebenso muß es ihr überlassen bleiben, was sie mit dem ihr gebührenden Geld anfängt. Anders liegt der Fall jedoch dann, wenn der Lebensgefährte die Frau erhält, wie dies häufig üblich ist. Ist dies der Fall, dann braucht die Frau von ihrem früheren Gatten keine Alimente mehr, weil der Lebensgefährte für ihren Unterhalt sorgt. Es wäre in diesem Fall unbillig, wenn die Frau zweimal Alimente bekäme, sowohl vom früheren Gatten als vom Lebensgefährten; außerdem würden die Alimente des Gatten dann nicht mehr zu ihrem bestimmungsgemäßen Zweck, nämlich zur Deckung des Lebensunterhaltes verwendet werden, da ja dafür der Lebensgefährte sorgt, sondern zu anderen Zwecken. In diesem Fall läßt der Entwurf die Unterhaltspflicht nicht mehr fortdauern und anerkennt somit den Standpunkt der Judikatur; der unterhaltspflichtige Ehemann wird von der Alimentationspflicht befreit. Die Art, in der diese Befreiung vor sich geht, ist hierbei folgende: ein gänzliches Erlöschen der Unterhaltspflicht, wie es im Fall einer Wiederverheiratung geschieht, wäre nicht zweckentsprechend, weil der Lebensgefährte zur Leistung des Unterhalts nicht gesetzlich verpflichtet ist. Insbesonders wird der Lebensgefährte in der Regel nach Auflösung des Verhältnisses die Frau nicht mehr weiter erhalten, sondern nur während der Dauer dieses Verhältnisses. Der Unterhalt der Frau ist also nicht wie bei der Wiederverheiratung sowohl während als nach Auflösung der Lebensgemeinschaft fest und dauernd gesichert. Unter Bedachtnahme darauf, daß der Ehemann von der Unterhaltspflicht nur befreit sein soll, insofern der Lebensgefährte für die Frau sorgt, läßt der Entwurf daher den Unterhaltsanspruch der Frau gegen den früheren Gatten nicht endgültig erlöschen, sondern er kommt nur auf die Dauer der Lebensgemeinschaft außer Wirksamkeit: er ruht. Sobald der Lebensgefährte die Frau nicht mehr erhält, die Frau daher wieder auf die Alimente ihres früheren Gatten angewiesen ist, tritt die ruhende Unterhaltspflicht wieder in Wirksamkeit. Daß der Lebensgefährte die Frau nicht mehr erhält, ist insbesonders dann anzunehmen, wenn die Lebensgemeinschaft endigt. Daher tritt die Unterhaltspflicht spätestens mit diesem Zeitpunkt wieder in Wirksamkeit. Sollte der Lebensgefährte nach Auflösung des Verhältnisses noch für die Frau sorgen, insbesonders wenn der Unterhalt der Frau testamentarisch oder vertraglich gesichert ist, dann kann der unterhaltspflichtige Ehemann noch immer nach § 124, Abs. 3, eine Reduktion oder Aufhebung der Unterhaltspflicht verlangen, so daß auf diesen Fall nicht mehr besonders Bedacht genommen werden muß.

Damit Ruhen der Unterhaltspflicht eintritt, ist demnach folgendes erforderlich: Die unterhaltsberechtigte Frau muß mit einem Mann in einem auf Dauer berechneten illegitimen Verhältnis leben; ein solches Verhältnis wird heute Lebensgemeinschaft genannt. Dieser Name wird heute in einem ganz bestimmten Sinne gebraucht, er besagt jedoch an sich nicht viel, weshalb zu einer genaueren Definition geschritten wird: Es handelt sich um eine Gemeinschaft, die der echten Ehe nach außen hin gleicht, aber zum Unterschied von dieser kein rechtlicher, sondern nur ein tatsächlicher Zustand ist, weshalb dieses Verhältnis als tatsächliche, eheähnliche Gemeinschaft umschrieben wird. Es reicht demnach nicht jedes Verhältnis hin, sondern die Lebensgefährten müssen wirklich miteinander wie Ehegatten leben.

Weiteres Erfordernis ist, daß der Lebensgefährte die Frau erhält, denn das Ruhen der Unterhaltspflicht hat nur den Zweck, daß die Frau nicht zweimal Alimente erhält. In diesem Punkt muß jedoch dem unterhaltspflichtigen Gatten, der das Ruhen der Unterhaltspflicht verlangt, eine Beweiserleichterung geschaffen werden. Wenn ihm der Beweis gelingt, daß der Lebensgefährte die Frau tatsächlich erhält, so ist das natürlich der Idealfall. Dieser Beweis ist jedoch in der Regel so gut wie ausgeschlossen. Die Frau wird natürlich abstreiten, daß sie von ihrem Lebensgefährten etwas bekommt, der Ehemann wird aber fast niemals das Gegenteil beweisen können. Da die Lebensgefährten miteinander leben, so wird der Lebensgefährte den Unterhalt in der Regel in natura und durch gelegentliche Zuwendungen gewähren, z. B. dadurch, daß er der Frau gelegentlich ein Kleid kauft, ihr manchmal das Essen oder die Miete bezahlt, manchmal mit ihr ins Gasthaus geht, ihr gelegentlich etwas Geld gibt u. dgl., wie das eben auch sonst unter Ehegatten der Fall ist. Es ist für den Ehemann ganz unmöglich, alle diese gelegentlichen, auf den Verlauf des ganzen Monats verstreuten Zuwendungen, die zusammen den Unterhalt ausmachen, alle nachzuweisen. Um aber ein Ruhen der Unterhaltspflicht zu erwirken, müßte der Ehemann nicht nur nachweisen, daß der Lebensgefährte bis jetzt seine Frau erhalten hat, sondern, daß er dies auch in Zukunft tun wird. Dieser Beweis ist aber auch theoretisch unmöglich, denn um die Zukunft zu wissen, müßte man ein Prophet sein. Soll daher dem Ehemann auch wirklich ermöglicht werden, jemals mit seinem Anspruch durchzudringen, so muß eine Beweiserleichterung geschaffen werden. Sie besteht darin, daß nicht nachgewiesen werden muß, daß der Lebensgefährte den Unterhalt tatsächlich geleistet hat und leisten wird, sondern es genügt, daß solche Umstände nachgewiesen werden, aus denen sich mit Grund schließen läßt, daß der Lebensgefährte den Unterhalt wahrscheinlich bisher geleistet hat und daß anzunehmen ist, daß er es vermutlich auch in Zukunft tun wird. Eine solche Wahrscheinlichkeit ist dann gegeben, wenn die Unterhaltsleistung durch den Lebensgefährten bei derlei Lebensgemeinschaften wie der im konkreten Fall vorliegenden üblich ist, was aus den mehr oder weniger weitgehenden Beziehungen zwischen den Lebensgefährten beurteilt werden kann und daß im besonderen Fall der Lebensgefährte auch tatsächlich in der Lage ist, den Unterhalt ganz oder wenigstens teilweise zu leisten, wenn er es ganz oder doch teilweise tun könnte, ohne daß sein eigener standesgemäßer Unterhalt dadurch gefährdet ist.

Der Ehemann braucht also nur die Wahrscheinlichkeit einer solchen gänzlichen oder teilweisen Unterstützung durch den Lebensgefährten nachweisen. Ist das der Fall, so kann er verlangen, daß die Unterhaltspflicht für die Dauer dieses Verhältnisses ganz oder teilweise zum Ruhen gebracht werde, nämlich ganz, wenn der Lebensgefährte auch bisher den vollen Unterhalt geleistet hat, bzw. wenn es bei dieser Art von Lebensgemeinschaft üblich ist und der Lebensgefährte auch wirklich ohne Gefährdung des eigenen standesgemäßen Unterhalts der Frau den Unterhalt voll gewähren könnte; teilweise wird die Unterhaltspflicht dann zum Ruhen gebracht, wenn der Lebensgefährte ohne Gefährdung des eigenen Unterhaltes der Frau den Unterhalt nur teilweise gewähren kann, bzw. auch tatsächlich gewährt. Hinsichtlich desjenigen Teiles des Unterhalts, der vom Lebensgefährten nicht getragen werden kann, besteht dann die Unterhaltspflicht des Ehemannes fort.

Das Ruhen der Unterhaltspflicht dauert so lange, als die Lebensgemeinschaft dauert, da anzunehmen ist, daß die Frau nur so lange vom Lebensgefährten den Unterhalt erhält; sollte nach Auflösung des Verhältnisses der Lebensgefährte für die Frau noch weiter sorgen, insbesonders, wenn der Frau testamentarisch oder vertraglich ein festes Recht auf den Unterhalt zugesichert ist, dann kann, wie gesagt, der Ehemann nach § 124, Abs. 3, nicht nur das Ruhen, sondern sogar die Aufhebung der Unterhaltspflicht erreichen.

Damit die Unterhaltspflicht nach Beendigung der Lebensgemeinschaft wieder in Wirksamkeit tritt, ist allerdings erforderlich, daß das Verhältnis auch wirklich endgültig gelöst wird. Eine Lösung, die von den Lebensgefährten nur zum Schein vorgenommen wird, damit die Frau wieder

Alimente erhält, kommt nicht in Betracht. Ob die Lösung eine definitive oder nur eine scheinbare ist, hat dabei der Richter zu beurteilen.

Das Ruhen der Unterhaltspflicht endet ferner dann, wenn die für das Ruhen bestehenden Voraussetzungen nicht mehr oder nicht mehr voll zutreffen, d. h. wenn der Lebensgefährte ohne Gefährdung des eigenen standesgemäßen Unterhalts der Frau den Unterhalt nicht mehr im bisherigen Ausmaß gewähren kann. Dann kann die Frau, wenn der Lebensgefährte zur Verabreichung des Unterhalts überhaupt nicht mehr in der Lage ist, verlangen, daß die Unterhaltspflicht in ihrem vollen Ausmaß wieder hergestellt wird. Kann der Lebensgefährte den Unterhalt der Frau ohne Gefährdung des eigenen Unterhalts zwar nicht mehr voll, aber doch noch teilweise tragen, so kann die Unterhaltspflicht auch nur hinsichtlich desjenigen Teiles hergestellt werden, der vom Lebensgefährten nicht mehr getragen werden kann, während die Unterhaltspflicht insofern, als sie noch vom Lebensgefährten geleistet werden kann, auch weiterhin noch ruht.

§ 128

Die Unterhaltspflicht erlischt als höchstpersönliches Recht mit dem Tode der Frau. Sind einzelne Beträge zur Zeit des Todes schon fällig, aber noch nicht bezahlt worden, so geht der Anspruch auf diese Beträge auf die Erben der Frau über, weil bei pünktlicher Zahlung diese Beträge bereits in Händen der Frau gewesen wären und aus dem Verzug des Verpflichteten weder diesem ein Vorteil noch den Erben der Frau ein Nachteil entstehen soll.

§ 129

Mit dem Tode des Mannes erlischt die Unterhaltspflicht nicht, da die Frau, wenn die Ehe bis zum Tode des Unterhaltspflichtigen fortgedauert hätte, auch in diesem Fall einen Anspruch auf den Unterhalt gehabt hätte (§ 796 ABGB.). Zu diesem Unterhaltsanspruch des § 796, der in Frage kommt, wenn die Ehe bis zum Tode des Mannes fortbestanden hat,[1] bildet die Vererbung der Unterhaltspflicht im Fall einer Trennung und Scheidung das Gegenstück, so daß auch in diesem Fall die Frau durch die Trennung (Scheidung) nicht schlechter gestellt ist als früher.

§ 130

Die §§ 124 bis 129, die bestimmen, auf welche Weise die festgesetzte Unterhaltspflicht abgeändert oder zum Erlöschen bzw. Ruhen gebracht werden kann, gelten zunächst für die gesetzliche, vom Richter zu be-

---

[1] Nach geltendem Recht kann auch die schuldlos geschiedene Frau nach § 796 ABGB. den Unterhalt fordern. Durch Artikel 42 des Entwurfes wird ihr dieses Recht genommen, da dieses Recht durch den neuen § 129 ersetzt wird. Siehe im übrigen die Ausführungen zu Artikel 42.

messende Unterhaltspflicht im Falle einer unfreiwilligen Scheidung (Trennung). Sie werden aber auch auf die Unterhaltspflicht im Fall einer freiwilligen Trennung (Scheidung) ausgedehnt, also dann, wenn eine Unterhaltspflicht durch Trennungs- oder Scheidungsvergleich vereinbart wurde. Es soll den Ehegatten in diesem Fall nicht zugemutet werden, die Unterhaltspflicht bis ins letzte Detail zu regeln, sondern es genügt, daß die Ehegatten das Wichtigste festsetzen, nämlich ob und wem ein Unterhaltsanspruch gebührt und in welcher Höhe; das übrige kann das Gesetz selbst regeln. Im übrigen gleichen die beiden Unterhaltspflichten einander völlig; der einzige Unterschied ist nur der, daß die eine vom Richter, die andere von den Ehegatten selbst bemessen wird. Es verdienen die beiden Unterhaltspflichten daher auch die gleiche rechtliche Regelung.

Diejenigen Bestimmungen, die für das Erlöschen und Ruhen der gesetzlichen Unterhaltspflicht gelten, kommen daher auch auf die vereinbarte Unterhaltspflicht zur Anwendung. Dies gilt auch von der Neuregelung der Unterhaltspflicht nach § 124, da dieselben Erwägungen, die eine Abänderung der gesetzlichen Unterhaltspflicht als ratsam erscheinen lassen, auch bei der vertragsmäßigen Unterhaltspflicht zutreffen. Nur muß der Richter, wenn die Neuregelung der Unterhaltspflicht wegen wesentlicher Änderung der Verhältnisse (§ 124, Abs. 3) verlangt wird, besonders darauf achten müssen, welche Verhältnisse es waren, die die Ehegatten ihrem Vergleiche seinerzeit zugrunde gelegt haben. Die Bestimmungen der §§ 121 bis 123, daß die Frau (bei der vereinbarten Unterhaltspflicht könnte es auch der Mann sein) nur dann Anspruch auf den Unterhalt hat, wenn sie nicht selbst den Unterhalt aus ihrem Vermögen oder ihrer Arbeit bestreiten kann, gelten für die vereinbarte Unterhaltspflicht nicht; ebenso gilt nicht die Bestimmung des § 123, daß die Unterhaltsrente ein Drittel der Einkünfte des Mannes nicht übersteigen darf. Eine Neuregelung der Unterhaltspflicht wegen Änderung der Verhältnisse darf daher nicht deshalb begehrt werden, weil diejenigen Voraussetzungen, die für die gesetzliche Unterhaltspflicht bestehen, auf die vertragsmäßige Unterhaltspflicht nicht zutreffen. Vielmehr ist eine solche Neuregelung der vertragsmäßigen Unterhaltspflicht durch den Richter nur dann zulässig, wenn diejenigen Voraussetzungen, von denen sich die Ehegatten bei Abschluß ihres Vergleiches leiten ließen, nicht mehr zutreffen; wenn etwa der Mann seiner Frau eine Unterhaltsrente von 1000 Schilling zugesichert hat, weil diese 1000 Schilling ein Drittel seines Einkommens ausmachen und er später nur mehr 1500 Schilling verdient, dann kann er natürlich eine Reduktion der Unterhaltsrente verlangen, weil die Voraussetzungen, die bei Abschluß des Scheidungsvergleiches für ihn maßgebend war, nicht mehr zutreffen; es ist jedoch unzulässig, daß sich etwa die Frau im Vergleich nur eine geringe Rente zusichern läßt und dann mit größeren Ansprüchen hervortritt mit der Begründung, daß ihr nach dem

Gesetz mehr gebühre oder daß der Mann, der ein Einkommen von 2000 Schilling hat, seiner Frau zunächst 1000 Schilling verspricht und nach zwei Monaten eine Reduktion der Unterhaltspflicht mit der Begründung verlangt, nach dem Gesetz sei er nur zur Zahlung von 666 Schilling verpflichtet. Durch § 130, Abs. 2, wird hier dem Richter ein Warnungsruf erteilt, dann, wenn eine Neuregelung der Unterhaltsrente verlangt wird, nicht darauf zu achten, ob sich die gesetzlichen Voraussetzungen geändert haben, sondern darauf, ob sich diejenigen Voraussetzungen geändert haben, die die Ehegatten seinerzeit ihrem Vergleich zugrunde legten.

Im übrigen ist aber grundsätzlich eine Abänderung auch der vereinbarten Unterhaltspflicht zulässig. Eine solche Abänderung kann verlangt werden, ohne daß dies durch die gemäß § 105, Abs. 2, Z. 5 (Artikel 26) abgegebene Erklärung, auf alle weiteren Ansprüche zu verzichten, verwehrt wird, da die erwähnte Erklärung nur besagen soll, daß nicht ein Vorbehalt darüber zulässig ist, ob ein Anspruch dem Grunde nach besteht oder nicht. Wird jedoch nach §§ 124 oder 127 eine Abänderung bzw. ein Ruhen der Unterhaltspflicht begehrt, so wird der Unterhaltsanspruch dem Grunde nach nicht berührt, sondern nur dessen nähere Durchführung geändert.

Etwas anderes ist es jedoch, wenn im Scheidungs- oder Trennungsvergleich auf den Unterhaltsanspruch überhaupt verzichtet wurde. Dann haben die Ehegatten vereinbart, daß ein Unterhaltsanspruch dem Grunde nach nicht besteht. Die Frau darf daher nicht in der Folge die Zuerkennung von Alimenten verlangen, da dies nicht eine Änderung in der Durchführung des Anspruches wäre, sondern damit ein Anspruch geltend gemacht würde, der überhaupt nicht dem Grunde nach besteht, da darauf ausdrücklich verzichtet wurde.

Achter Abschnitt

Lösung der Ehe durch Tod und durch Todeserklärung

Hinsichtlich der Regelung des Verhältnisses zwischen der Todeserklärung und der Ehe, die dadurch betroffen wird, trifft der Entwurf einige Änderungen und gleicht auch dieses Rechtsgebiet an das deutsche Recht an, da das System, das sich das geltende Recht zurechtgelegt hat, ein nicht besonders glücklich gewähltes ist.

Das Band der Ehe erlischt mit dem Tode eines der Ehegatten; während nun die Todeserklärung in allen sonstigen Belangen, z. B. auf dem Gebiete des Erbrechtes, eben dieselben rechtlichen Wirkungen zeitigt wie der Tod selbst, ist dies auf dem Gebiete des Eherechtes, und zwar mit vollem Recht, nicht der Fall. Erweist sich nämlich die Todeserklärung als falsch, d. h., kehrt der für tot Erklärte in der Folge wieder zurück, so muß die Todeserklärung aufgehoben und die mit ihr verbundenen Wirkungen wieder rückgängig gemacht werden. Während dies auf dem Gebiet des Vermögensrechtes leicht möglich ist, z. B. dadurch, daß den Erben das auf Grund der Todeserklärung eingeantwortete Vermögen wieder abgenommen wird, könnte die Wirkung der Todeserklärung hinsichtlich der Ehe des fälschlich für tot Erklärten nicht rückgängig gemacht werden. Wenn die Ehe des für tot Erklärten einmal gelöst ist, so kann sie nicht durch richterliche Verfügung wieder in Kraft gesetzt werden; die einzige Möglichkeit hierzu wäre die neuerliche feierliche Eheschließung, die aber an der Weigerung des zurückgebliebenen Teiles, allenfalls auch des zurückkehrenden Teiles scheitern könnte. Daher lehnen es die meisten Rechtsordnungen, so die österreichische, deutsche, schweizerische und ungarische ab, daß die Ehe schon durch die bloße Todeserklärung eines der Ehegatten als solche gelöst wird.

Nun ist aber, wenn es zu einer Todeserklärung des einen Ehegatten kommt, doch ein gewisses Maß von Wahrscheinlichkeit vorhanden, daß der für tot Erklärte auch tatsächlich tot ist. Es kann daher dem zurückgebliebenen Ehegatten doch nicht zugemutet werden, nunmehr zeit seines Lebens darauf zu verzichten, eine neue Ehe zu schließen; dies gilt um so mehr, als der Verschollene, wenn er vielleicht auch noch nicht im Zeitpunkt der Todeserklärung tot war, doch in der Folge gestorben sein kann; da er aber verschollen ist und demnach sein Aufenthaltsort unbekannt ist, so wird auch in diesem Fall sein Tod nie oder doch nur selten zu erfahren sein. Es muß daher dem zurückgebliebenen Ehegatten in irgendeiner Weise die Möglichkeit geboten werden, unbeschadet dessen, daß die Ehe durch die Todeserklärung als solche noch nicht gelöst ist, eine neue Ehe einzugehen.

Dieser Fall wird von den verschiedenen Rechtsordnungen in verschiedener Weise behandelt. So gestattet z. B. das Schweizer Recht, daß in diesem Fall der zurückgebliebene Ehegatte um die gerichtliche Lösung der Ehe ansuchen kann. Dieses System will der Entwurf deshalb nicht übernehmen, weil ja die Ehe für den Fall, daß der für tot Erklärte wieder zurückkehrt, aufrecht erhalten bleiben und nur dem zurückgebliebenen Teil die Möglichkeit geboten werden soll, gleichwohl eine neue Ehe einzugehen. Nach dem Schweizer System kann aber die Lösung der Ehe auch dann erreicht werden, wenn der Zurückgebliebene keine neue Ehe schließt.

Das geltende österreichische Recht kennt ein anderes System. Der zurückgebliebene Ehegatte kann, wenn die Voraussetzungen für die gewöhnliche Todeserklärung vorhanden sind oder eine solche bereits erfolgt ist, um die sogenannte feierliche Todeserklärung ansuchen. Zu diesem Zweck muß der Ansuchende glaubhaft machen, daß der für tot Erklärte auch tatsächlich gestorben ist; es kommt dann zu einem besonderen Verfahren, dessen Schlußpunkt die sogenannte feierliche Todeserklärung ist,

d. h. das Gericht erklärt durch Beschluß, daß der Abwesende für tot zu halten und die Ehe als getrennt anzusehen sei. Nunmehr kann der zurückgebliebene Ehegatte zu einer neuen Ehe schreiten. Die alte Ehe ist durch die feierliche Todeserklärung jedoch nicht wirklich gelöst; eine solche Lösung kann nur durch den Tod erfolgen. Wenn daher der zurückgebliebene Ehegatte eine neue Ehe schließt, so hängt deren Gültigkeit davon ab, ob der für tot Erklärte den Zeitpunkt der Schließung der neuen Ehe überlebt hat. Ist er vorher gestorben, dann ist die zweite Ehe selbstverständlich gültig; hat er aber den Zeitpunkt der Schließung der neuen Ehe überlebt, und wäre es auch nur um einen Tag, dann ist die neue Ehe ungültig, da die erste Ehe weder durch die einfache noch durch die feierliche Todeserklärung gelöst wird, sondern nur durch den Tod; die neue Ehe konnte daher wegen Ehehindernisses des bestehenden Ehebandes (§ 62 ABGB.) nicht gültig zustande kommen. — Hierin liegt der Übelstand, der dem österreichischen System innewohnt. Die neue Ehe ist ebenso in gesetzlicher Form geschlossen worden wie die alte, sie war zunächst ebenso erlaubt wie die alte Ehe, ist also mit ihr vollkommen gleichwertig. Gleichwohl muß sie auf jeden Fall der ersten Ehe weichen. Dies ist aus zwei Gründen unzweckmäßig: zunächst deshalb, weil, wie gesagt, die beiden Ehen sich als völlig gleichwertig gegenüberstehen und die neue Ehe deshalb einen ebenso starken Anspruch auf Schutz und Weiterbestand hat, wie die alte Ehe; es ist daher unbillig, auf jeden Fall die zweite Ehe der früheren weichen zu lassen. Sodann ist es aber auch unzweckmäßig, die erste Ehe zu schützen und nicht die zweite, weil die zweite Ehe in der Regel die bessere, gesündere ist, an der die Öffentlichkeit demnach das größere Interesse hat. Das durch die frühere Ehe begründete Familienleben ist dadurch aufgelöst worden, daß der eine Ehegatte durch Jahre hindurch verschollen war und schließlich für tot erklärt wurde; der zurückgebliebene Ehegatte ist eine neue Ehe eingegangen, hat eine neue Familie gegründet und lebt wahrscheinlich glücklich in derselben. Nun kehrt der Verschollene wieder zurück; die Folge davon ist, daß das neue, in der Regel glücklichere Familienleben der neuen Ehe zerstört wird und der Ehegatte, der sich zum zweitenmal verheiratet hat, wieder zu dem Zurückgekehrten muß, um mit ihm die seinerzeitige Ehe wieder fortzusetzen. Es ist sehr fraglich, ob diese alte Ehe, die nun plötzlich wieder zum Leben erwacht, ebenfalls wiederum glücklich wird; es sprechen vielmehr ziemlich schwerwiegende Bedenken dagegen; während der jahrelangen, oft sogar ein Jahrzehnt überschreitenden Abwesenheit des Verschollenen waren die beiden Ehegatten der früheren Ehe voneinander völlig getrennt und durch keine wie immer gearteten Beziehungen miteinander verbunden (darin liegt ja das Wesen der Verschollenheit); es ist sehr zweifelhaft, ob die solcher Art einander entfremdeten Ehegatten sich wieder einleben und miteinander glücklich sein werden. Auf der einen Seite wird also eine glückliche Ehe und Familienleben durch die Ungültigerklärung der neuen Ehe zerstört; auf der anderen Seite kommt zwar eine andere Ehe wieder zustande, von der es aber sehr zweifelhaft ist, ob sie gut verlaufen wird und so die Grundlage zu einem gesunden Familienleben bieten wird.

Der Entwurf gibt daher das österreichische System auf und wählt ein anderes System, welches allen Standpunkten gerecht wird und das ist das deutsche System. Auch nach deutschem Recht wird die Ehe durch die Todeserklärung an sich noch nicht gelöst. Sollte sich herausstellen, daß die Todeserklärung zu Unrecht erfolgte und der Verschollene wieder zurückkehrt, so kann er seine frühere Ehe wieder fortsetzen. Der zurückgelassene Ehegatte kann jedoch eine neue Ehe schließen. Sollte sich nun herausstellen, daß der für tot Erklärte den Zeitpunkt der Schließung der neuen Ehe überlebt hat, so ist die neue Ehe deshalb noch nicht ungültig, sie ist vielmehr in der Regel gültig. Da aber der Ehegatte, der sich wieder verheiratet hat, nicht zu gleicher Zeit zweimal verheiratet sein kann, so erlischt die frühere Ehe von selbst in dem Augenblick, da die neue Ehe geschlossen wird. Eines besonderen Ausspruchs, daß die frühere Ehe gelöst sei, bedarf es hierbei nicht. Dieses System hat zwei Vorzüge: Solange sich der andere Teil nicht von neuem verheiratet hat, kann der fälschlich für tot Erklärte, wenn er zurückkommt, seine frühere Ehe wieder aufnehmen. Anderseits kann der zurückgebliebene Ehegatte eine neue Ehe schließen, die gültig ist. Kehrt der für tot Erklärte in der Folge wieder zurück, so wird dadurch die Lösung der früheren Ehe und die Gültigkeit der neuen Ehe noch nicht berührt. Will jedoch der zurückgebliebene Ehegatte, der sich wieder verheiratet hat, zu dem verschollen gewesenen und nun wieder zurückgekehrten Ehegatten zurück, so kann er die neue Ehe anfechten; ein gleiches Anfechtungsrecht steht dem anderen Ehegatten der neuen Ehe zu. Das Schicksal der neuen Ehe wird so in die Hände der Ehegatten gelegt, die am besten wissen werden, welche Ehe die bessere ist: die frühere oder die neue.

Dieses System übernimmt der Entwurf, und zwar nicht nur aus Gründen der Rechtsangleichung, sondern auch deshalb, weil dadurch am besten den Interessen aller Beteiligten entsprochen wird. Wie schon betont, sind die beiden Ehen einander gleichwertig; das Gesetz bestimmt daher nicht selbst, welche Ehe der anderen weichen soll, sondern überläßt diese Entscheidung den Ehegatten der neuen Ehe, die die Verhältnisse am besten kennen und daher auch am besten die richtige Lösung finden werden; es bleibt ihnen daher überlassen, ob sie die frühere Ehe auch weiterhin gelöst lassen und die neue Ehe fortsetzen wollen, oder ob sie die neue Ehe aufheben und wieder die frühere Ehe fortsetzen wollen. Nur in einem Punkt geht der Entwurf nicht ganz so weit, wie das deutsche Recht. Die neue Ehe kann zwar aufgehoben werden, wenn der Verschollene wieder zurückkehrt; da aber daran nur derjenige Ehegatte interessiert ist, der sich zum zweitenmal verheiratet hat und nun wieder zu dem früheren Ehegatten zurückkehren will, so hat auch nur er ein Recht, die Aufhebung der neuen Ehe zu verlangen; um ferner den anderen Teil der neuen Ehe, sowie dritte Personen zu schonen, ist dieses Aufhebungsrecht kein Anfechtungsrecht, sondern nur ein Trennungs- bzw. Scheidungsrecht, welches denselben Zweck erfüllt wie das Anfechtungsrecht. Dieses Trennungsrecht ist bereits in den Ausführungen zu Artikel 29 (§ 110, Z. 3) behandelt worden. Die übrigen Änderungen werden durch Artikel 36 bis 37 durchgeführt.

Artikel 36

Zur Durchführung der angedeuteten Änderungen werden zunächst die geltenden Bestimmungen über die Todeserklärung aufgehoben, wie sie in den §§ 112 bis 114 ABGB. enthalten sind. In diesen Paragraphen wird bestimmt, daß, wenn der zurückgebliebene Ehegatte nach erfolgter Todeserklärung des anderen Teiles zu einer neuen Ehe schreiten will, er erst die feierliche Todeserklärung erwirken muß, d. h. den besonderen gerichtlichen Ausspruch, daß der Abwesende für tot zu halten und die Ehe als getrennt anzusehen sei. Diese feierliche Todeserklärung soll als Vorsichtsmaßregel dienen, damit nicht eine nichtige Ehe eingegangen wird, da ja nach den Bestimmungen des geltenden Rechtes die neue Ehe nichtig ist, wenn der für tot Erklärte den Zeitpunkt der Schließung der neuen Ehe überlebt hat. Da nach dem Entwurf die zweite Ehe aber in diesem Fall gültig ist, so erübrigt sich eine solche Vorsichtsmaßregel, wie sie die feierliche Todeserklärung darstellt. Diese, auch dem deutschen Recht unbekannte feierliche Todeserklärung wird daher gestrichen; durch Wegfall dieses umständlichen Verfahrens wird vielleicht auch eine gewisse Entlastung der Gerichte eintreten. Es kann demnach ein Ehegatte auch schon auf Grund der einfachen Todeserklärung zu einer neuen Ehe schreiten. Dadurch wird auch der in unserem herrschenden Recht bestehende Widerspruch beseitigt, daß der für tot Erklärte einerseits für tot gehalten wird, anderseits nicht. Dieser Widerspruch ist ein widersinniger; entweder wird der Verschollene für tot gehalten oder er wird nicht für tot gehalten. Es geht aber nicht an, daß der für tot Erklärte einerseits so behandelt wird, als ob er schon tot wäre, anderseits so, als ob er noch lebe.

Die Bestimmung, daß die neue Ehe nichtig ist, wenn der für tot Erklärte den Zeitpunkt ihrer Eingehung überlebt hat, ist im Gesetze nicht ausdrücklich aufgestellt, sondern ergibt sich erst aus Schlußfolgerungen aus den Bestimmungen des geltenden Rechtes, da dieses nicht erwähnt, daß eine Ehe auch durch (feierliche oder einfache) Todeserklärung gelöst werden kann, woraus geschlossen werden muß, daß die Lösung der Ehe durch oder auf Grund einer Todeserklärung für das geltende Recht nicht in Frage kommt. Einer ausdrücklichen Aufhebung einer gesetzlichen Bestimmung bedarf es daher nicht; die bisher gezogenen Schlußfolgerungen werden durch den neuen § 132 widerlegt, der die ausdrückliche positive Norm enthält, daß die Ehe auf Grund einer Todeserklärung durch Wiederverheiratung des zurückgebliebenen Ehegatten gelöst werden kann, wodurch dann die erwähnten Schlußfolgerungen hinfällig werden.

Artikel 37

§ 131

§ 131 bringt den schon in der Einleitung zu diesem Abschnitt angedeuteten Standpunkt zum Ausdruck, daß die Ehe zwar durch den Tod, aber noch nicht durch die Todeserklärung eines der beiden Ehegatten als solche gelöst wird, damit, wenn sich die Todeserklärung als irrig erweist und der Vermißte wieder zurückkehrt, es ihm ermöglicht wird, seine frühere Ehe wieder fortzusetzen, wenn sich nicht der andere Teil inzwischen wieder verheiratet hat.

§ 132

§ 132 bringt den ebenfalls schon in der Einleitung zu diesem Abschnitt erwähnten Standpunkt zum Ausdruck, daß nach der Todeserklärung der zurückgebliebene Ehegatte zu einer neuen Ehe schreiten darf; selbstverständlich ist dies nur so lange möglich, als die Todeserklärung nicht aufgehoben, d. h. der für tot Erklärte nicht wieder zurückgekehrt und damit in seine früheren Rechte, also auch seine Ehe, wieder eingetreten ist. Daß der für tot Erklärte den Zeitpunkt der Todeserklärung überlebt hat, die frühere Ehe also noch weiter besteht, hindert die gültige Eingehung der neuen Ehe nicht; das Ehehindernis des Ehebandes (§ 62 ABGB.) wird also in diesem Falle ausgeschaltet. Damit soll allerdings nur gesagt sein, daß dem zurückgebliebenen Ehegatten die Eingehung einer neuen Ehe nicht mit der Begründung verweigert werden darf, er möge erst den vollen Nachweis erbringen, daß der für tot Erklärte auch wirklich tot sei, ein Nachweis, der sich zufolge der Verschollenheit des Vermißten ja nicht erbringen läßt. Eine weitere Bedeutung kommt dem Ehehindernis des früheren Ehebandes deshalb nicht zu, weil ja die frühere Ehe in dem Augenblick erlischt, da die neue Ehe geschlossen wird; von diesem Augenblick an kann die frühere Ehe zufolge ihrer Auflösung die Gültigkeit der neuen Ehe nicht mehr hindern.

Die Auflösung der früheren Ehe durch Eingehung der neuen Ehe wird deshalb vorgesehen, weil, wie gesagt, die neue Ehe auch dann gültig sein soll, wenn der für tot Erklärte den Zeitpunkt ihrer Eingehung überlebt hat. Da aber der sich wieder verheiratende Ehegatte zu gleicher Zeit nicht mit zwei Personen verheiratet sein kann, so muß die frühere Ehe in der Form weichen, daß sie aufgelöst wird. Diese Auflösung dauert —

das ist ja der Zweck dieser Bestimmung — auch dann fort, wenn die Todeserklärung aufgehoben oder berichtigt wird, d. h. auch dann, wenn sich herausstellt, daß der für tot Erklärte entweder überhaupt noch lebt oder doch erst nach Schließung der neuen Ehe gestorben ist, denn durch § 132 soll ja gerade erreicht werden, daß die neue Ehe auch in diesem Falle gültig ist. Stellt es sich heraus, daß der für tot Erklärte schon vorher gestorben ist, dann ist ja die Ehe schon durch seinen Tod gelöst und einer Lösung durch Wiederverehelichung auf Grund der Todeserklärung bedarf es dann erst gar nicht. Hierauf ist auch ausdrücklich durch die Worte Bedacht genommen, daß die frühere Ehe durch Wiederverehelichung nach erfolgter Todeserklärung nur dann gelöst wird, „wenn sie nicht schon früher“ (nämlich durch den Tod) „erloschen war“.

§ 133

§ 133 bedeutet eine Einschränkung des § 132. In Übereinstimmung mit dem deutschen bürgerlichen Gesetzbuch wird die frühere Ehe durch Eingehung der neuen Ehe nur dann gelöst, wenn sich wenigstens einer der beiden Gatten der neuen Ehe im Zeitpunkte der Eheschließung im guten Glauben befunden hat. Der gute Glaube besteht hierbei darin, daß der Betreffende nicht die positive Gewißheit hatte, daß der für tot Erklärte noch am Leben sei.

Der Zweck dieser Bestimmung ist folgender: Dem zurückgebliebenen Ehegatten kann und soll, wenn der andere Teil für tot erklärt worden ist, nicht zugemutet werden, fortan immer allein zu leben; es wird ihm daher gestattet, eine neue Ehe einzugehen. Diese ratio fällt jedoch weg, wenn der zurückgebliebene Ehegatte weiß, daß der für tot Erklärte noch am Leben ist, in welchem Falle er ja zu ihm zurückkehren kann. Es kann ihm daher nicht gestattet werden, zu einer neuen Ehe zu schreiten, wenn er weiß, daß seine alte Ehe noch fortbesteht. Zur Lösung der alten Ehe durch Eingehung einer neuen muß vielmehr der gute Glaube desjenigen Ehegatten gefordert werden, der sich wieder verheiratet. Die neue Ehe sollte daher eigentlich immer ungültig sein, wenn der Ehegatte, der sich nach erfolgter Todeserklärung des anderen Teiles wieder verehelicht, weiß, daß der für tot Erklärte noch am Leben ist. Es muß jedoch in solchen Fällen der andere Ehegatte geschützt werden, der im guten Glauben darauf, daß der Gültigkeit seiner Ehe kein Hindernis im Wege steht, mit dem bösgläubigen Teil die Ehe eingeht und um dieses guten Glaubens des anderen Teiles willen wird die neue Ehe doch als gültig behandelt. Ein solcher Schutz des guten Glaubens findet sich ja auch sonst wiederholt in unserem Rechtssystem. Die neue Ehe ist daher nur dann ungültig, wenn beide Gatten der neuen Ehe im Zeitpunkte der Eheschließung in bösem Glauben waren, d. h., wenn sie in diesem Zeitpunkt wissen, daß der für tot Erklärte noch lebt.

Ist das der Fall, dann wird — in Übereinstimmung mit dem deutschen bürgerlichen Gesetzbuch — die frühere Ehe durch Eingehung der neuen Ehe nicht gelöst, sie besteht vielmehr weiter und die neue Ehe ist nichtig, da beiden Teilen der gute Glaube gefehlt hat. Es wird damit nicht ein neuer Nichtigkeitsgrund aufgestellt, sondern die zweite Ehe ist deshalb ungültig, weil die frühere Ehe weiter besteht, also das Ehehindernis des Ehebandes nach § 62 ABGB. vorliegt. Die neue Ehe ist daher nach § 62 nichtig. Dieser Paragraph wird ausdrücklich erwähnt, um keine Zweifel darüber entstehen zu lassen, daß es sich nicht um ein neues Ehehindernis, sondern um das Ehehindernis des bestehenden Ehebandes handelt, und daher auch alle diejenigen Rechtsfolgen eintreten, die sonst mit dem Ehehindernis des Ehebandes verbunden sind.

Neunter Abschnitt

Wiederverehelichung

Artikel 38

Die Bestimmung des gegenwärtigen § 120, daß, außer im Falle einer Dispensation, eine Frau erst 180 Tage nach erfolgter Auflösung ihrer Ehe wieder zu einer neuen Ehe schreiten darf, um Zweifel über Vaterschaft eines in dieser Zeit geborenen Kindes zu vermeiden, bleibt unberührt. Durch die Neufassung des zweiten Hauptstückes muß dieser Paragraph von seiner gegenwärtigen Stelle weichen. Er wird wiederum, wie auch gegenwärtig, an den Schluß der Bestimmungen über das Eherecht gesetzt.

Eine scheinbare Änderung an den Bestimmungen dieses Paragraphen wird nur insofern vorgenommen, als § 120 in seinem gegenwärtigen Wortlaut bestimmt, daß die in diesem Paragraphen vorgesehene Dispensation von der Landesstelle, bzw. vom Kreisamt zu erteilen ist. Durch § 1 des Gesetzes vom 4. Juli 1872, RGBl. Nr. 111, wurde diese Bestimmung dahin abgeändert, daß die Dispensation von der politischen Behörde erster Instanz zu erteilen ist; der Wortlaut des § 120 selbst wurde aber unberührt gelassen. Der Entwurf nimmt die Gelegenheit wahr, den Wortlaut dieses Paragraphen richtigzustellen und nimmt die erwähnte Änderung in den Gesetzestext selbst auf. Die vor dem gegenwärtigen, durch Artikel 32 aufgehobenen § 119 stehende Überschrift, die auch für den § 120 (nach dem Entwurf § 134) gilt, wird vor diesen Paragraphen gesetzt.

Artikel 39

Unberührt bleiben ferner die Bestimmungen des gegenwärtigen § 121, der die eintretenden Rechtsfolgen aufzählt, wenn die Vorschrift des § 120 (nach dem Entwurf § 134) verletzt wird. Aus den gleichen Gründen wie § 120 muß auch § 121 von seiner Stelle weichen; er wird § 135.

Ziffer 1

Da § 120 zu § 134 wird, so wird auch der Hinweis auf den § 120 entsprechend durch den Hinweis auf den § 134 ersetzt.

Ziffer 2

Unter anderen Rechtsfolgen, die im Falle der vorzeitigen Wiederverehelichung eintreten, tritt nach geltendem Recht auch die Rechtsfolge ein, daß der Ehemann im Falle einer vorzeitigen Wiederverehelichung seiner Frau mit ihm das Recht verliert, gemäß dem geltenden § 58 seine Ehe wegen unbekannter Schwangerschaft der Frau anfechten zu können. Da durch Artikel 4 der geltende § 58 aufgehoben wird, so muß auch im § 121 (nach dem Entwurf § 135) diejenige Stelle fallen, die auf den gegenwärtigen § 58 hinweist, d. i. die Bestimmung, daß der Ehemann in diesem Falle die Ehe wegen Schwängerung seiner Frau nicht mehr anfechten kann.

Zehnter Abschnitt

Kirchliche Verpflichtungen

Am Schlusse der Bestimmungen über das Eherecht hält es der Entwurf für notwendig, sich nach Vorbild des deutschen bürgerlichen Gesetzbuches auch mit der kirchlichen Ehe auseinanderzusetzen und das Verhältnis zwischen der gesetzlichen und kirchlichen Ehe festzulegen. Die Ehe im Sinne des bürgerlichen Gesetzbuches wird zwar vor dem Seelsorger geschlossen; gleichwohl ist sie kein sakralrechtliches Verhältnis, sondern ein Gebilde des bürgerlichen Rechtes, also ein der staatlichen Gesetzgebung und zwar ausschließlich ihr unterliegendes Rechtsverhältnis. Dies kommt insbesonders an zwei Stellen zum Ausdruck: die Überprüfung der Gültigkeit der Ehe obliegt den staatlichen Gerichten, die hierbei ausschließlich nach den im Gesetz enthaltenen Vorschriften vorzugehen haben, so daß eine Ehe in den Augen des Gesetzes gültig sein kann, während sie nach kirchlichem Recht ungültig ist und daß andrerseits eine Ehe nach kirchlichem Recht gültig sein kann, während sie das weltliche (österreichische) Recht nicht anerkennt. Der zweite Punkt ist der, daß die Trennung der Ehe und ebenso die Scheidung nur dann anerkannt wird, wenn sie unter Intervention des staatlichen Richters vor sich geht; das österreichische Recht erkennt die von den kirchlichen Organen vorgenommene Trennung oder Scheidung der Ehe nicht an, verlangt aber andrerseits zur Wirksamkeit der Trennung und Scheidung auch nicht, daß sie von der Kirche anerkannt wird.

Auf diesem Standpunkt steht schon das geltende Recht, das, obgleich es ein konfessionelles Eherecht ist, nirgends der Kirche und dem kirchlichen Recht unmittelbar Einfluß auf die gesetzliche Ehe gewährt, sondern zwar wiederholt Sätze aus dem kirchlichen Recht der einzelnen Konfessionen übernimmt, immer aber selbst die Normen aufstellt und dies niemals dem kirchlichen Recht überläßt mit einer einzigen Ausnahme: nach § 115 hat hinsichtlich der Frage, ob eine nichtkatholische christliche Ehe bei Lebzeiten der Ehegatten trennbar ist, kirchliches Recht zur Anwendung zu kommen. Einzig und allein diese Frage ist nach dem Sakralrecht der Konfession, der die betreffenden Ehegatten angehören, zu beurteilen.[1] Das heutige österreichische Recht steht daher auf folgendem Standpunkt: für die katholische und israelitische Ehe kommt niemals das kanonische bzw. mosaische Recht zur Anwendung, sondern immer nur das staatliche Recht. Einzig und allein für die akatholischen Christen kann unmittelbar kirchliches Recht unter den Voraussetzungen des § 115 ABGB. zur Anwendung kommen.

Durch den Entwurf, der alle Ehen ohne Rücksicht auf die Konfession für trennbar erklärt, fällt auch der § 115 und damit ist das Verhältnis zwischen kirchlicher und gesetzlicher Ehe, soweit es die gesetzliche Ehe betrifft, geklärt. Da sich in den gesetzlichen Bestimmungen über das Eherecht nirgends ein Hinweis auf das kirchliche Recht findet, so unterliegt die Ehe im Sinne des bürgerlichen Gesetzbuches nur den in den einzelnen staatlichen Gesetzen aufgestellten Bestimmungen. Dieser Satz, der schon nach heutigem Recht für die Katholiken und Israeliten gilt und nach dem Entwurf zufolge der Aufhebung des § 115 ABGB. auch für die nichtkatholischen Christen zur Anwendung kommt, muß daher nicht erst besonders ausgesprochen werden. Durch Artikel 40 soll nun auch die andere Seite des Verhältnisses zwischen gesetzlicher und kirchlicher Ehe geregelt werden, inwieferne das Recht des bürgerlichen Gesetzbuches für die kirchliche Ehe gilt.

Die Haltung, die der Entwurf in dieser Frage einnehmen muß, ist bereits verfassungsrechtlich vorgeschrieben. Nach Artikel 15 des Staatsgrundgesetzes vom 21. Dezember 1867 verwaltet jede Kirche und Religionsgesellschaft ihre inneren Angelegenheiten selbständig; die staatliche Gesetzgebung darf daher auf das kirchliche Recht, demnach auch auf das kirchliche Eherecht keinen Einfluß nehmen. Diesen Standpunkt bringt Artikel 40 des Entwurfes in dem neuen § 136 zum Ausdruck. Die Kirchen (bzw. die einzelnen Religionsgesellschaften) werden nicht gezwungen, die Normen des staatlichen Eherechtes für den Bereich der kirchlichen Ehe anzuerkennen. Die kirchliche Ehe und die kirchlichen

[1] Dagegen gilt dieser Satz nicht für die katholische Ehe; in diesem Fall überläßt es das Gesetz nicht dem kanonischen Recht, ob die Ehe trennbar ist oder nicht, sondern bestimmt selbst im § 111: Die katholische Ehe ist untrennbar. Daher haben wir z. B. den merkwürdigen Zustand, daß nach kanonischem Recht die nicht konsumierte Ehe von Katholiken trennbar ist, dagegen nach geltendem österreichischen Recht nicht.

Verpflichtungen in Hinsicht auf die Ehe bleiben unberührt. Nach Artikel 14 des Staatsgrundgesetzes von 1867 kann zwar niemand vom Staat gezwungen werden, diese kirchlichen Verpflichtungen einzuhalten, aber nach Artikel 15 des Staatsgrundgesetzes und Artikel 40 (§ 136) des Entwurfes wird er auch von der Einhaltung dieser Verpflichtungen nicht entbunden. Die Frage, wann eine kirchliche Ehe gültig zustande kommt, wann nicht, ist ausschließlich nach kirchlichem Recht zu beurteilen. Wenn der Richter die Ehe zweier Katholiken trennt, so wird die katholische Kirche nicht gezwungen, diese Trennung auch auf dem Gebiete des kirchlichen Rechtes anzuerkennen; die solcher Art getrennte gesetzliche Ehe bleibt als kirchliche Ehe so lange weiter bestehen, bis die Kirche selbst diese Ehe trennt; wenn dann einer der gerichtlich getrennten katholischen Ehegatten eine neue Ehe eingeht, so ist diese Ehe zwar nach weltlichem Recht gültig, es ist aber ohne weiters möglich, daß diese neue Ehe in den Augen der katholischen Kirche ungültig ist; sie wird nicht gezwungen, die Gültigkeit dieser Ehe anzuerkennen. Andrerseits wäre es auch denkbar, daß die Ehe nach kirchlichem Recht als gelöst gilt, z. B. wenn ein Israelite seiner Frau den Scheidebrief überreicht, daß aber das Gesetz diese Lösungsart nicht anerkennt. So wie einerseits der Staat die gesetzliche Ehe allein regelt, so überläßt er auch andrerseits den einzelnen Kirchen und Religionsgesellschaften die volle Autonomie auf dem Gebiete des kirchlichen Eherechtes. Die Bestimmungen des bürgerlichen Gesetzbuches über das Eherecht haben daher gemäß dem neuen § 136 (Artikel 40) nur für den Bereich der gesetzlichen Ehe Anwendung zu finden.

Elfter Abschnitt

Sonstige Bestimmungen

Normen über das Eherecht stehen nicht nur im zweiten Hauptstück des ersten Teiles. Auch sonst finden sich in unserem bürgerlichen Gesetzbuch Bestimmungen, die entweder direkt eherechtliche Vorschriften enthalten oder doch auf die Bestimmungen über das Eherecht Bezug nehmen. Insbesonders handelt es sich hierbei um vermögensrechtliche Bestimmungen, z. B. das eheliche Güterrecht. Gemäß den Tendenzen dieses Entwurfes, nur diejenigen Bestimmungen des Eherechtes zu novellieren, die dem Personenrecht angehören, also diejenigen Bestimmungen, wie sie in dem Hauptstück von dem Eherechte (allgem. bürgerl. Gesetzbuch, I. Teil, 2. Hauptstück) enthalten sind, läßt der Entwurf diese übrigen Bestimmungen grundsätzlich unberührt. Nur diejenigen Vorschriften mußten geändert werden, die auf Bestimmungen Bezug nehmen, die durch die übrigen Abschnitte des Entwurfes aufgehoben oder abgeändert wurden, um die Widersprüche zu vermeiden, die entstehen müßten, wenn die geänderten Bestimmungen des zweiten Hauptstückes mit den übrigen Bestimmungen des bürgerlichen Gesetzbuches nicht mehr im Einklang stünden.

Abgesehen von der Novellierung des § 160 ABGB. (Artikel 41), der die Ehelichkeit der Kinder aus ungültigen Ehen regelt, wobei die Bestimmungen dieses Paragraphen nur den durch den Entwurf vorgesehenen Änderungen über ungültige Ehen angepaßt wurden, ist das hauptsächlichste Ziel dieses Abschnittes, die vermögensrechtlichen Folgen, die sich aus der Scheidung und Trennung ergeben, einander anzugleichen.

Wie schon in den Bemerkungen zum 6. Abschnitt gesagt und begründet wurde, will der Entwurf Scheidung und Trennung in ihren Voraussetzungen und Folgen einander gleichstellen; der einzige Unterschied soll nur darin bestehen, daß im Falle einer Scheidung die Ehegatten wegen Fortbestehen des Ehebandes eine neue Ehe nicht eingehen können. Während nun der sechste Abschnitt des Entwurfes dies hinsichtlich der Voraussetzungen und familienrechtlichen Wirkungen tut, soll dies durch diesen Abschnitt hinsichtlich der vermögensrechtlichen Folgen geschehen. Es sollen also in Hinkunft mit der Scheidung und Trennung die gleichen vermögensrechtlichen Folgen für die beiden Ehegatten verbunden sein.

Die Notwendigkeit einer solchen Maßnahme wird aus folgenden Gründen einleuchtend: Nach geltendem Recht sind Trennung und Scheidung etwas Verschiedenes; schon die Voraussetzungen sind andere. Wenn aber, wie dies der Entwurf vorsieht, für die Scheidung und Trennung die gleichen Voraussetzungen bestehen, und die Frage, ob es zu einer Scheidung oder Trennung kommen soll, nur von der Willkür der Ehegatten abhängt, dann wäre es nicht gerecht, wenn eben dieselbe Sachlage ganz nach Belieben der Ehegatten einmal die eine, einmal die andere Folge haben sollte, wenn durch eben denselben Tatbestand dem einen Ehegatten in dem einen Fall mehr, in dem anderen Fall weniger Rechte, bzw. dem anderen Ehegatten in dem einen Fall mehr, in dem anderen weniger Pflichten erwachsen würden. Das gilt um so mehr, als die aus der verschuldeten Scheidung und Trennung entstehenden Folgen Unrechtsfolgen sind (Pflicht zum Schadenersatz, Unterhaltspflicht, Verlust des Rechtes auf den Unterhalt u. dgl.). Es wäre ungerechtfertigt, wenn hier bei Vorliegen des gleichen Tatbestandes, z. B. eines Ehebruches, den einen Ehegatten in dem einen Fall größere, in dem anderen Fall geringere Unrechtsfolgen treffen würden.

Sodann aber muß bedacht werden, daß nach den Bestimmungen des Entwurfes eine geschiedene Ehe auf einseitigen Antrag eines Ehegatten getrennt werden kann. Es ist nun die Absicht sowohl des geltenden Rechtes als des Entwurfes, daß, sobald eine Aufhebung der ehelichen Gemeinschaft, sei es durch Scheidung, sei es durch Trennung, erfolgt, die vermögensrechtlichen Verhältnisse zwischen den Ehegatten endgültig bereinigt werden, daß hier ein- für allemal Klarheit geschaffen wird. Dies könnte aber, mit Rücksicht darauf, daß eine geschiedene Ehe getrennt werden kann, nicht geschehen, wenn für die Trennung und Scheidung verschiedene Bestimmungen gelten. Vielmehr müßten, wenn nach erfolgter Scheidung die vermögensrechtlichen Fragen zwischen den Ehegatten geregelt sind, diese ganzen Fragen noch einmal aufgerollt werden, wenn die geschiedene Ehe in der Folge getrennt wird. Es würden in diesem Falle neue Streitigkeiten entstehen, unter Umständen würde es zu einem neuen Prozeß kommen, was aber um so weniger gerechtfertigt wäre, als für die Trennung einer geschiedenen Ehe ein äußerer Anlaß fehlt, vielmehr der Grund, daß eine solche Trennung erfolgt, nur in dem inneren Willen des einen Ehegatten gelegen ist. Es müssen daher für die Trennung und Scheidung die gleichen Vorschriften gelten; dadurch wird bewirkt, daß die vermögensrechtlichen Verhältnisse zwischen den Ehegatten nicht berührt werden, wenn die ursprünglich geschiedene Ehe in der Folge getrennt wird. Eine solche Bestimmung kann das gegenwärtige Recht entbehren, weil nach geltendem Recht eine Scheidung nicht in eine Trennung umgewandelt werden kann. Diese Bestimmung wird aber notwendig, wenn, wie dies der Entwurf vorsieht, eine geschiedene Ehe auf Antrag getrennt werden kann.

Aus der Betrachtung, daß nach den Bestimmungen des Entwurfes aus den gleichen Gründen Scheidung oder Trennung erfolgen kann und daß eine geschiedene Ehe auf Antrag getrennt werden kann, ergibt sich aber noch ein weiterer Grund für die Notwendigkeit, daß für die Scheidung und Trennung gleiche Bestimmungen gelten müssen. Ob nämlich eine Ehe getrennt oder geschieden wird, soll nicht davon abhängen, ob dies für den Ehegatten finanziell vorteilhafter ist oder nicht, ob es für den Ehegatten einträglicher ist, wenn seine Ehe geschieden, oder wenn sie getrennt wird. Darauf würde es aber hinauskommen, wenn für Scheidung und Trennung verschiedene vermögensrechtliche Bestimmungen gelten würden. Denn eine verschiedenartige Regelung der vermögensrechtlichen Verhältnisse nach erfolgter Scheidung oder Trennung könnte nur bedeuten, daß in dem einen Fall der eine Ehegatte vermögensrechtlich günstiger, in dem anderen Fall ungünstiger gestellt wäre. Hinsichtlich der Frage, ob Trennung oder Scheidung verlangt werden soll, wäre dann für den Ehegatten in erster Linie maßgebend, bei welcher Lösungsart der Ehe für ihn mehr Vorteile herausschauen würden. Das soll aber vermieden werden; nicht materielle, sondern ideelle Gesichtspunkte sollen den Ehegatten bei der Wahl zwischen Scheidung und Trennung leiten. Es soll den Ehegatten bei dieser Entscheidung ihre Unabhängigkeit von vermögensrechtlichen Interessen gewahrt bleiben. Für diese Wahl werden dann lediglich die Erwägungen gelten, ob mit Rücksicht auf gewisse Umstände — etwa das religiöse Bekenntnis oder dritte Personen,

z. B. die gemeinsamen Kinder — das Band der Ehe erhalten bleiben soll und eine Aufhebung der ehelichen Gemeinschaft genügt, oder aber ob mit Rücksicht auf eine später in Aussicht genommene Wiederverheiratung das Band der Ehe gänzlich gelöst werden soll. Daß aber solche Motive und nicht gewinnsüchtige bei der Entscheidung der Frage, ob eine Trennung oder Scheidung erfolgen soll, zur Geltung kommen, wird nur dadurch gewährleistet, daß die vermögensrechtlichen Verhältnisse zwischen den beiden Ehegatten nach erfolgter Trennung und Scheidung in gleicher Weise geregelt werden.

Wenn ferner für die Regelung der vermögensrechtlichen Fragen nach erfolgter Trennung oder Scheidung verschiedene Bestimmungen gelten, so würde es unter solchen Umständen niemals zu einer Scheidung, sondern immer nur zu einer Trennung kommen. Denn ist für den klagenden Ehegatten die Trennung vermögensrechtlich vorteilhafter, so würde er von vorneherein immer nur auf Trennung klagen. Ist aber für den klagenden Ehegatten die Trennung das Ungünstigere, so würde er zwar in der Regel auf Scheidung klagen. Der beklagte Ehegatte würde aber sofort, nachdem die Scheidung ausgesprochen ist, — wenn schon nicht früher — die Trennung der geschiedenen Ehe beantragen, weil dies für *ihn* günstiger ist. Dadurch aber würde das Rechtsinstitut der Scheidung vollständig illusorisch gemacht werden, da derjenige der beiden Ehegatten, für den die Trennung das Günstigere ist, diese beantragen würde und sie auch jederzeit durchsetzen könnte, wenn auch der andere Teil nur die Scheidung will. Schon aus diesem Grunde ist es notwendig, für die Scheidung nicht andere Bestimmungen gelten zu lassen, als für die Trennung, weil sonst die für die Scheidung geltenden Bestimmungen überhaupt nicht in Anwendung kämen.

Wie schon gesagt, waren solche Rücksichten bis jetzt nicht notwendig, da gegenwärtig für Trennung und Scheidung verschiedenartige Voraussetzungen gelten und eine Scheidung derzeit nicht in eine Trennung umgewandelt werden kann. Sobald aber die übrigen Bestimmungen des Entwurfes über die Trennung und Scheidung eingeführt werden, wird es notwendigerweise erforderlich, auch auf dem Gebiete des Vermögensrechtes die Wirkungen der Trennung und Scheidung einander anzugleichen.

Artikel 41

§ 160 regelt die Frage, unter welchen Umständen Kinder aus einer ungültigen Ehe als ehelich anzusehen sind. Hierzu sind zwei Voraussetzungen notwendig: Es darf einerseits die Ehe nicht aus einem der in den §§ 62 bis 64 aufgezählten Gründen ungültig sein, also deshalb, weil der eine Teil im Zeitpunkte der Eheschließung schon verheiratet war, weil er im Zeitpunkte der Eheschließung die höheren Weihen empfangen oder das feierliche Gelübde der Ehelosigkeit abgelegt hatte oder weil im Zeitpunkte der Eheschließung der eine Teil sich zur christlichen Religion bekannte, der andere Teil nicht. Die andere Voraussetzung ist die, daß entweder das Ehehindernis in der Folge gehoben wurde (nämlich durch Dispensation) oder aber, daß wenigstens einem Teil entschuldbarerweise das Ehehindernis, also die Ungültigkeit der Ehe, nicht bekannt war. Durch die Bestimmungen des Entwurfes wird eine gewisse Änderung dieses Paragraphen notwendig.

Ziffer 2

Zunächst einmal muß der Hinweis auf die §§ 63 und 64 entfallen, da diese Ehehindernisse durch Artikel 7 des Entwurfes aufgehoben werden. Es sind demnach nur mehr solche Kinder auf jeden Fall unehelich, die aus einer nach § 62, also wegen Hindernis des Ehebandes ungültigen Ehe entstammen. Die Durchführung dieser Bestimmung bewirkt Artikel 41, Z. 2, durch entsprechende Änderung des Wortlautes.

Ziffer 1 und 3

Eine weitere Abänderung der Bestimmungen dieses Paragraphen wird dadurch notwendig, daß eine Hebung des Ehehindernisses durch Dispensation nicht mehr möglich ist. Es kann daher auf diese Weise eine Legitimation nicht mehr zustande kommen, weswegen die Bestimmung über die Legitimation durch Hebung des Ehehindernisses entfallen muß. Die Streichung der diesbezüglichen Stelle wird durch Artikel 41, Z. 3, bewirkt, wogegen Z. 1 den Hinweis auf diese Art der Legitimation in der Überschrift zum § 160 streicht.

Ziffer 4

Es bleibt endlich noch die Frage über die rechtliche Stellung der Kinder aus anfechtbaren Ehen zu regeln, über welche § 160 gegenwärtig keine Bestimmung enthält, da ihm die anfechtbare Ehe in der Form des Entwurfes unbekannt ist.

Nach geltendem Recht ist die anfechtbare Ehe ebenfalls ungültig, wenngleich diese Ungültigkeit nur eine relative ist, d. h. nicht von jedermann geltend gemacht werden kann. Gleichwohl ist eine solche Ehe von Anfang an ungültig; kommt es daher zu einer Ungültigerklärung der Ehe, so sind damit dieselben Folgen verbunden, die an die Ungültigerklärung einer nichtigen Ehe geknüpft sind. Auf die Kinder aus dieser Ehe bezogen bedeutet es also, daß die Kinder ehelich sind, wenn einem Teil die (relative) Ungültigkeit der Ehe entschuldbarerweise nicht bekannt war; anderenfalls sind die Kinder unehelich.

Im Gegensatz dazu ist die anfechtbare Ehe nach den Bestimmungen des Entwurfes zunächst eine vollgültige Ehe. Die Kinder aus einer anfechtbaren Ehe sind daher zunächst ehelich, aber nicht nur, wie bei der nichtigen Ehe, weil die Ungültigkeit dieser Ehe zunächst nicht geltend gemacht werden darf, sondern deshalb, weil die Ehe zunächst tatsächlich gültig ist. Wird aber die anfechtbare Ehe auf Grund einer Anfechtungsklage für ungültig erklärt, so wären, woferne nichts anderes bestimmt wird, die Kinder aus einer solchen Ehe als unehelich anzusehen, weil die Ehe, aus der sie entstammen, für ungültig, also für nichtbestehend erklärt wird. Es muß jedoch auch hier die Möglichkeit einer Legitimation solcher Kinder geschaffen werden, denn wenn unter Umständen sogar Kinder ehelich sind, die aus einer Ehe stammen, die von vornherein ungültig ist, so muß dies um so mehr von Kindern gelten, welche aus einer Ehe stammen, die zunächst gültig ist und erst in der Folge für ungültig erklärt wird. Aus diesem Umstand, daß die anfechtbare Ehe zunächst gültig ist, müssen nun die Konsequenzen gezogen werden. Der Entwurf bestimmt daher, daß, während Kinder aus nichtigen Ehen nur dann ehelich sind, wenn einem Elternteile die schuldlose Unwissenheit des Ehehindernisses zustatten kommt, Kinder aus anfechtbaren Ehen auf jeden Fall ehelich sind, auch wenn die Ehe späterhin mit Erfolg angefochten wird, also für ungültig erklärt wird, die Ungültigkeit mag auf welchen Gründen immer beruhen.

Maßgebend sind für eine solche Bestimmung folgende Erwägungen: Zunächst einmal hat im Zeitpunkte der Zeugung die Ehe tatsächlich gültig bestanden. Die notwendigen Erfordernisse für die Ehelichkeit des Kindes waren also seinerzeit vorhanden und das muß genügen. Durch spätere Vorgänge dürfen einmal bestandene Voraussetzungen nicht hinfällig gemacht, das Kind nicht um seine schon erworbenen Rechte gebracht werden. Sodann muß die Absicht bedacht werden, derzufolge das Gesetz an die Ungültigerklärung einer Ehe Rechtsfolgen knüpft. Bei der nichtigen Ehe soll ein vom Gesetz verpönter Zustand beseitigt werden; dazu ist erforderlich, daß auch alle Folgen verschwinden, die dieser Zustand hervorgebracht hat. Dagegen liegt die Ungültigerklärung einer anfechtbaren Ehe nicht im öffentlichen Interesse, sondern im Privatinteresse einer Person, Es genügt daher, wenn die Ehe und die durch sie hervorgerufenen Folgen insofern beseitigt werden, als das Interesse der anfechtungsberechtigten Person dadurch beeinträchtigt wird. Die Wirkungen der Ehe können jedoch bestehen bleiben, soweit sie sich nicht auf den Anfechtungsberechtigten, sondern auf dritte Personen, im besonderen Falle auf die Kinder aus dieser Ehe erstrecken. Die schuldlosen Kinder, die für die Anfechtbarkeit der Ehe gar nichts können, sollen nicht dadurch in ihren Rechten verletzt werden, daß die Ehe mit Rücksicht auf das Interesse einer anderen Person für ungültig erklärt wird. In diesem Interessenkonflikt zwischen den Kindern einerseits, dem Anfechtungsberechtigten andererseits sind diejenigen der Kinder unbedingt die schutzbedürftigeren; ihr Interesse, daß sie ehelich sind, ist größer als das des

Anfechtungsberechtigten, daß die Folgen der Ehe zur Gänze, also auch hinsichtlich der Ehelichkeit der daraus entstammenden Kinder beseitigt werden, da ja das Hauptinteresse des Anfechtungsberechtigten, soferne es der Ehegatte ist, nur darauf gerichtet ist, selbst von der Ehe frei zu werden und, wenn es der gesetzliche Vertreter ist, den Schutzbefohlenen frei von der Ehe zu sehen. Aus diesen Gründen kann den Kindern ihre Ehelichkeit, auch wenn die anfechtbare Ehe für ungültig erklärt wird, ruhig erhalten bleiben.

Artikel 42

In Durchführung der Absicht des Entwurfes, die vermögensrechtlichen Wirkungen der Scheidung und Trennung einander anzugleichen, wird zunächst mit der Angleichung der erbrechtlichen Wirkungen begonnen, die ja ebenfalls zum Vermögensrecht gehören. Nach geltendem Rechte hat der getrennte Ehegatte auf keinen Fall ein gesetzliches Erbrecht gegen den anderen Teil, der geschiedene Ehegatte hat es nur dann, wenn er schuldlos ist, sonst gleichfalls nicht. In Angleichung dieser beiden Bestimmungen hatte der Entwurf die Wahl, entweder dem geschiedenen Ehegatten sein gesetzliches Erbrecht zu nehmen oder auch dem getrennten Ehegatten ein solches zu verleihen. Der zweite Weg war unmöglich; man kann dem getrennten Ehegatten kein gesetzliches Erbrecht gegen den anderen Teil geben, denn wenn sich der letztere wieder verheiratet und dann stirbt, so würden nun zwei erbberechtigte Ehegatten da sein und jeder würde auf den nur für einen Ehegatten bestimmten Erbteil Anspruch erheben, was nicht denkbar ist, da nur ein Ehegatte erbberechtigt sein kann. Es wäre überdies unlogisch, dem getrennten Ehegatten ein gesetzliches Erbrecht zu geben, da ihm ein solches nur kraft seiner Ehe zusteht und diese Ehe nicht mehr besteht.

In Angleichung der Wirkungen der Scheidung an die Trennung muß daher auch dem geschiedenen Ehegatten sein gesetzliches Erbrecht entzogen werden; für eine solche Maßnahme sprechen überdies noch weitere Gründe. Da eine geschiedene Ehe nach den Bestimmungen des Entwurfes jederzeit getrennt werden kann, und es daher nur vom Zufall abhängt, ob die Ehe zur Zeit des Todes des einen Ehegatten noch bestanden hat oder nicht, so wäre es ungerechtfertigt, es von diesem bloßen Zufall abhängen zu lassen, ob dem anderen Ehegatten noch ein Erbrecht zustehen soll oder nicht. Ein allzu großer Eingriff in die Rechte des überlebenden geschiedenen Ehegatten würde überdies nicht geschehen, da ja dieser ohnedies keinen festen Anspruch auf sein Erbrecht hat, vielmehr dieses jederzeit von dem anderen Teil testamentarisch widerrufen werden kann. Im allgemeinen wird es aber dem Willen des Erblassers nicht mehr entsprechen, daß ihn sein geschiedener Ehegatte beerben soll. Die Scheidung beruht ja auf einer Zerrüttung der Ehe; bei Vorliegen dieser Zerrüttung ist aber nicht mehr anzunehmen, daß der Erblasser an seinem geschiedenen Ehegatten noch ein so großes Interesse hat, daß er sein Vermögen in dessen Händen sehen will. Vielmehr geht die landläufige Ansicht heute dahin, daß auch schon mit der Scheidung, wenngleich das Eheband noch weiter besteht, persönliche Bande zwischen den beiden Ehegatten nicht mehr bestehen und daß die Beziehungen der Ehegatten zueinander erloschen sind. Es wird daher im allgemeinen nicht mehr im Willen des geschiedenen Ehegatten liegen, von dem anderen Teile beerbt zu werden. Das Gesetz aber, das im allgemeinen der Durchführung des Willens des Erblassers dienen soll, hat darauf Rücksicht zu nehmen. Sollte jedoch der Erblasser wider Erwarten wollen, daß er von seinem geschiedenen Ehegatten beerbt wird, so steht es ihm ja jederzeit frei, ein Testament zu errichten und den geschiedenen Ehegatten darin zum Erben einzusetzen.

Es könnte nun eingewendet werden, daß der geschiedene Ehegatte gewisse Ansprüche gegen den Nachlaß hat, die ihm durch den Willen des erblasserischen Ehegatten nicht entzogen werden können. Der überlebende Ehegatte hat zwar kein ausgesprochenes Pflichtteilsrecht, aber doch als Surrogat den Anspruch auf den mangelnden anständigen Unterhalt (§ 796 ABGB.). Dieses Recht bleibt aber dem Ehegatten auch nach dem Entwurf erhalten. Denn war die Ehe aus dem Verschulden des überlebenden Ehegatten geschieden, so hat dieser auch nach geltendem Recht keinen Anspruch darauf. Ist er aber an der Scheidung schuldlos, so steht ihm ohnedies schon kraft Gesetzes (Artikel 35 des Entwurfes, § 121) ein Recht auf den standesgemäßen Unterhalt zu und dieses Recht geht gleich einer anderen Schuld auf die Erben des Unterhaltspflichtigen über (Artikel 35, § 129). Ja, der unterhaltsberechtigte Ehegatte ist in diesem Falle sogar noch besser gestellt, denn den erbrechtlichen Anspruch auf den standesgemäßen Unterhalt nach § 796 ABGB. kann er erst als Pflichtteilsberechtigter nach Befriedigung der übrigen Gläubiger geltend machen. Dagegen den aus der Scheidung nach Artikel 35 des Entwurfes erwachsenden Unterhaltsanspruch kann er schon zugleich mit den übrigen Nachlaßgläubigern geltend machen und hat denselben Anspruch auf Befriedigung wie diese. Ist der geschiedene Ehegatte an der Scheidung also schuldlos, so bleibt ihm der Anspruch auf den Unterhalt auf jeden Fall. Im Falle einer einverständlichen Scheidung steht ihm allerdings nicht schon kraft Gesetzes ein Unterhaltsanspruch zu. Allein, da nach den Bestimmungen des Entwurfes in dem anläßlich der Scheidung getroffenen Scheidungsvergleich die Unterhaltsfrage geregelt werden muß, so ist auch hier jeder Ehegatte in der Lage, sich einen Unterhaltsanspruch zu sichern, es sei denn, er verzichte freiwillig darauf; wenn aber auf den Unterhalt freiwillig verzichtet wird, so erübrigt es sich, daß das Gesetz in dieser Hinsicht irgend welche Maßnahmen trifft. Schon daraus ergibt sich aber, daß der geschiedene Ehegatte ein gesetzliches Erbrecht und ein Pflichtteilsrecht (bzw. Pflichtteilssurrogat) nicht braucht. Denn diese erbrechtlichen Ansprüche sollen zur Versorgung des überlebenden Ehegatten dienen; für die Versorgung des schuldlos geschiedenen Ehegatten ist aber auf andere Weise gesorgt und der aus eigenem Verschulden geschiedene Ehegatte hat auch nach geltendem Rechte keine erbrechtlichen Ansprüche.

Artikel 43

Ziffer 1

Wenn es zu einer einverständlichen Scheidung kommt, so hängt das fernere Schicksal etwa errichteter Ehepakte davon ab, was die Ehegatten anläßlich der Scheidung vereinbaren. Eine solche Vereinbarung muß anläßlich der Scheidung getroffen werden. Diese Bestimmung wird unberührt gelassen, und nur auch auf die durch den Entwurf eingeführte einverständliche Trennung ausgedehnt, die ja auch sonst zur Gänze unter die für die einverständliche Scheidung geltenden Bestimmungen gestellt wird. Im übrigen wird dadurch kein neuer Rechtssatz aufgestellt, sondern § 1263 in der Fassung des Entwurfes erscheint nur mehr als die Durchführungsnorm des im § 105 in der Fassung des Artikels 26 aufgestellten Grundsatzes, daß anläßlich der einverständlichen Trennung oder Scheidung im Trennungs- bzw. Scheidungsvergleich vereinbart werden muß: „in dem Falle, daß Ehepakte errichtet wurden, ob sie geändert oder gelöst werden sollen und in welcher Art die Änderung oder Lösung vor sich zu gehen habe (Artikel 26 des Entwurfes, § 105, Abs. 2, Z. 1).

Ziffer 2

Bei der einverständlichen Scheidung verweist § 1263 auf die Bestimmungen, die von der einverständlichen Scheidung handeln und nennt hierbei die §§ 103 bis 105. Da nach den Bestimmungen des Entwurfes die Vorschriften über die einverständliche Scheidung (und Trennung) in den §§ 103 bis 107 enthalten sind, so wird der Hinweis auf diese Gesetzesstellen entsprechend geändert.

Artikel 44

Während es im Falle einer einverständlichen Scheidung oder Trennung den Ehegatten überlassen bleiben kann, in welcher Art sie ihre Ehepakte fortdauern oder abändern wollen, ist dies im Falle einer streitigen Trennung oder Scheidung nicht möglich. Denn da hier die Trennung und Scheidung ohne Einverständnis des anderen Teiles erzwungen werden kann, so wird in der Regel auch kein Einverständnis über die Lösung oder Abänderung der Ehepakte zu erzielen sein. Das Gesetz muß daher die Regelung der Frage selbst in die Hand nehmen; immerhin bleibt es auch in diesem Falle den Ehegatten überlassen, sich über die Auseinandersetzung zu verständigen. Die vom Gesetz getroffenen Maßnahmen gelten nur insoweit, als die Ehegatten nicht darüber eine Vereinbarung getroffen haben.

Die Art, in der die Auseinandersetzung erfolgt, ist nach geltendem Recht für Scheidung und Trennung verschieden geregelt. Die für die Scheidung geltenden Bestimmungen sind gegenwärtig im § 1264, die für die Trennung geltenden im § 1266 enthalten. Aus den schon in der Einleitung zu diesem Abschnitt erwähnten Gründen will jedoch der Entwurf die vermögensrechtlichen Wirkungen der Scheidung und Trennung nach gleichen Gesichtspunkten regeln. Zu diesem Zwecke müssen für das Schicksal der Ehepakte nach erfolgter Trennung und Scheidung neue gemeinsame Bestimmungen geschaffen werden. Als Grundlage dieser neuen Bestimmungen werden die bestehenden herangezogen.

Nach geltendem Recht dauern im Falle einer Scheidung die Ehepakte fort. Ist jedoch die Ehe ohne Verschulden beider Teile oder aus beiderseitigem Verschulden geschieden, so kann jeder Teil die Aufhebung der Ehepakte verlangen; ist nur ein Teil schuldlos, so steht es diesem frei, Fortsetzung oder Aufhebung der Ehepakte zu verlangen. Im Gegensatz dazu erlöschen im Falle einer Trennung die Ehepakte; wird jedoch die Ehe aus dem alleinigen Verschulden des einen Teiles getrennt, so gebührt dem schuldlosen Ehegatten alles, was ihm für den Fall seines Überlebens ausbedungen wurde; solche Ehepakte endigen also durch vorzeitiges Fälligwerden. Soweit die Ehepakte nicht für den Todesfall errichtet wurden, erlöschen sie ebenfalls; dem schuldlosen Teil gebührt jedoch volle Genugtuung. Der Erbvertrag (und per analogiam die Fruchtnießung auf den Todesfall) bleiben dem schuldlosen Ehegatten weiter aufrecht erhalten. Zusammenfassend kann also gesagt werden: Im Falle einer Scheidung dauern die Ehepakte grundsätzlich weiter, soferne nicht der dazu Berechtigte die Aufhebung verlangt. Im Falle einer Trennung endigen sie auf jeden Fall, sei es durch vorzeitiges Fälligwerden, sei es durch Erlöschen.

Der Grund, warum die Ehepakte im Falle einer Trennung endigen, ist der, daß die Ehegatten durch dieselben nicht gebunden sein sollen, wenn sie eine neue Ehe eingehen, ferner, daß Voraussetzung für die Ehepakte der Bestand der Ehe ist. Fällt diese Voraussetzung weg, so müssen notwendigerweise auch die Ehepakte erlöschen, sonst käme es manchmal zu unmöglichen Situationen. Man denke nur an den Fall, daß nach erfolgter Trennung zwischen den Ehegatten eine Gütergemeinschaft weiter besteht und sich nun jeder Ehegatte von neuem verheiratet. Es würde dann zwischen zwei Personen, die ansonsten miteinander gar nichts mehr zu schaffen haben und mit ganz anderen Personen verheiratet sind, eine Gütergemeinschaft weiter bestehen. Insbesondere würde der getrennte Ehemann, der sich wieder verheiratet, seiner neuen Familie gegenüber verhindert sein, seine Pflichten hinsichtlich der Erhaltung der Familie zu erfüllen, da er zufolge der mit dem früheren Ehegatten bestehenden Gütergemeinschaft über sein Vermögen nicht frei verfügen kann. Und ebenso ungerecht wäre es anderseits, wenn der getrennte Ehemann das Heiratsgut, das ihm als Beitrag zu den Kosten des ehelichen Aufwandes übergeben wurde, weiter behalten würde, obwohl die Ehe und der damit verbundene Aufwand gar nicht mehr besteht.

Aus diesen Gründen erscheint es notwendig, im Falle einer Trennung die Ehepakte endigen zu lassen. Wenn daher für Trennung und Scheidung dieselben Bestimmungen gelten sollen, so müssen die gegenwärtigen Bestimmungen über die Scheidung aufgehoben werden und die für die Trennung geltenden Bestimmungen auch auf die Scheidung ausgedehnt werden.

Artikel 45

Zu diesem Zwecke werden die gegenwärtig für die Trennung geltenden Bestimmungen zwar bestehen belassen, sie werden jedoch auch auf die Scheidung ausgedehnt. Demnach erlöschen die Ehepakte sowohl bei der Trennung als bei der Scheidung, wenn die Ehe aus beiderseitigem Verschulden getrennt oder geschieden wird. Ist nur ein Teil schuldig, so erlöschen nur diejenigen Ehepakte, die für den Fall des Bestandes der Ehe gedacht ist. Diejenigen Ehepakte, die für den Fall des Todes des schuldig erklärten Ehegatten geschlossen sind, werden zugunsten des schuldlosen Teiles fällig. Das Erbrecht aus einem Erbvertrag bleibt dem schuldlos geschiedenen Ehegatten aufrecht erhalten. Die gesetzliche Erbfolge kann keiner der beiden Ehegatten ansprechen, er mag schuldlos sein oder nicht. Im allgemeinen wird daher der gegenwärtig für die Trennung geltende Standpunkt beibehalten. Die Bestimmungen über die Trennung aus unüberwindlicher Abneigung entfallen, da die Trennung in dieser Form nach den Bestimmungen des Entwurfes nicht mehr besteht; für die einverständliche Trennung gelten die Bestimmungen des durch Artikel 43 novellierten § 1263.

Ziffer 1

Da § 1266 (nach dem Entwurf § 1264) sowohl für die Scheidung als Trennung zu gelten hat, so wird dies schon in der Überschrift angedeutet und diese daher entsprechend geändert.

Ziffer 2

Der erste Satz gilt gegenwärtig für die einverständliche Trennung von israelitischen Ehen und die Ehetrennung aus gegenseitiger unüberwindlicher Abneigung, also für die Trennung ohne Verschulden. Diese Arten der Trennung, also die einverständliche Trennung, sind bereits im § 1263 geregelt. Dieser Satz wird daher eigentlich gegenstandslos. Würde jedoch dieser Satz einfach gestrichen werden, so würden die übrigen Bestimmungen dieses Paragraphen noch undeutlicher werden, als sie schon gegenwärtig sind. Zur Vermeidung dieser Unklarheiten wird daher schon im ersten Satz ausdrücklich erklärt, daß die Ehepakte mit dem Ausspruch der Trennung oder Scheidung grundsätzlich als erloschen zu gelten haben. Dieser Rechtssatz besteht zwar auch schon gegenwärtig, ist aber im Gesetz nicht ausdrücklich gesagt, sondern mußte erst im Interpretationsweg gewonnen werden. Eine Änderung der bestehenden Bestimmungen wird dadurch also nicht bewirkt, sondern nur der Wortlaut des Paragraphen deutlicher gefaßt.

Ziffer 3

Die Bestimmung, daß über die vermögensrechtliche Auseinandersetzung von den Ehegatten ein Vergleich getroffen werden kann, ist nach Artikel 30 des Entwurfes nicht mehr im § 117, sondern im § 116 enthalten. Der Hinweis auf diese Gesetzesstelle wird daher entsprechend geändert.

Ziffer 4

Durch die Änderung des ersten Satzes verliert der zweite Satz seinen Zusammenhang mit ihm und würde so unverständlich werden; um den Zusammenhang zu wahren, wird sein Anfang neu gefaßt. Daß diese Bestimmungen für die nicht einverständliche Trennung (nach dem Entwurf auch Scheidung) gelten, erhellt schon der erste Satz, weshalb im zweiten Satz der Hinweis darauf entfällt. Im übrigen wird an den Bestimmungen nichts geändert.

Ziffer 5 und 6

Die Bestimmungen des bisher nur für die Trennung geltenden Paragraphen werden auch auf die Scheidung ausgedehnt, was durch entsprechende Einschaltung bewirkt wird.

Artikel 46

Da für die Scheidung und Trennung durch Artikel 44 und 45 gleiche Bestimmungen geschaffen sind, so kann nun der vom Entwurf angestrebte Grundsatz ausgesprochen werden, daß die vermögensrechtlichen Verhältnisse zwischen den Ehegatten dadurch nicht geändert werden, daß die ursprünglich geschiedene Ehe in der Folge getrennt wird. Eine solche Bestimmung würde sich eigentlich von selbst verstehen, soweit es sich um eine gerichtliche Scheidung handelt; sie wird jedoch ausdrücklich aufgestellt, da sie auch für die einverständliche Scheidung zu gelten hat, ferner, um zu verhindern, daß im Falle der Trennung der eine Ehegatte mit neuen Ansprüchen hervortritt, was vermieden werden soll, da er ja schon durch die Scheidung alles empfangen hat, was ihm gebührt, und weil bereits durch die Scheidung die vermögensrechtlichen Verhältnisse zwischen den Ehegatten endgültig bereinigt wurden. Die Vorschrift gilt sowohl, wenn die vermögensrechtlichen Verhältnisse durch das Gesetz (bzw. durch den Richter) geregelt werden, als auch, wenn diese Regelung durch Vergleich erfolgte, es möge sich hierbei um einen Scheidungsvergleich (anläßlich der einverständlichen Scheidung) oder um einen anläßlich der gerichtlichen Scheidung getroffenen Vergleich handeln. Eine Ausnahme gilt nur dann, wenn die Ehegatten anläßlich der Scheidung für den Fall einer späteren Trennung selbst etwas anderes vereinbart haben, welche Verfügungsfreiheit ihnen unbenommen bleiben muß.

Artikel 47

Durch die Neueinschaltung des § 1265, der, da er für die Trennung und Scheidung gilt, unmittelbar hinter die hiefür geltenden Bestimmungen zu treten hat, rückt der gegenwärtige § 1265, der von dem Schicksal der Ehepakte im Falle der Ungültigerklärung der Ehe handelt, um eine Stelle weiter an die Stelle des § 1266, der nach Artikel 45 des Entwurfes zu § 1264 wird.

Ende des ersten Teiles

Zweiter Teil

Einführungsbestimmungen

Erster Abschnitt

Verhältnis zu anderen Gesetzen

Mit der Änderung der Normen des bürgerlichen Gesetzbuches über das Eherecht ist notwendigerweise die Abänderung einiger anderer Gesetze verbunden, die, um Widersprüche zu vermeiden, an die geänderten Bestimmungen des allgemeinen bürgerlichen Gesetzbuches angepaßt werden müssen.

Artikel 48

Durch § 9 der Verordnung der Bundesregierung vom 29. Mai 1922, BGBl. Nr. 315, war bestimmt worden, daß die in Österreich geltenden Bestimmungen über das Eherecht und das Verfahren in Ehesachen im Burgenland nur dann in Kraft treten sollten, wenn nicht früher der burgenländische Landtag mit Beschluß verlangte, daß die bisher in Geltung stehenden Bestimmungen auch weiterhin aufrecht bleiben. Diesen Beschluß hat der burgenländische Landtag am 12. Oktober 1922 tatsächlich gefaßt, so daß gegenwärtig im Burgenland ein besonderes Eherecht gilt, wie es in den ungarischen Gesetzesartikeln XXXI und XXXIII vom Jahre 1894 enthalten ist.

Diesen Zustand will der Entwurf abändern und sieht vor, daß nunmehr auch im Burgenland die im bisherigen Österreich geltenden Bestimmungen in Kraft treten sollen. Der Entwurf, der es sich zur Aufgabe gemacht hat, für ganz Österreich ein einheitliches Eherecht zu schaffen, würde nur halbe Arbeit leisten, wenn er zwar die verschiedenen konfessionellen Eherechte beseitigte, dagegen die verschiedenen territorialen Eherechte bestehen ließe.

Es fehlt auch jede Ursache, dem Burgenland sein territoriales Eherecht weiter zu belassen. Der Grund, warum man dies seinerzeit im Jahre 1922 tat, war der, daß man das schon damals bedenklich angefochtene konfessionelle österreichische Eherecht nicht auch noch auf das Burgenland ausdehnen wollte, sondern diesem Lande sein interkonfessionelles Eherecht mit der Lösbarkeit aller Ehen ohne Rücksicht auf die Konfession der Ehegatten erhalten wollte. Dieser Grund fällt aber durch den Entwurf weg, der ja ein interkonfessionelles Eherecht für ganz Österreich vorsieht.

Dazu kommt, daß das österreichische Eherecht in der Fassung des Entwurfes sich nicht mehr wesentlich von dem Eherecht des Burgenlandes unterscheidet.[1] Beide gehen auf dasselbe Vorbild zurück, das deutsche bürgerliche Gesetzbuch. Im wesentlichen decken sich die Bestimmungen fast. In gewissen Punkten ist jedoch das österreichische Eherecht in der Fassung des Entwurfes liberaler als das burgenländische; der im Jahre 1922 vorhandene Grund, dem Burgenland ein liberales Eherecht zu bewahren, fällt also auch weg; es ist daher nicht einzusehen, warum nicht auch die burgenländischen Landesbürger an den Vorteilen, die den übrigen österreichischen Bundesbürgern durch den Entwurf gewährt werden, teilhaben sollen. Wenn die Bestimmungen des österreichischen Eherechtes in der Fassung des Entwurfes auch auf das Burgenland ausgedehnt werden, so gereicht das diesem Lande sicherlich nicht zum Nachteil, sondern nur zum Vorteil und ist, wie gesagt, hauptsächlich aus dem Grunde der Rechtseinheit wünschenswert.

Artikel 49

Artikel 49 sieht die Aufhebung einiger Hofdekrete aus den Jahren 1814 bis 1837 und 1841 vor, die teils durch entsprechende Textänderungen im allgemeinen bürgerlichen Gesetzbuch durch den ersten Teil des Entwurfes ersetzt und daher überflüssig werden, teils konfessionelle Normen enthalten, die den Bestimmungen des Entwurfes und seinen Bestrebungen, ein interkonfessionelles Eherecht zu schaffen, widersprechen.

---

[1] Abgesehen davon, daß, wenn die Bestimmungen des bürgerlichen Gesetzbuches auf das Burgenland ausgedehnt werden, dann auch im Burgenland an Stelle der Ziviltrauung die kirchliche Trauung gilt. Aber dieser Unterschied gegenüber dem bisherigen Rechtszustand im Burgenland muß dem Gedanken der Rechtseinheit weichen.

Ziffer 1

Ziffer 1 sieht die Aufhebung des Hofdekretes vom 27. Juni 1837 vor, welches bestimmt, daß nach der Auflösung der Ehe ein Nichtigkeitsverfahren nicht mehr von Amts wegen, sondern nur mehr auf Antrag eines daran rechtlich Interessierten, des Kriminalrichters zum Behufe seiner Amtshandlung oder von einer administrativen Behörde im Interesse der Staatsverwaltung eingeleitet wird.

Diese Bestimmung ist aufrecht erhalten geblieben, wurde jedoch durch Artikel 21 des Entwurfes in den Text des bürgerlichen Gesetzbuches (§ 94, Abs. 1) selbst aufgenommen. Maßgebend hiefür war die Erwägung, daß die wichtigsten eherechtlichen Normen womöglich im allgemeinen bürgerlichen Gesetzbuch selbst stehen sollen. Der Entwurf nahm ferner die Gelegenheit wahr, einige veraltete Ausdrücke durch zweckmäßigere zu ersetzen. So wird der Ausdruck „Kriminalrichter" durch den moderneren „Strafrichter" ersetzt und dabei zugleich auf die Bestimmungen der Strafprozeßordnung hingewiesen, welche diesen Fall genau regeln (§ 5 StPO.). Ferner wurden die veralteten Ausdrücke des Hofdekretes: „administrative Behörde" und: „im Interesse der Staatsverwaltung" durch die passenderen Ausdrücke: „Verwaltungsbehörde" und: „im Interesse der öffentlichen Verwaltung" ersetzt. Mit Rücksicht auf diese Änderungen wurde es vorgezogen, lieber den Inhalt des Hofdekretes in den Text des bürgerlichen Gesetzbuches selbst aufzunehmen und das dadurch überflüssig gewordene Hofdekret aufzuheben.

Ziffer 2

Das Hofdekret vom 26. August 1814 stellt das sogenannte Ehehindernis des Katholizismus auf. Das geltende Recht steht auf dem Standpunkt, daß eine Person nur dann eine Ehe eingehen darf, wenn dies nach den Bestimmungen der Religion, der die betreffende Person angehört, zulässig ist; in Ausführung dieses Grundsatzes verbietet das genannte Hofdekret einem katholischen Ehegatten, dessen Ehe getrennt wurde, bei Lebzeiten des anderen Teiles eine neue Ehe einzugehen, da für den katholischen Teil das Band der Ehe weiter besteht. Aber auch ein akatholischer getrennter Ehegatte darf bei Lebzeiten des anderen Teiles nur mit akatholischen Personen eine neue Ehe eingehen, da für jeden Katholiken das Band der Ehe, obschon diese getrennt wurde, noch besteht und er daher dieses Band der Ehe berücksichtigen muß, infolgedessen mit einem getrennten Ehegatten eine neue Ehe nicht eingehen darf.

Abgesehen von dem unlogischen Widerspruch, den diese Bestimmung enthält, daß die Ehe für den einen Teil getrennt, für den anderen als geschieden zu gelten hat, daß das Band der Ehe einerseits besteht, anderseits nicht mehr besteht, stellt diese Bestimmung eine schwere Beeinträchtigung der beiden Ehegatten dar, da sie den katholischen Ehegatten oder einen anderen Katholiken, der mit dem getrennten Ehegatten eine neue Ehe eingehen will, in den Gewissenskonflikt bringt, entweder seinem katholischen Glauben untreu zu werden, oder auf die Eingehung einer neuen Ehe zu verzichten, außerdem widerspricht aber diese Bestimmung den Grundsätzen eines interkonfessionellen Eherechtes. Wenn daher ein interkonfessionelles Eherecht geschaffen werden soll, so müssen die Ehehindernisse, die auf der Konfession des einen Teiles gegründet sind, fallen. Eine Aufhebung dieses Hofdekretes ist aber auch schon deshalb geboten, weil der Entwurf die dispensablen Ehehindernisse aus den im ersten Abschnitt des ersten Teiles angeführten Gründen beseitigt sehen will und das erwähnte Hofdekret ein solches dispensables Ehehindernis aufstellt.

Ziffer 3

Das Hofdekret vom 17. Juli 1835 stellt selbst keine neue Rechtsnorm auf, sondern bezeichnet sich selbst nur als authentische Interpretation des Hofdekretes vom 26. August 1814. Wird daher das Hofdekret vom 26. August 1814 aufgehoben, so muß sich diese Aufhebung auch auf das interpretierende Hofdekret vom 17. Juli 1835 erstrecken.

Ziffer 4

Das Hofkanzleidekret vom 4. Februar 1837 bestimmt, daß das Hofdekret vom 26. August 1814 auf Israeliten, die zur christlichen Religion übergetreten und von dem anderen Ehegatten nach mosaischem Ritus getrennt sind, nicht Anwendung finden soll. Wird daher das Hofdekret vom 26. August 1814 aufgehoben, so wird das Hofkanzleidekret vom 4. Februar 1837 selbstverständlich überflüssig und kann daher entfallen.

Ziffer 5

Das Hofdekret vom 28. Juni 1806 bestimmt, daß die von zwei Israeliten geschlossene Ehe durch den Übertritt eines der Ehegatten zur christlichen Religion in ihren rechtlichen Wirkungen keine wesentliche Änderung erleidet.

Durch Einführung eines interkonfessionellen Eherechtes wird diese Bestimmung natürlich überflüssig, da ja nach dem Entwurf die Konfession auf die Ehe überhaupt keinen rechtlichen Einfluß mehr hat, daher auch ein Konfessionswechsel belanglos ist. Dadurch werden die Bestimmungen des zitierten Hofdekretes bedeutungslos und können entfallen.

Ziffer 6

Ebenso regelt das Hofdekret vom 10. August 1821 die Frage, in welcher Weise bei dem vom Seelsorger vorzunehmenden Versöhnungsversuch vorzugehen ist, wenn von zwei nach mosaischem Ritus getrauten Ehegatten einer zur christlichen Religion übergetreten ist. Da nach dem

Entwurf der Versöhnungsversuch nicht mehr dem Seelsorger (Rabbiner), sondern dem Gericht obliegt, wobei dieses ohne Rücksicht auf die Konfession in allen Fällen in gleicher Weise vorzugehen hat, so wird das genannte Hofdekret hinfällig, weswegen Artikel 49, Z. 6, seine Aufhebung vorsieht.

Ziffer 7 und 8

Die Hofdekrete vom 11. Juni 1813 und 19. Mai 1827 regeln die Frage, in welcher Weise zum Zwecke der Trennung einer mosaischen Ehe bei der Übergabe des Scheidebriefes die Zuziehung eines Bevollmächtigten zulässig bzw. notwendig ist.

Diese Hofdekrete müssen aufgehoben werden, da nach dem Entwurf die Lösung einer Ehe durch Übergabe des Scheidebriefes nicht mehr möglich ist, sondern die Lösung einer Ehe nur mehr durch Urteil im streitigen Verfahren oder durch Gerichtsbeschluß im außerstreitigen Verfahren geschehen kann. Die Lösung der Ehe durch Übergabe des Scheidebriefes war aus dem mosaischen Recht übernommen worden und nur bei mosaischen Ehen zulässig. Mit Rücksicht auf die Einheit des Eherechtes wurde diese Bestimmung gestrichen (Artikel 34 des Entwurfes) und dafür die für nicht jüdische Ehen geltenden Trennungsvorschriften als zweckmäßiger auch auf die israelitischen Ehen ausgedehnt.

Ziffer 9

Das Hofdekret vom 4. Mai 1841 enthält Bestimmungen über die Unterhaltspflicht des Ehemannes, wenn die Ehe aus beiderseitigem Verschulden geschieden wird. An Stelle dieser Vorschriften treten nach dem Entwurf die Bestimmungen des Artikels 35, in welchem auch die Unterhaltspflicht bei beiderseitigem Verschulden eingehend geregelt ist; es muß daher das zitierte Hofdekret als diesen Bestimmungen widersprechend entfallen.

Artikel 50

Die Änderung der Bestimmungen über die Ehehindernisse und Dispensation machen auch die Änderung zweier Bestimmungen des Strafgesetzbuches notwendig, die auf die Bestimmungen des bürgerlichen Gesetzbuches Bezug nehmen.

Ziffer 1

Artikel 9 des Entwurfes schränkt das Ehehindernis der Schwägerschaft auf die auf- und absteigende Linie ein; die Eheschließung zwischen Verschwägerten in der Seitenlinie ist erlaubt. Damit steht aber § 501 des Strafgesetzes in Widerspruch, der den geschlechtlichen Verkehr zwischen Schwager und Schwägerin als strafbar erklärt. Diese beiden einander widersprechenden Bestimmungen können nicht nebeneinander bestehen, da nicht das eine Gesetz etwas verbieten kann, was das andere Gesetz erlaubt. Da nun das bürgerliche Gesetzbuch in der Fassung des Entwurfes die Eheschließung zwischen Schwager und Schwägerin gestattet, so ist dem geschlechtlichen Verkehr zwischen den beiden die Rechtswidrigkeit genommen, weswegen dieser Tatbestand nicht mehr strafbar sein kann. Der Entwurf zieht daraus die Konsequenz und bestraft in Hinkunft den Beischlaf zwischen Schwager und Schwägerin nicht mehr. Im übrigen setzt auch der neue Strafgesetzentwurf diesen Tatbestand nicht mehr unter Strafe, ebenso nicht das deutsche Reichsstrafrecht; es würde also durch Aufnahme dieser Bestimmung ein weiterer Schritt auf dem Gebiete der Rechtsangleichung mit dem Deutschen Reich gemacht werden, und zwar auf dem Gebiete des Strafrechtes.

Ziffer 2 und 3

§ 507 des Strafgesetzes erklärt die Eingehung einer Ehe unter Verschweigung eines bekannten Ehehindernisses als strafbar, wenn von diesem Ehehindernis nicht dispensiert worden ist. Da nach den Bestimmungen des Entwurfes eine Dispensation von Ehehindernissen nicht mehr möglich ist, so sieht Artikel 50, Z. 3, vor, daß im § 507 der Hinweis auf die Dispensation entfällt, während Z. 2 die Überschrift zu diesem Paragraphen entsprechend ändert und in derselben ebenfalls den Hinweis auf die Dispensation streicht.

Artikel 51

Der Entwurf schafft zwei neue Fälle des außerstreitigen Verfahrens, für welche die Zuständigkeit eines Gerichtes geschaffen werden muß, nämlich die einverständliche Trennung und die Trennung einer geschiedenen Ehe auf Antrag eines der beiden Ehegatten.

Ziffer 1

Hinsichtlich des örtlichen Gerichtsstandes für die einverständliche Trennung übernimmt der Entwurf diejenigen Vorschriften, die schon nach geltendem Recht für die (nach den Bestimmungen des Entwurfes der einverständlichen Trennung völlig gleichartige) einverständliche Scheidung und die einverständliche Trennung mosaischer Ehen bestehen und läßt für die einverständliche Trennung dasjenige Bezirksgericht zuständig sein, bei dem der Ehemann (und damit auch die Ehefrau) ihren allgemeinen Gerichtsstand haben. Der Entwurf bewirkt diese Änderung dadurch, daß er im § 114, Abs. 1, der Jurisdiktionsnorm die Worte: „nach § 133 ABGB." entfallen läßt, wodurch diese Gesetzesstelle den Wortlaut erhält: „Zur Bewilligung der einverständlichen Scheidung, sowie der Trennung ist das Bezirksgericht berufen, bei dem der Ehemann seinen allgemeinen Gerichtsstand hat."

Ziffer 2

Soll eine geschiedene Ehe nach Artikel 32 des Entwurfes getrennt werden, so sieht der Entwurf vor, daß dieser Antrag von jedem Ehegatten bei demjenigen Bezirksgericht zu stellen ist, bei dem er seinen allgemeinen Gerichtsstand hat. Der Entwurf trifft diese Bestimmung in Ermangelung eines anderen zweckmäßigeren Gerichtsstandes nach Analogie der Bestimmungen des § 114, Abs. 1, der Jurisdiktionsnorm; der Entwurf läßt aber diesen Antrag jeden Ehegatten bei dem Gericht einbringen, bei dem er seinen Gerichtsstand hat, da bei einer einverständlichen Trennung oder Scheidung die beiden Ehegatten einen gemeinsamen Wohnsitz (§ 70 J.N.) und daher auch einen gemeinsamen allgemeinen Gerichtsstand haben. Dies muß aber nicht mehr der Fall sein, wenn die beiden Ehegatten geschieden sind. Würde man hier nur den Gerichtsstand eines der beiden Ehegatten maßgebend sein lassen, so wäre hierdurch der andere Ehegatte benachteiligt. Nach Analogie der für die Wiedervereinigung geltenden Vorschriften sieht aber der Entwurf bei einer einverständlichen Scheidung (bei einer streitigen Scheidung kommt diese Bestimmung nicht in Betracht, da für die streitige Scheidung ein Bezirksgericht nicht zuständig ist) auch die Zuständigkeit desjenigen Bezirksgerichtes vor, das die Scheidung seinerzeit ausgesprochen hat. Der Grund hiefür ist der, daß sich dieses Gericht ja schon einmal mit der betreffenden Angelegenheit befaßt hat und daher etwa auftauchende Schwierigkeiten um so leichter bereinigen kann.

Artikel 52

Das Hofdekret vom 23. August 1819 regelt das schon im bürgerlichen Gesetzbuch angedeutete Verfahren in Ehesachen. Der Entwurf läßt dieses Hofdekret seinem wesentlichen Inhalte nach bestehen und paßt dieses Hofdekret nur an die geänderten Bestimmungen des bürgerlichen Gesetzbuches an. In einem Punkte trifft er jedoch eine wesentliche Änderung: das Verfahren in Ehetrennungssachen soll sich in Zukunft nicht mehr nach den für das Ungültigkeitsverfahren bestehenden Vorschriften richten, sondern nach den für das Scheidungsverfahren geltenden Bestimmungen.

Der wesentliche Unterschied ist hierbei der: Das Verfahren in streitigen Scheidungsangelegenheiten richtet sich im wesentlichen nach den Vorschriften der Zivilprozeßordnung; insbesondere ist also der Richter nicht verpflichtet, von Amts wegen zu erforschen, inwiefern die Scheidungsklage begründet oder nicht begründet ist, sondern hat nur auf Grund dessen zu urteilen, was die Parteien vorbringen. Im Ungültigkeitsverfahren dagegen hat der Richter von Amts wegen zu erforschen, ob der Antrag auf Ungültigkeitserklärung begründet ist oder nicht, es wird ein Verteidiger des Ehebandes bestellt, der alles vorzubringen hat, was für den Bestand der Ehe spricht und der unter Umständen bis in die zweite und dritte Instanz zu gehen hat. Diese für das Ungültigkeitsverfahren geltenden Vorschriften finden nach geltendem Recht auch auf die Trennung Anwendung.

Das soll nun nach dem Entwurf anders werden. Schon die dritte Gerichtsentlastungsnovelle hatte eine Annäherung des Trennungsverfahrens an das Scheidungsverfahren dadurch bewirkt, daß Trennungsverfahren ebenso wie schon früher Scheidungsverfahren nicht mehr vor einen Senat, sondern vor einen Einzelrichter gehören, wogegen für das Ungültigkeitsverfahren nach wie vor nur ein Senat zuständig ist. Der Entwurf will nun das Trennungsverfahren an das Scheidungsverfahren völlig angleichen.

Maßgebend hiefür sind folgende Erwägungen: Nach geltendem materiellen Recht sind Trennung und Scheidung etwas Verschiedenes und werden von ganz anderen Gesichtspunkten behandelt. Dieser verschiedenartigen materiellrechtlichen Behandlung entspricht dann folgerichtig eine verschiedene prozeßrechtliche Behandlung. Nach dem Entwurf aber werden Scheidung und Trennung materiellrechtlich völlig gleichartig behandelt; der einzige Unterschied besteht darin, daß sich die geschiedenen Ehegatten nicht wieder verehelichen dürfen, die getrennten Ehegatten ja. Dieser gleichartigen Behandlung des materiellen Rechtes entspricht dann auch eine gleichartige Behandlung im Prozeß.

Wichtiger ist folgender Grund: Der Zweck der Bestimmung, daß im Ungültigkeitsverfahren die richterliche Pflicht der materiellen Wahrheitsforschung herrscht und daß es zur Aufstellung eines Ehebandsverteidigers kommt, ist der, daß das geltende Recht nur aus bestimmten triftigen Gründen eine Lösung des Ehebandes, sei es durch Trennung, sei es durch Ungültigkeitserklärung, zuläßt und daß daher verhindert werden soll, daß unter Vorspiegelung eines solchen Grundes im beiderseitigen Einverständnis der Ehegatten ein Scheinprozeß geführt wird, um die Beseitigung des Ehebandes zu bewirken, obwohl ein triftiger Grund nicht vorliegt. Diese Erwägung gilt aber dort nicht, wo die Ehegatten einverständlich eine Aufhebung ihrer ehelichen Gemeinschaft erzielen können, denn einerseits könnte es der Gesetzgeber hier nicht verhindern, daß die Aufhebung der ehelichen Gemeinschaft oder eine Lösung des Ehebandes ohne triftige Gründe erzielt wird, da es ja den Ehegatten freisteht, im außerstreitigen Verfahren die einverständliche Lösung oder Aufhebung zu erreichen, woran sie nicht gehindert werden könnten; andererseits aber wird es nur dort zu einem Prozeß kommen, wo zwischen den Ehegatten kein Einverständnis herrscht; dann aber wird der beklagte Ehegatte, da er ja die Aufhebung der Ehe gar nicht will (sonst würden die Ehegatten ja nicht prozessieren), selbst daran interessiert sein, daß der klagende Teil den Prozeß nicht gewinnt und wird sich daher mit allen Mitteln zur Wehr setzen, so daß die Gefahr eines Scheinprozesses oder einer nicht gründlichen Erörterung der Sache ausgeschlossen erscheint.

In folgerichtiger Anwendung dieses Grundsatzes läßt das geltende Recht eine Verteidigung des Ehebandes und die Pflicht des Richters, von Amts wegen die Begründung der Klage zu erforschen, dort nicht eintreten, wo es den Ehegatten möglich ist, die Aufhebung ihrer Ehe auch einverständlich zu bewirken, das ist der Fall bei der Scheidung von Tisch und Bett im streitigen Verfahren und bei der Trennung israelitischer Ehen; dagegen wird ein Ehebandsverteidiger aufgestellt im Ungültigkeitsverfahren und im Trennungsverfahren akatholischer christlicher Ehen, da in beiden Fällen nur aus bestimmten triftigen Gründen die Ehe für ungültig erklärt oder getrennt werden kann; denn auch die Trennung wegen unüberwindlicher Abneigung ist keine einverständliche Trennung, da es den Ehegatten nicht in die Hand gegeben ist, die Trennung zu erzwingen. Denn die unüberwindliche Abneigung ist nicht ein bloßer Trennungsvorwand, sondern muß bewiesen werden (nach mehrfachen Entscheidungen des Obersten Gerichtshofes) und es muß die Trennung nicht sofort bewilligt werden, sondern es kann unter Umständen zunächst auf Scheidung, allenfalls zu wiederholten Malen erkannt werden. Es ist also auch hier die Möglichkeit gegeben, daß die Ehegatten, anstatt sich wegen unüberwindlicher Abneigung trennen zu lassen, es vorziehen, einen anderen fingierten Trennungsgrund anzugeben, um so ihre Trennung rascher und sicherer zu bewirken.

Nach dem Entwurf aber ist eine einverständliche Trennung zulässig; die Möglichkeit des Gesetzgebers, eine Trennung nur aus bestimmten Gründen zuzulassen, entfällt. Die Ehegatten werden daher, wenn sie mit der Trennung einverstanden sind, diese Trennung gar nicht mehr im Klageweg zu erlangen suchen; die Möglichkeit, Trennungen nur aus triftigen Gründen zuzulassen, besteht daher nicht mehr. Andererseits aber werden Scheinprozesse nicht mehr vorkommen, denn nur dann wird ein Ehegatte die Trennungsklage erheben, wenn der andere Teil nicht zustimmt. Dann aber bedarf es keines Ehebandsverteidigers und keiner richterlichen Pflicht nach der materiellen Wahrheitsforschung; der beklagte Ehegatte, gegen dessen Willen die Trennungsklage erhoben wurde, wird natürlich alles vorbringen, um diese Klage zu widerlegen; er selbst wird das Band der Ehe besser und energischer verteidigen als ein vom Staat bestellter Rechtsanwalt, da ja die Wirkungen des Prozesses ihn selbst betreffen. Denn wäre der beklagte Ehegatte mit der Trennung einverstanden, dann hätte ja der andere Ehegatte gar nicht klagen brauchen, sondern die beiden Teile hätten sich einverständlich trennen lassen.

Endlich muß noch folgendes bedacht werden: Der Entwurf sieht vor, daß eine geschiedene Ehe auf Antrag eines der beiden Ehegatten getrennt werden kann. Wenn man nun das Ehetrennungsverfahren unnötig kompliziert und verteuert (denn das Ehetrennungsverfahren ist nach den Bestimmungen des geltenden Rechtes weitaus teurer als das Scheidungsverfahren, da ja die Parteien die Kosten des Ehebandsverteidigers tragen müssen und dieser den Parteien weitere Kosten dadurch verursachen kann, daß er auch bei völlig klarem Sachverhalt in die zweite und dritte Instanz hinaufgeht), so werden es die Parteien vorziehen, an Stelle des umständlichen und kostspieligen Trennungsverfahrens lieber das billigere, raschere und bequemere Scheidungsverfahren zu wählen und dann, wenn die Ehe rechtskräftig geschieden ist, im außerstreitigen Verfahren die Trennung beantragen, die ihnen bewilligt werden muß. Die etwaige Absicht des Gesetzgebers, die Trennung einer Ehe schwieriger zu gestalten als die Scheidung, könnte also von den Parteien ohne weiteres hintertrieben werden; schon deshalb wäre eine Erschwerung des Ehetrennungsverfahrens gegenüber dem Scheidungsverfahren zwecklos.

Ziffer 1

Das Hofdekret vom 23. August 1819 zerfällt in zwei Teile; der erste Teil gilt nach geltendem Recht nur für die Scheidung; durch eine Änderung der Überschrift soll nun angedeutet werden, daß die Bestimmungen des ersten Teiles in Hinkunft auch für die Trennung zu gelten haben.

Ziffer 2

§ 3 des Hofdekretes bestimmt, daß dann, wenn eine Scheidungsklage offenbar begründet ist, der Richter den Beklagten bewegen soll, freiwillig in eine (einverständliche) Scheidung auf bestimmte oder unbestimmte Zeit einzuwilligen. Da es aber nach den Bestimmungen des Entwurfes eine Scheidung auf bestimmte Zeit nicht mehr gibt, so hat die darauf bezugnehmende Bestimmung zu entfallen.

Ziffer 3

§ 8 des Hofdekretes bestimmt, daß dann, wenn die Ehegatten über die vermögensrechtliche Auseinandersetzung und Unterhaltspflicht sich im Falle einer Scheidung nicht geeinigt haben, eine Scheidung nur aus den im Gesetz aufgezählten Gründen möglich ist. Das Hofdekret verweist hierbei auf den § 109 ABGB., der diese Gründe enthält. Nach dem Entwurf sind solche Gründe auch im § 110 ABGB. enthalten, weshalb der Entwurf diese Gesetzesstelle entsprechend ändert.

Ziffer 4

§ 12 des Hofdekretes bestimmt, daß im streitigen Scheidungsverfahren im Urteil auszusprechen ist, ob ein Teil, beide Teile oder keiner von beiden an der Scheidung Schuld tragen. Da nach dem Entwurf eine

Scheidung ohne Verschulden eines der beiden Teile im streitigen Verfahren nicht mehr möglich ist, so muß § 12 des Hofdekretes entsprechend geändert werden.

Ziffer 5

Die §§ 1 bis 12 des Hofdekretes reden nur von der Scheidung. Der Entwurf dehnt diese Bestimmungen auch auf die Trennung aus durch Einschaltung eines diesbezüglichen Paragraphen, welcher besagt, daß die Bestimmungen über das Scheidungsverfahren auch auf das Trennungsverfahren Anwendung finden sollen. Als besonderer Umstand wird hierbei ausdrücklich erwähnt, daß die Aufstellung eines Ehebandsverteidigers nicht mehr stattfindet, einerseits, um den Gegensatz zwischen bisherigem und neuem Recht hervorzuheben, andererseits, weil ja im Trennungsverfahren auch das Band der Ehe angegriffen wird, was allenfalls zu der irrigen Absicht Anlaß geben könnte, daß nach Analogie des Ungültigkeitsverfahrens auch im Trennungsverfahren ein Ehebandsverteidiger aufzustellen sei. Die übrigen wesentlichen Änderungen ausdrücklich zu erwähnen, ist überflüssig, da sich dies nach dem Wortlaut der Gesetzesstelle dann von selbst versteht: das streitige Trennungsverfahren ist ein Zivilprozeß, auf welchen die Bestimmungen der Zivilprozeßordnung im vollen Umfang Anwendung finden, da abweichende Bestimmungen nicht mehr bestehen.

Ziffer 6

Der zweite Teil des Hofdekretes enthält die Bestimmungen, die nach gegenwärtigem Rechte gemeinsam für das Ungültigkeitsverfahren und das Trennungsverfahren gelten. Der Entwurf schränkt diese Bestimmungen auf das Ungültigkeitsverfahren (Nichtigkeitsverfahren und Anfechtungsverfahren) ein und bringt dies bereits in der Überschrift zum Ausdruck.

Ziffer 7

Im § 13 (nach dem Entwurf § 14) des Hofdekretes werden die gegenwärtig für das Ungültigkeitsverfahren und Trennungsverfahren der Ehe geltenden Vorschriften auf das Ungültigkeitsverfahren eingeschränkt, indem der Hinweis auf die Trennung entfällt, da ja der Entwurf das Trennungsverfahren nicht mehr nach den Vorschriften des Ungültigkeitsverfahrens, sondern nach denen des Scheidungsverfahrens behandelt sehen will.

Ziffer 8

lit. a und b

Ebenso entfällt im § 14 (nach dem Entwurf § 15) der Hinweis auf die Trennung (das Hofdekret gebraucht hierbei für die Trennung das Wort: Auflösung), wodurch bewirkt wird, daß diese Bestimmungen nur mehr für das Ungültigkeitsverfahren gelten.

lit. c

Der § 14 (nach dem Entwurf § 15) enthält gleichzeitig auch eine Bestimmung über das Beweisverfahren, indem er den im § 99 ABGB. enthaltenen Grundsatz, daß im Ungültigkeitsverfahren das Beweismittel der Parteienvernehmung unzulässig ist, dahin ausführt, daß der Richter die Verhandlung so zu führen hat, daß der Bestand oder Nichtbestand des Rechtes, die Ungültigkeitserklärung der Ehe zu verlangen, ohne Rücksicht auf die Aussagen der Ehegatten klar erwiesen wird. Da nun § 98 ABGB. in der Fassung des Artikels 22 des Entwurfes im Anfechtungsverfahren, das ja eine Art des Ungültigkeitsverfahrens ist, das Beweismittel der Parteienvernehmung in beschränktem Umfang zuläßt, so war es auch notwendig, die Vorschriften des § 14 (§ 15) dahin abzuändern, daß Parteienvernehmung unter gewissen Umständen zulässig ist, wobei auf den vom Entwurf projektierten § 98 ABGB. verwiesen wird.

Ziffer 9

Im § 15 (nach dem Entwurf § 16) wird der Hinweis auf die Trennung gestrichen, da der genannte Paragraph ja darauf keine Anwendung mehr finden soll, sondern für die Trennung die Vorschriften des Scheidungsverfahrens gelten.

Ziffer 10

§ 16 des Hofdekretes, der den Richter anweist, im Nichtigkeitsverfahren dann, wenn das Ehehindernis dispensabel ist, sich zu bemühen, die Ehegatten wieder zu vereinigen und sie zu veranlassen, nach erfolgter Dispensation sich wieder zu verehelichen, muß entfallen, da nach den Bestimmungen des Entwurfes eine Dispensation nicht mehr möglich ist.

Ziffer 11

Ziffer 11 streicht im § 17 des Hofdekretes jene Bestimmungen, die auf die Trennung hinweisen, da die Bestimmungen dieses Paragraphen ja in Zukunft nur mehr für das Ungültigkeitsverfahren gelten sollen.

Ziffer 12

lit. a und b

Dasselbe geschieht im § 18 des Hofdekretes.

lit. c

§ 18 des Hofdekretes weist den Ehebandsverteidiger an, daß er, wenn die Ehe durch das Urteil des Gerichtes für ungültig erklärt wird, die Berufung an die zweite Instanz, wenn aber auf die Ungültigkeit einer Ehe, deren einer Teil wenigstens katholisch ist, erkannt wird, auch die Revision an den Obersten Gerichtshof zu ergreifen hat. Es würde jedoch dem Gedankengang des Entwurfes, der ein interkonfessionelles Eherecht schaffen will, widersprechen, würde man für katholische Ehen eine Sonderbestimmung bestehen lassen. Es bleibt daher die Wahl, wie es nach geltendem Recht für akatholische Ehen der Fall ist, in keinem Fall die Revision an den Obersten Gerichtshof zwingend vorzuschreiben, oder aber, wie es nach geltendem Recht für katholische Ehen der Fall ist, in jedem Fall die Revision zwingend vorzuschreiben. Der Entwurf wählt das letztere und schreibt vor, daß dann, wenn auf die Ungültigkeit der Ehe erkannt wird, in jedem Falle bis in die dritte Instanz gegangen werden muß, also auch dann, wenn die Ehegatten nicht katholisch sind.

Maßgebend hiefür sind folgende Erwägungen: Zunächst liegt die Erhaltung einer Ehe im öffentlichen Interesse und daher ist schon deshalb ein möglichst wirksamer Schutz der Ehe erforderlich. Aber nicht nur die Öffentlichkeit, sondern auch dritte Personen können an der Gültigkeit der Ehe ein privates Interesse haben, so insbesonders die Kinder aus der Ehe, deren Ehelichkeit durch die Annullierung der Ehe gefährdet sein kann, aber auch andere Personen können an der Gültigkeit der Ehe interessiert sein, im Gegensatz zur Scheidung oder Trennung, die immer nur zwischen den Ehegatten selbst wirkt. Da nun das öffentliche Interesse und das Interesse von Privatpersonen so sehr an der Gültigkeit der Ehe beteiligt sind, so ist im Interesse all dieser eine gründliche und genaue Überprüfung der Gültigkeit oder Ungültigkeit der Ehe unbedingt geboten. Endlich muß aber auch noch an den Fall gedacht werden, daß eine Ehe in Wirklichkeit gültig ist, aber von den beiden unteren Instanzen, von den Ehegatten und vom Ehebandsverteidiger irrtümlich für ungültig gehalten wird und daß, da all diese Personen von der Ungültigkeit der Ehe fest überzeugt sind, eine Revision an die dritte Instanz, schon zur Vermeidung von weiteren Kosten, erst gar nicht versucht wird. Dadurch, daß so das unrichtige Urteil der zweiten Instanz in Rechtskraft erwächst, wäre dann diese Ehe zu Unrecht für ungültig erklärt. Um dies zu vermeiden, ist es besser, auf jeden Fall den Rechtszug an die dritte Instanz Platz greifen zu lassen. Die Ungültigkeitserklärung einer Ehe kann so weitgreifende Folgen nach sich ziehen, daß die sichere Gewähr bestehen muß, daß die Ehe tatsächlich ungültig ist. Diese Gewähr ist aber nur dann geboten, wenn der Fall von drei Instanzen erörtert und überprüft wurde und wenn sich der Oberste Gerichtshof selbst mit der Sache befaßt, da hier die Gefahr eines Fehlurteiles wohl nicht besteht.

Ziffer 13

§ 19 des Hofdekretes schreibt gemäß § 122 ABGB. (nach dem Entwurf § 84 ABGB.) vor, daß in dem Fall, daß eine Ehe, sei es durch Ungültigkeitserklärung, sei es durch Trennung aufgehört hat zu bestehen, dieser Umstand im Eheregister angemerkt werden soll und daß zu diesem Zwecke das erkennende Gericht das Matrikenorgan zu verständigen hat. Diese Bestimmung wird unberührt gelassen; es wird nur der Hinweis auf den § 122 ABGB. durch den Hinweis auf den § 84 ABGB., der nach den Bestimmungen des Entwurfes die diesbezügliche Vorschrift enthält, ersetzt. Zum Schlusse wird noch die Bestimmung hinzugefügt, daß dann, wenn eine Ehe im außerstreitigen Verfahren getrennt wird (sei es einverständlich, sei es auf einseitigen Antrag eines der beiden Ehegatten nach erfolgter Scheidung), das Gericht das Matrikenorgan ebenfalls zu verständigen hat, da auch in diesem Falle aus dem Eheregister ersichtlich sein muß, daß die Ehe gelöst wurde. Wird die Ehe auf einseitigen Antrag eines der beiden Ehegatten nach ausgesprochener Scheidung getrennt, so ist außerdem der andere Ehegatte zu verständigen, eine Bestimmung, die sich nicht ohne weiters von selbst versteht, da ja der andere Ehegatte an diesem außerstreitigen Verfahren nicht weiter beteiligt ist. Eine solche Verständigung ist aber notwendig, da ja auch der andere Ehegatte wissen muß, ob das Band seiner Ehe noch weiter besteht oder nicht, schon deshalb, damit er nicht etwa in Unkenntnis der bereits erfolgten Trennung seinerseits eine solche bei seinem Gerichte beantragt.

Artikel 53

Durch die Einführung der Zivilprozeßordnung ist das Hofdekret vom 23. August 1819 zum Teil derogiert worden. Um Klarheit darüber zu schaffen, welche Normen noch bestehen und um das Hofdekret gleichzeitig dem durch die Zivilprozeßordnung geschaffenen Rechtszustand anzugleichen, erließ das Justizministerium am 9. Dezember 1897 eine Verordnung, betreffend das Verfahren in streitigen Ehesachen (RGBl. 283). Diese Verordnung enthält die aufrecht gebliebenen Bestimmungen des Hofdekretes vom 23. August 1819, ist mit ihm an vielen Stellen wörtlich gleichlautend, da es, wie gesagt, selbst keine neuen Normen aufstellt, sondern nur klarstellt, welche Normen des Hofdekretes durch die Einführung der Zivilprozeßordnung noch bestehen. Wird daher das Hofdekret vom 23. August 1819 abgeändert, so müssen sich diese Abänderungen, die größtenteils genau dieselben sind wie bei dem erwähnten Hofdekret, auch auf die Verordnung vom 9. Dezember 1897 erstrecken.

Ziffer 1

§ 1 der Verordnung erklärt, auf welche Verfahren die Verordnung Anwendung findet und verweist hierbei auf die §§ 94, 97 und 107 ABGB.; die in diesem Paragraphen vorgesehenen Verfahren sind nach dem Entwurf in den §§ 94, 97, 98 und 108 ABGB. angedeutet, weswegen eine Änderung der betreffenden Gesetzesstelle zu erfolgen hat.

Ziffer 2

Siehe Begründung zu Artikel 52, Z. 1.

Ziffer 3

Nach geltendem Recht ist vor der Scheidung ein Versöhnungsversuch mit dem Ehegatten zu machen; dieser Versuch kann sowohl vom Seelsorger als vom Gericht vorgenommen werden; auf diese beiden Möglichkeiten des Versöhnungsversuches verweist § 2 der Verordnung. Da aber nach den Bestimmungen des Entwurfes (§ 108 ABGB. in der Fassung des Artikels 29) der Versöhnungsversuch nur mehr dem Gericht obliegt, so wird die Stelle, die auf den Versöhnungsversuch durch den Seelsorger hinweist, gestrichen.

Ziffer 4

Siehe Begründung zu Artikel 52, Z. 2.

Ziffer 5

Siehe Begründung zu Artikel 52, Z. 4.

Ziffer 6

Siehe Begründung zu Artikel 52, Z. 3.

Ziffer 7

Siehe Begründung zu Artikel 52, Z. 5.

Ziffer 8

Siehe Begründung zu Artikel 52, Z. 6.

Ziffer 9 und 10

In den §§ 8 und 9 der Verordnung, die Bestimmungen für das Ungültigkeitsverfahren und Trennungsverfahren enthalten, wird der Hinweis auf die Trennung gestrichen, da die Trennung in Hinkunft sich nicht mehr nach den für das Ungültigkeitsverfahren geltenden Bestimmungen richten soll.

Ziffer 11

lit. a, b und e

Dasselbe geschieht in § 10 der Verordnung.

lit. c

Siehe Begründung zu Artikel 52, Z. 8, lit. c.

lit. d

Durch Artikel 52, Z. 8, wird der § 14 des Hofdekretes vom 23. August 1819, worauf § 10 der Verordnung hinweist, zu § 15, weswegen eine Abänderung des Hinweises in diesem Paragraphen erfolgen muß.

Ziffer 12 und 13

In den §§ 11, 12 und 13 der Verordnung wird der Hinweis auf die Trennung gestrichen, da die in diesem Paragraphen aufgestellten Bestimmungen nur mehr für das Ungültigkeitsverfahren gelten sollen; da ferner nach Artikel 52, Z. 9, des Entwurfes der gegenwärtige § 15 des Hofdekretes vom 23. August 1819 zu § 16 wird, so wird auch der Hinweis auf diesen Paragraphen im § 13 der Verordnung entsprechend geändert.

Ziffer 14

Siehe Begründung zu Artikel 52, Z. 10.

Ziffer 15

Die gegenwärtig für das Ungültigkeits- und Trennungsverfahren geltenden Bestimmungen des § 15 der Verordnung werden auf das Ungültigkeitsverfahren eingeschränkt.

Ziffer 16

Siehe Begründung zu Artikel 52, Z. 12.

Ziffer 17

Siehe Begründung zu Artikel 52, Z. 13.

Ziffer 18

§ 18 der Verordnung bestimmt, daß das Hofdekret vom 13. November 1816, welches prozeßrechtliche Bestimmungen über das Ungültigkeitsverfahren und Trennungsverfahren bei mosaischen Ehen enthält, unberührt bleibt. Da jedoch Artikel 54 des Entwurfes die Aufhebung dieses Hofdekretes vorsieht, so wird § 18 der Verordnung gegenstandslos und muß entfallen.

Artikel 54

Das Hofdekret vom 13. November 1816 bestimmt, daß im Ungültigkeitsverfahren und Trennungsverfahren, soweit es sich um mosaische Ehen handelt, die Aufstellung eines Ehebandsverteidigers nicht stattfindet. Soweit es sich um das Trennungsverfahren handelt, wird diese Bestimmung durch den Entwurf bedeutungslos, da dieser bestimmt, daß im Trennungsverfahren ein Ehebandsverteidiger überhaupt nicht mehr aufgestellt wird. Der Entwurf will jedoch die Bestimmungen dieses Hofdekretes auch, soweit es sich um das Ungültigkeitsverfahren handelt, aufheben, so daß in Hinkunft auch bei der Ungültigkeitserklärung israelitischer Ehen ein Ehebandsverteidiger aufzustellen wäre. Diese Bestimmung sieht der Entwurf deshalb als gerechtfertigt an, weil erst durch die Aufhebung dieses Hofdekretes eine völlige Gleichstellung aller Ehen ohne Rücksicht auf die Konfession in prozeßrechtlicher Hinsicht bewirkt wird, während, solange dieses Hofdekret aufrecht bleibt, für Ehen von Angehörigen einer bestimmten Konfession, nämlich für Israeliten, noch immer eine Ausnahme bestünde. Eine solche Ausnahme erscheint aber um so weniger gerechtfertigt, als mit der Einführung eines interkonfessionellen Eherechtes der Staat an allen Ehen das gleiche Interesse haben muß, alle Ehen auf gleiche Weise zu schützen hat und konfessionelle Ausnahmen nicht kennen darf. Außerdem können durch die Ungültigerklärung einer mosaischen Ehe die Interessen dritter Personen genau so berührt werden, wie durch Ungültigerklärung einer nicht jüdischen Ehe. Endlich muß aber bedacht werden, daß dieses Hofdekret den Israeliten ein gewisses Privileg gewähren will, welches in der mosaischen Religion begründet ist, die das Institut des Ehebandsverteidigers nicht kennt. Da aber der Entwurf Religionsprivilegien nicht mehr kennt, so kann auch dieses Religionsprivileg nicht unberührt gelassen werden, weshalb dieses Hofdekret aufgehoben werden muß.

Artikel 55

Nach geltendem Recht muß ein Ehegatte, der, nachdem der andere Teil für tot erklärt worden ist, eine neue Ehe eingehen will, um die sogenannte feierliche Todeserklärung ansuchen, das ist ein besonderes Verfahren, welches in dem Ausspruch des Gerichtes gipfelt, daß der Abwesende für tot zu halten und die Ehe getrennt sei. Diese Bestimmung ist in den gegenwärtigen §§ 112 bis 114 ABGB. enthalten. Das Verfahren hierzu regelt § 9 des Gesetzes vom 16. Februar 1883 über die Todeserklärung (novelliert durch § 4 des Gesetzes vom 31. März 1918).

Der Entwurf jedoch regelt die Wiederverehelichung im Falle einer Todeserklärung anders; will der zurückgebliebene Ehegatte nach erfolgter Todeserklärung des anderen Teiles zu einer neuen Ehe schreiten, so bedarf es nicht mehr eines besonderen prozessualen Schrittes, sondern das Band der Ehe wird gelöst, sobald der zurückgebliebene Ehegatte zu einer neuen Ehe schreitet. Die feierliche Todeserklärung und das dieselbe regelnde Verfahren entfällt daher, weswegen der Entwurf die Aufhebung des § 9 des Gesetzes vom 16. Februar 1883, der dieses Verfahren regelt, sowie die Aufhebung des diesen Paragraphen novellierenden § 4 des Gesetzes vom 31. März 1918 vorsieht.

Zweiter Abschnitt

Übergangsbestimmungen

Artikel 56

Nach § 5 ABGB. erstreckt sich die Wirksamkeit eines Gesetzes grundsätzlich nur auf solche Rechtsverhältnisse, die seit dem Zeitpunkt seines Inkrafttretens zustande gekommen sind. Dies würde bedeuten, daß der

Entwurf auf solche Ehen, die vor seinem Inkrafttreten geschlossen wurden, noch keine Anwendung findet; insbesonders wären also katholische Ehen, die vor dem Inkrafttreten der Eherechtsnovelle geschlossen wurden, auch nach dem Inkrafttreten dieses Gesetzesentwurfes noch unlösbar. Da aber der Zweck dieses Entwurfes offenbar der sein soll, auch die gegenwärtigen Übelstände zu beseitigen, so wird der Eherechtsnovelle rückwirkende Kraft verliehen. Es sind demnach alle Ehen, sobald der Entwurf Gesetz wird, nicht mehr nach konfessionellem, sondern nach interkonfessionellem Eherecht zu beurteilen, auch wenn diese Ehen früher geschlossen worden sind.

Artikel 57

Der Entwurf sieht in Artikel 48 vor, daß die Bestimmungen des bürgerlichen Gesetzbuches auch für das Burgenland zu gelten haben. Es tritt daher im Burgenland an Stelle der bisherigen Ziviltrauung die kirchliche Trauung und das kirchliche Aufgebot. Um nun denjenigen Brautleuten, die vor dem Inkrafttreten der Eherechtsnovelle bereits ganz oder teilweise durch die Zivilbehörde aufgeboten waren, zu ersparen, daß sie sich nun auch noch in der Kirche aufbieten lassen müssen, wodurch ihre Eheschließung um weitere drei Wochen verzögert werden würde, so gestattet der Entwurf, daß diejenigen Brautleute, deren Zivilaufgebot vor dem Inkrafttreten der Eherechtsnovelle bereits ganz oder teilweise stattgefunden hat, auch nach ihrem Inkrafttreten noch eine Zivilehe eingehen können.

Artikel 58

Durch Artikel 14 wird für diejenigen Ehen, die im Eheregister (Trauungsbuch) eingetragen sind, eine Vermutung ihrer Gültigkeit aufgestellt. Um die vor dem Inkrafttreten der Eherechtsnovelle geschlossenen Ehen den nach ihrem Inkrafttreten geschlossenen Ehen gleichzustellen, wird bestimmt, daß die Gültigkeitsvermutung des Artikels 14 (§ 83) auch auf die vorher geschlossenen Ehen Anwendung findet.

Artikel 59

Nach Artikel 56 erstreckt sich die Wirksamkeit der Eherechtsnovelle auf alle Ehen, die zur Zeit ihres Inkrafttretens gültig bestehen. Damit ist aber schon gesagt, daß die Frage, ob eine Ehe gültig ist oder nicht, nach bisherigem Recht zu beurteilen ist, wenn sie vor dem Inkrafttreten der Eherechtsnovelle geschlossen wurde. Ist die Ehe einmal ungültig, dann kann sie an sich noch nicht dadurch gültig werden, daß die Bestimmungen des Entwurfes ihrer Gültigkeit kein Hindernis mehr in den Weg legen würden; dies könnte nur auf Grund einer besonderen gesetzlichen Bestimmung geschehen. Eine solche gesetzliche Sanierung wäre zwar möglich, hätte aber gar keinen ersichtlichen Zweck, weshalb davon abgesehen wird.

Dasselbe gilt von dem Recht, eine Ehe anfechten zu können. Hier hält sich der Entwurf an § 5 ABGB.: Gesetze haben auf vorher erworbene Rechte keinen Einfluß. War ein Ehegatte schon früher berechtigt, die Ehe anzufechten, so wird ihm dieses Recht nicht genommen. Umgekehrt wird aber die Gültigkeit einer nach geltendem Recht unanfechtbaren Ehe nicht dadurch berührt, daß diese nach den Bestimmungen des Entwurfes anfechtbar wäre, da eine Tatsache, die im Zeitpunkte ihrer Ereignung keine rechtliche Wirkung hatte, nicht in der Folge eine solche plötzlich hervorbringen kann.

Artikel 60

Mit dem Inkrafttreten der Eherechtsnovelle werden Ehen, die nach geltendem Recht ungültig sind, an sich zwar noch nicht gültig; es muß aber in diesem Falle wenigstens die Möglichkeit belassen werden, die Ungültigkeit der Ehe auf eben dieselbe Weise zu beheben, wie dies bisher geschehen konnte. Die Ehegatten können daher von dem Ehehindernis, wenn es dispensabel war, auch nach dem Inkrafttreten der Eherechtsnovelle noch Dispens erwirken; die Bestimmung des neuen § 87 (Artikel 19), daß eine Dispens nicht erteilt werden darf, findet auf solche Ehen noch keine Anwendung. Mit diesem Dispens, der notwendig ist, um das Ehehindernis auch rückwirkend zu beheben, können die Ehegatten dann eine neuerliche Eheschließung vornehmen, wodurch nach dem gegenwärtigen § 88 die Ehe als von Anfang an gültig anzusehen ist.

Artikel 61

Um alle Probleme und Konflikte auf dem Gebiete des Eherechtes in befriedigender Weise zu bereinigen, sieht sich der Entwurf genötigt, auch zur Frage der „Dispensehen", d. h. jener Ehen, die unter Dispens vom Ehehindernis des Ehebandes (§ 62 ABGB.) geschlossen wurden, Stellung zu nehmen. Die einzige befriedigende Lösung ist hierbei selbstverständlich die, daß alle Dispensehen für gültig erklärt werden, soweit sie noch bestehen, d. h. soweit sie nicht bereits durch rechtskräftige Ungültigerklärung beseitigt wurden. Es möge hierbei besonders betont werden, daß damit nicht entschieden werden soll, ob die Ansicht des Obersten Gerichtshofes oder die des Verfassungsgerichtshofes die richtige ist, sondern es soll nur der Streit um die Dispensehen beseitigt werden. In seinem Gutachten an den Nationalrat hat der Oberste Gerichtshof selbst vorgeschlagen, durch Gesetzgebungsakt die Dispensehen zu sanieren. Der Entwurf greift nur diesen Vorschlag auf und führt ihn durch.

Artikel 62

Werden die Dispensehen für gültig erklärt, dann muß selbstverständlich das Band der früheren Ehe, von dem dispensiert wurde, erlöschen, denn wenn man die frühere Ehe neben der Dispensehe weiter bestehen ließe, dann wäre in Österreich die Bigamie gesetzlich eingeführt. Wenn daher einer der Ehegatten der früheren Ehe eine Dispensehe eingegangen ist, die nach Artikel 61 als gültig anzusehen ist, d. h. nicht vor dem Inkrafttreten der Eherechtsnovelle für ungültig erklärt wurde, dann ist die frühere Ehe als getrennt anzusehen, und zwar von dem Augenblick an, da die neue Dispensehe zustande kam; die durch den Entwurf verfügte Trennung der früheren Ehe wird daher auf den Zeitpunkt der Eingehung der Dispensehe zurückbezogen.

Artikel 63

Durch Artikel 56 sind bereits die Vollehen der Wirksamkeit der Eherechtsnovelle unterstellt. Durch diesen Artikel geschieht dies auch hinsichtlich der getrennten und geschiedenen Ehen. Die Frage, welche Wirkung die Trennung und die Scheidung hervorbringen, ist demnach bereits nach den Bestimmungen des Entwurfes zu beurteilen, auch wenn die Trennung oder Scheidung vor dem Inkrafttreten der Eherechtsnovelle ausgesprochen wurde. Hinsichtlich der Trennung besteht zwischen dem geltenden Recht und den Bestimmungen des Entwurfes kein wesentlicher Unterschied, ausgenommen vielleicht, daß die Bestimmungen über das Recht der getrennten Frau auf den Namen des Ehemannes (Artikel 31, § 117, Abs. 2 bis 5) auch dann zur Anwendung kommen werden, wenn die Ehe vor dem Inkrafttreten der Eherechtsnovelle getrennt wurde. Auf die Scheidung bezogen, bedeutet diese Bestimmung hauptsächlich, daß die geschiedenen Ehegatten von der gegenseitigen Verpflichtung zur ehelichen Treue entbunden werden.

Der zweite Absatz des Artikels 63 ist für das Burgenland bestimmt. Das burgenländische Eherecht (Ungarischer Gesetzesartikel XXXI ex 1894) nennt die Ehetrennung im Sinn des bürgerlichen Gesetzbuches: „Lösung"; die Scheidung im Sinne des bürgerlichen Gesetzbuches nennt das burgenländische Recht „Trennung". Diese Terminologie des burgenländischen Eherechtes wird an den Sprachgebrauch des bürgerlichen Gesetzbuches, sobald dieses gemäß Artikel 48 auch auf dem Gebiete des Eherechtes im Burgenland in Kraft tritt, durch Artikel 63, Abs. 2, sinngemäß angepaßt.

Artikel 64

Gemäß Artikel 63 ist die Wirkung einer Scheidung nach den Bestimmungen des Entwurfes zu beurteilen, auch wenn sie vor dem Inkrafttreten der Eherechtsnovelle ausgesprochen wurde. Dies gilt dann insbesonders auch von der Bestimmung, daß die Scheidung auf Antrag eines Ehegatten in eine Trennung umgewandelt werden kann. Daß dies auch dann möglich ist, wenn die Scheidung vor dem Inkrafttreten der Eherechtsnovelle ausgesprochen wurde, wird durch Artikel 64 ausdrücklich nochmals betont. Insbesonders wird durch diese Bestimmung auch der Übergang vom geltenden Recht zum Rechtszustand, wie ihn der Entwurf vorsieht, geschaffen. Es wird dadurch auch denjenigen Katholiken das Eingehen einer neuen Ehe ermöglicht, deren Ehe vor dem Inkrafttreten der Eherechtsnovelle geschieden wurde; diese Katholiken konnten noch nicht eine Trennung, sondern zufolge des gegenwärtigen § 111 ABGB. nur eine Scheidung erreichen. Dadurch, daß diese Scheidung auf ihren Antrag in eine Trennung umgewandelt werden kann, wird es auch ihnen ermöglicht, eine neue Ehe einzugehen, während sie dies bis zum Inkrafttreten der Eherechtsnovelle nur unter Dispens vom Ehehindernis des Ehebandes tun konnten; an Stelle dieser Dispensation tritt die Umwandlung der Scheidung in eine Trennung.

Artikel 65

Überall dort, wo das geltende Recht einem Ehegatten gegenüber dem anderen dort ein Recht gewährt, wo es der Entwurf nicht mehr tut, und umgekehrt, wo der Entwurf einem Ehegatten gegen den anderen dort ein Recht gewährt, wo es das geltende Recht nicht tut, muß aus Gründen der Billigkeit der Grundsatz des § 5 ABGB. zur Anwendung kommen: Gesetze wirken nicht zurück; sie haben daher auf vorher begangene Handlungen und vorher erworbene Rechte keinen Einfluß. Auf die Frage, aus welchen Gründen eine Ehe geschieden oder getrennt werden kann, bezogen, bedeutet dies folgendes: Ist ein Ehegatte vor dem Inkrafttreten der Eherechtsnovelle berechtigt gewesen, auf Scheidung oder Trennung zu klagen, so verliert er dieses Recht nicht dadurch, daß nach den Bestimmungen des Entwurfes aus diesen Gründen die Trennung oder Scheidung nicht mehr möglich ist; umgekehrt kann auf Grund einer Tatsache, die sich vor dem Inkrafttreten der Eherechtsnovelle ereignet hat, nicht auf Scheidung oder Trennung geklagt werden, wenn dies nach geltendem Recht unzulässig ist, auch wenn der Entwurf diese Tatsache als Scheidungsgrund anerkennen würde. Denn die Frage, ob ein Tatbestand rechtliche Wirkung äußert oder nicht, kann nur nach den gesetzlichen Bestimmungen beurteilt werden, die zur Zeit seiner Ereignung gelten.

Die Frage, ob eine Ehe auf Grund eines Umstandes, der sich vor dem Inkrafttreten der Eherechtsnovelle ereignet hat, getrennt oder geschieden werden kann, ist demnach ausschließlich nach geltendem Recht zu beurteilen. Hierbei macht jedoch der Entwurf eine scheinbare Ausnahme: aus solchen Gründen, aus denen nach geltendem Recht nur auf Scheidung geklagt werden konnte, kann nach dem Inkrafttreten der Eherechtsnovelle, auch wenn sich der Scheidungsgrund vorher ereignet hat, auf Trennung geklagt werden. Diese Ausnahme ist jedoch nur eine scheinbare, denn Voraussetzung, daß ein Ehegatte aus solchen Gründen auf Trennung klagen kann, aus denen dies bisher nicht zulässig war, ist, daß nach geltendem Recht wenigstens ein Scheidungsgrund gegeben ist, daß also der klagende Ehegatte auch nach geltendem Recht berechtigt ist, die Aufhebung der Ehe zu verlangen. Der Unterschied ist nur der, daß er nach dem Inkrafttreten der Eherechtsnovelle auch die vollständige Trennung verlangen kann. Dieses Recht wird ihm deshalb erteilt, weil er gemäß Artikel 64 auch nach rechtskräftigem Ausspruch der Scheidung die Trennung verlangen könnte. Anstatt daß der Kläger nun zuerst auf Scheidung klagen muß und erst dann nachträglich im außerstreitigen Verfahren die Trennung begehren kann, wird ihm der Einfachheit halber durch diese Bestimmung ermöglicht, gleich ursprünglich die Trennung zu verlangen. Ebenso kann umgekehrt der Beklagte, wenn nur auf Scheidung geklagt wird, verlangen, daß nicht die Scheidung, sondern die Trennung ausgesprochen werde. Denn ebenso könnte auch der Beklagte nach rechtskräftigem Ausspruch der Scheidung verlangen, daß nach Artikel 64 die Scheidung in eine Trennung umgewandelt wird. Anstatt daß er nun erst den Scheidungsprozeß abwarten muß und dann erst den Antrag auf Trennung stellen kann, wird es ihm einfachheitshalber ermöglicht, gleich ursprünglich einen solchen Antrag zu stellen. Diese durch Artikel 29 (§ 108, Abs. 1) neu eingeführte Bestimmung wird auf diese Weise auch auf Scheidungsgründe ausgedehnt, die sich vor dem Inkrafttreten der Eherechtsnovelle ereignet haben und so der Übergang vom geltenden Recht zum Rechtszustand, wie ihn der Entwurf vorsieht, hergestellt.

Artikel 66

Dem Grundsatz gemäß, daß Gesetze nicht zurückwirken und auf früher erworbene Rechte keinen Einfluß haben, hat die Regelung der Verschuldensfrage anläßlich einer Scheidung oder Trennung auch nach dem Inkrafttreten der Eherechtsnovelle ausschließlich nach bisherigem Recht zu erfolgen, wenn sich der Scheidungsgrund vor dem Inkrafttreten der Eherechtsnovelle ereignet hat. Praktische Bedeutung hat diese Bestimmung nur in einem Fall: bei der Scheidung wegen unheilbarer körperlicher Krankheit des anderen Teiles. In diesem Fall ist nach geltendem Recht keiner der beiden Ehegatten schuldtragend, während nach den Bestimmungen des Entwurfes (Artikel 29, § 115) der Kläger das Verschulden auf sich nehmen muß. Demjenigen Ehegatten, der in diesem Falle schon vor dem Inkrafttreten der Eherechtsnovelle das Recht besaß, eine Scheidung zu verlangen, ohne das Verschulden auf sich nehmen zu müssen, soll dieses Recht mit dem Inkrafttreten der Eherechtsnovelle nicht genommen werden.

Artikel 67

Hinsichtlich der Frage der vermögensrechtlichen Auseinandersetzung anläßlich der Trennung und Scheidung, sowie der Regelung der Unterhaltspflicht kommt gleichfalls durchwegs der Grundsatz zur Anwendung: Gesetze wirken auf früher erworbene Rechte nicht zurück. Die neuen Bestimmungen über die Regelung der vermögensrechtlichen Auseinandersetzung und Unterhaltspflicht (Artikel 35, 44, 45 und 46) kommen daher insbesondere dann nicht zur Anwendung, wenn die Regelung dieser Auseinandersetzung bzw. der Unterhaltspflicht bereits vor dem Inkrafttreten der Eherechtsnovelle stattgefunden hat und nur nachträglich Streitigkeiten über gewisse, den einzelnen Teilen obliegende Verpflichtungen oder Rechte entstehen. Diese Streitigkeiten sind, da es sich hierbei nur um die nähere Durchführung eines bereits erworbenen Rechtsanspruches handelt, nicht nach den Bestimmungen des Entwurfes, sondern nach bisherigem Recht zu beurteilen.

Artikel 68

Ebenso kommen aber die Bestimmungen des geltenden Rechtes und nicht die des Entwurfes auch dann zur Anwendung, wenn es sich um die vermögensrechtliche Auseinandersetzung und Regelung der Unterhaltspflicht anläßlich einer Scheidung oder Trennung handelt, bei welcher sich der Scheidungs- oder Trennungsgrund vor dem Inkrafttreten der Eherechtsnovelle ereignet hat; hierbei wird keine Rücksicht darauf genommen, ob die Scheidung bzw. Trennung vor oder nach dem Inkrafttreten der Eherechtsnovelle ausgesprochen wird. Denn das Recht, die Regelung der Unterhaltspflicht und der vermögensrechtlichen Auseinandersetzung in einem bestimmten Sinne begehren zu können, wird schon mit der Entstehung des Rechtes auf die Scheidung (Trennung) erworben; nachträgliche Abänderungen der gesetzlichen Bestimmungen haben daher auf solche erworbene Rechte keinen Einfluß mehr.

Artikel 69

Ereignet sich dagegen der Scheidungs- bzw. Trennungsgrund erst nach dem Inkrafttreten der Eherechtsnovelle, dann kommen sowohl hinsichtlich der Frage der vermögensrechtlichen Auseinandersetzung, d. h. hinsichtlich des Schicksals der Ehepakte nach erfolgter Trennung oder Scheidung, als auch hinsichtlich der Regelung der Unterhaltsfrage bereits die Bestimmungen des Entwurfes zur Anwendung, weil dann das Scheidungs- (Trennungs-) Recht erst nach dem Inkrafttreten der Eherechtsnovelle erworben wird und gemäß Artikel 56 die Wirksamkeit der Bestimmungen des Entwurfes sich bereits auf solche Ehen und somit auch auf die Ehepakte erstreckt, ungeachtet dessen, daß die Ehepakte bereits früher geschlossen wurden, denn andernfalls versteht sich diese Bestimmung ja von selbst.

Artikel 70

Es bleibt endlich noch die Frage zu erörtern, welche Wirkung es auf die vermögensrechtliche Auseinandersetzung und auf die Unterhaltspflicht hat, wenn die Ehe zwar vor dem Inkrafttreten der Eherechtsnovelle geschieden wurde, diese Scheidung aber nachträglich auf Antrag eines Ehegatten nach Artikel 64 in eine Trennung umgewandelt wird, ebenso, wenn eine geschiedene Ehe nach Artikel 62 als getrennt zu gelten hat, weil einer der Ehegatten eine Dispensehe eingegangen ist. In solchen Fällen vertritt der Entwurf grundsätzlich den Standpunkt (Artikel 35, § 125, und Artikel 46), daß die vermögensrechtliche Auseinandersetzung sowie die Frage der Unterhaltspflicht dadurch nicht berührt werden, daß die ursprünglich geschiedene Ehe in der Folge getrennt wird. Dieser Grundsatz kommt auch hier zur Anwendung.

Artikel 71

Durch Artikel 42 wird dem schuldlosen Ehegatten sein gesetzliches Erbrecht, sowie der erbrechtliche Anspruch auf den Unterhalt nach § 796 ABGB. entzogen. Auch hier kommt dabei der Grundsatz zur Anwendung, daß erworbene Rechte durch nachträgliche Änderungen der Gesetzgebung nicht berührt werden. Da die erwähnten Ansprüche erst mit dem Tode des Erblassers erworben werden, so bleiben sie dem geschiedenen Ehegatten erhalten, wenn der Erbfall vor dem Inkrafttreten der Eherechtsnovelle eingetreten ist. Ist der Erbfall jedoch erst später erfolgt, dann hatte der überlebende Ehegatte diese Ansprüche im Zeitpunkt des Inkrafttretens der Eherechtsnovelle noch nicht erworben; er kann sie daher auch später nicht mehr erlangen, da dies Artikel 42 ausschließt.

Artikel 72

Hinsichtlich der Frage, welche Wirkung es auf die Ehe hat, wenn einer der Ehegatten für tot erklärt wird und unter welchen Voraussetzungen der zurückgebliebene Ehegatte eine neue Ehe gültig eingehen kann, besteht zwischen dem geltenden Recht und den Bestimmungen des Entwurfes (Artikel 37) der Unterschied, daß nach geltendem Recht die neue Ehe, die der zurückgebliebene Ehegatte eingeht, nur dann gültig ist, wenn der für tot Erklärte den Zeitpunkt der Eingehung der neuen Ehe nicht mehr überlebt hat; dagegen ist nach Artikel 37 die neue Ehe auch in diesem Fall gültig, es sei denn, daß beide Gatten der neuen Ehe im Zeitpunkt der Eheschließung wußten, daß der für tot Erklärte noch lebt.

Um hier den Übergang vom geltenden Recht zum neuen Recht herzustellen, wird bestimmt, daß, wenn ein Ehegatte nach erfolgter Todeserklärung des anderen Teiles zu einer neuen Ehe geschritten ist, diese neue Ehe, wenn sie zur Zeit des Inkrafttretens der Eherechtsnovelle noch besteht, d. h. nicht schon früher rechtskräftig für ungültig erklärt wurde, auch dann gültig ist, wenn der für tot Erklärte den Zeitpunkt der Schließung der neuen Ehe überlebt hat, ausgenommen dann, wenn beide Gatten der neuen Ehe im Zeitpunkt der Eheschließung wußten, daß der für tot Erklärte noch lebe, in welchem Falle die Ehe auch nach den Bestimmungen des Entwurfes nichtig wäre. Es kommt also grundsätzlich bereits das Recht des Entwurfes zur Anwendung; die neue Ehe wird, auch wenn sie nach geltendem Recht ungültig wäre, für gültig erklärt, ähnlich wie die Dispensehen, wenn sie nicht bereits vor dem Inkrafttreten der Eherechtsnovelle rechtskräftig für ungültig erklärt wurde, denn in diesem Falle würde die nachträgliche gesetzliche Sanierung nichts mehr nützen. Diese Ausnahme von dem im Artikel 59 aufgestellten Grundsatz, daß die Gültigkeit einer Ehe nach bisherigem Recht zu beurteilen ist, wird deshalb getroffen, weil dadurch der Übergang vom geltenden Recht zum Rechtszustand, wie ihn der Entwurf vorsieht, bewerkstelligt werden soll.

Die Bestimmung des Artikels 72, Abs. 2, daß die frühere Ehe durch Eingehung der neuen Ehe gelöst wird, ist identisch mit der Bestimmung des Artikel 37, § 132; sie muß erfolgen, da die frühere Ehe und die neue Ehe nicht gleichzeitig nebeneinander bestehen können, demnach, wenn die neue Ehe gültig sein soll, ihr die frühere Ehe weichen muß, und zwar in dem Augenblick, da die neue Ehe gültig zustande kommt. Die Lösung der früheren Ehe ist daher auf jenen Zeitpunkt zurückzubeziehen, in dem die neue Ehe geschlossen wurde.

Anhang

Im folgenden ist die Ministerialverordnung, betreffend das Verfahren in streitigen Eheangelegenheiten, in der durch Artikel 53 des Entwurfs vorgesehenen Fassung wiedergegeben.

Verordnung

des Justizministeriums vom 9. Dezember 1897, RGBl. 283, betreffend das Verfahren in streitigen Eheangelegenheiten.

I. Anwendung der Zivilprozeßordnung

§ 1

(1) Vorbehaltlich der Besonderheiten, welche sich aus den Bestimmungen des allgemeinen bürgerlichen Gesetzbuches, des Einführungsgesetzes zur Zivilprozeßordnung und aus den nachstehenden Anordnungen ergeben, sind die Vorschriften des Gesetzes über das gerichtliche Verfahren in bürgerlichen Rechtsstreitigkeiten (Zivilprozeßordnung) vom 1. August 1895, RGBl. Nr. 113, auch in dem in den §§ 94, 97, 98 und 108 ABGB. vorgeschriebenen Verfahren in streitigen Ehesachen anzuwenden.

(2) In diesem Verfahren sind die Parteien in erster Instanz nicht verpflichtet, sich durch Rechtsanwälte vertreten zu lassen (§ 27, Abs. 2 ZPO.). Auch tritt bei Klagen in Ehestreitigkeiten eine Verpflichtung zur Sicherheitsleistung für Prozeßkosten nicht ein (§ 57, Z. 3 ZPO.).

II. Verfahren in Streitigkeiten über die Ehetrennung und Scheidung von Tisch und Bett

§ 2

(1) Das ohne Einwilligung des anderen Ehegatten angebrachte Scheidungsgesuch ist wie eine Klage zu behandeln.

(2) Vor Anberaumung der ersten Tagsatzung zur mündlichen Verhandlung (§ 239 ZPO.) hat das Gericht die im § 108, Abs. 2, ABGB., vorgeschriebenen Vorstellungen an die Ehegatten zu richten.

(3) Die Vorstellungen bei Gericht sind vom Vorsitzenden des Senates oder von einem durch diesen beauftragten Mitgliede des Senates vorzunehmen.

§ 3

Das Gericht soll bei der mündlichen Verhandlung die Streitigkeiten der Eheleute durch gütlichen Vergleich dahin beizulegen versuchen, daß entweder das Scheidungsgesuch (Scheidungsklage) freiwillig zurückgenommen oder die aus vollgültigen Gründen verlangte Scheidung von dem anderen Teile ohne gerichtliches Urteil bewilligt wird (§ 204 ZPO.).

§ 4

Wenn minderjährige oder unter Kuratel stehende Parteien am Verfahren beteiligt sind, werden mit ihnen auch ihre Eltern, Vormünder oder Kuratoren zur mündlichen Verhandlung zu laden sein.

§ 5

In dem Verhandlungsprotokolle sind außer den im § 207, Z. 2, ZPO. bezeichneten Angaben noch Beschäftigung, Wohnort, Alter und Religion der beiden Ehegatten, die Zeit des Abschlusses der Ehe, die Anzahl, das Alter und Geschlecht der Kinder anzuführen; auch ist im Protokoll anzugeben, ob Ehepakte errichtet worden sind.

§ 6

(1) In der mündlichen Verhandlung über ein ohne Einwilligung des anderen Ehegatten angebrachtes Scheidungsgesuch (Scheidungsklage) darf über die von den Parteien geltend gemachten Scheidungsgründe nicht hinausgegangen werden.

(2) In dem Urteile über ein solches Scheidungsgesuch (Scheidungs-

klage) ist, falls dem Gesuche (Klage) stattgegeben wird, stets auch darüber zu erkennen, ob der eine oder der andere Ehegatte oder jeder Teil an der Scheidung Schuld trägt.

§ 7

Bei Bewilligung einer zufolge beiderseitigem Einverständnisses angesuchten Scheidung kann kein Vorbehalt weiterer gerichtlicher Verhandlungen über Unterhalt der Ehegattin und Kinder, Auseinandersetzung des Vermögens oder andere gegenseitige Ansprüche der Ehegatten zugelassen, mithin, insofern nicht beide Teile über alle diese Gegenstände vollständig und unbedingt ausgeglichen sind, der Scheidung nur durch gerichtliches Erkenntnis aus den in §§ 109 und 110 ABGB. vorkommenden Gründen stattgegeben werden (§ 8 des Hofdekretes vom 23. August 1819, JGS. Nr. 1595).

§ 7a

Die für das Scheidungsverfahren aufgestellten Vorschriften gelten in vollem Umfang auch für das Ehetrennungsverfahren. Insbesonders findet auch in diesem Falle die Aufstellung eines Ehebandsverteidigers nicht statt.

III. Verfahren über die Ungültigkeit der Ehe

§ 8

In den Fällen einer Untersuchung über die Ungültigkeit der Ehe ist auf die Vorschriften der §§ 94 bis 102 ABGB. Bedacht zu nehmen.

§ 9

(1) Im Verfahren über die Ungültigkeit der Ehe findet weder erste Tagsatzung (§ 239 ZPO.), noch Fällung eines Versäumungsurteiles statt.

(2) Auf Grund der amtlichen Anzeige oder des eingelangten Ansuchens ist, wenn die Voraussetzungen des § 247, Z. 2, ZPO. vorliegen, sogleich zum Zwecke der amtlichen Untersuchung (§ 97 ABGB.) und Feststellung der für die Ungültigkeit der Ehe angeführten Gründe vorbereitendes Verfahren gemäß § 245, Z. 2 ZPO., anzuordnen.

(3) Über die Gültigkeit der Ehe ist auf Grund mündlicher Streitverhandlung zu erkennen.

§ 10

(1) Sowohl im vorbereitenden Verfahren, wie bei der mündlichen Streitverhandlung ist mit Hilfe der dem beauftragten Richter, dem Vorsitzenden und dem Senate eingeräumten Prozeßleitungsbefugnisse darauf hinzuwirken, daß alle für die Entscheidung wichtigen Tatumstände vollständig aufgeklärt werden. Es sind die für die Ungültigkeit der Ehe angeführten Gründe zwar in ihr volles Licht zu setzen, aber auch strenge

zu prüfen, und ist eine gültige Ehe gegen jede willkürliche Anfechtung von Amts wegen in Schutz zu nehmen. Sowohl das vorbereitende Verfahren wie die mündliche Verhandlung sind so zu leiten, daß die Ungültigkeit der Ehe entweder ohne Rücksicht auf eigenes Geständnis oder Übereinkommen der Eheleute, soferne nach § 98 ABGB. nicht Parteienvernehmung und Parteieneid zulässig sind, klar erwiesen oder die Unmöglichkeit dieses Beweises außer Zweifel gesetzt wird (§ 15 des Hofdekretes vom 23. August 1819, JGS. Nr. 1595).

(2) Die für das vorbereitende Verfahren in § 252, Abs. 1, der Zivilprozeßordnung ausgesprochene Beschränkung auf die in den vorbereitenden Schriftsätzen geltend gemachten Ansprüche und Gegenansprüche, sowie die Vorschriften über die besonderen Folgen einer Säumnis der Partei im vorbereitenden Verfahren (§ 254 ZPO.) finden bei der Untersuchung der Ungültigkeit der Ehe keine Anwendung.

§ 11

In dem Urteile, durch welches die Ehe für ungültig erklärt wird, ist stets auch darüber zu erkennen, ob der eine oder der andere Ehegatte oder jeder Teil oder keiner von beiden an der Ungültigkeit der Ehe Schuld trägt.

§ 12

Leistet einer der Ehegatten der richterlichen Aufforderung, zu einer Einvernehmung oder Verhandlung im vorbereitenden Verfahren oder zur mündlichen Streitverhandlung persönlich zu erscheinen, keine Folge, so kann er, sofern sein Erscheinen für die amtliche Untersuchung und Feststellung der für die Ungültigkeit der Ehe angeführten Gründe oder für den Versuch einer Wiedervereinigung der Ehegatten von Wichtigkeit ist, unter Androhung einer Ordnungsstrafe neuerlich geladen und durch die Verhängung dieser Strafe zum Erscheinen genötigt werden (§ 87 GOG.).

§ 13

Wäre das Gesuch des einen Ehegatten um Ungültigerklärung der Ehe auffallend unbegründet, so soll er vorerst allein vorgeladen und durch zweckmäßige Vorstellungen, wenn möglich, dahin vermocht werden, von seinem Vorhaben freiwillig abzustehen (§ 16 des Hofdekretes vom 23. August 1819, JGS. Nr. 1595).

§ 14

(Entfällt.)

§ 15

(1) Dem vom Gerichte bestellten Verteidiger des Ehebandes ist die amtliche Anzeige oder das Ansuchen, auf Grund dessen die Untersuchung

eingeleitet wird, mitzuteilen; außerdem ist der Verteidiger des Ehebandes sowohl dem vorbereitenden Verfahren wie der mündlichen Streitverhandlung beizuziehen.

(2) Der Verteidiger des Ehebandes hat über alle als Grund der Ungültigerklärung angegebenen Umstände genaue Erkundigungen einzuziehen, inwiefern der Antrag in dem Gesetze gegründet und durch vollständigen Beweis unterstützt sei, oder welche Einwendungen und Bedenken demselben entgegenstehen, sorgfältig zu untersuchen und sich hierüber gegen das Gericht gründlich und gewissenhaft zu äußern.

(3) Hätte er hierin irgend etwas versehen, so muß er vom Richter von Amts wegen zurechtgewiesen werden (§ 17 des Hofdekretes vom 23. August 1819, JGS. Nr. 1595).

§ 16

Gegen Urteile, durch welche die Ehe für ungültig erklärt wird, muß der Verteidiger des Ehebandes immer rechtzeitig die Berufung ergreifen und selbst gegen eine das Urteil erster Instanz bestätigende Berufungsentscheidung die Revision erheben. Die Erfüllung dieser Pflicht ist vom Gericht erster Instanz zu überwachen (§ 18 des Hofdekretes vom 23. August 1819, JGS. Nr. 1595).

§ 17

Wenn die Ehe für ungültig erklärt oder getrennt wird, muß nach eingetretener Rechtskraft dieses Erkenntnisses von Amts wegen die Verfügung getroffen werden, daß dasselbe nach Anleitung des § 84 ABGB. in das Trauungsbuch eingetragen wird; diese Vorschrift ist auch zu beobachten, wenn die Trennung einverständlich oder nach ausgesprochener Scheidung auf Antrag eines Ehegatten (§ 119 ABGB.) erfolgt; in diesem letzten Fall ist zugleich der andere Ehegatte zu verständigen (§ 19 des Hofdekretes vom 23. August 1819, JGS. Nr. 1595).

§ 18

(Entfällt.)

§ 19

Diese Verordnung tritt am 1. Jänner 1898 in Wirksamkeit.

Manzsche Buchdruckerei, Wien IX. 5546.

GPSR Compliance

The European Union's (EU) General Product Safety Regulation (GPSR) is a set of rules that requires consumer products to be safe and our obligations to ensure this.

If you have any concerns about our products, you can contact us on ProductSafety@springernature.com

In case Publisher is established outside the EU, the EU authorized representative is:

Springer Nature Customer Service Center GmbH
Europaplatz 3
69115 Heidelberg, Germany

Batch number: 10816188

Printed by Printforce, the Netherlands